Erde 5.0
Die Zukunft provozieren

Autor:
Karl-Heinz Land, Digital Darwinist & Evangelist, neuland GmbH & Co. KG
http://www.karlheinzland.com

Verlag:
FutureVisionPress e.K.
Konrad-Adenauer-Ufer 83
50668 Köln
T +49 221 999697-30

Redaktion:
Christoph Berdi,
Bettina Dornberg (*http://www.identitaetsstifter.com*)

Satz & Layout:
Johann-Christian Hanke, (*http://www.jchanke.de*)

Umschlagbild:
Felix Land

Grafiken:
Christian D. Stefanovici, Felix Land

Gedruckt in Polen

Gedruckt auf säurefreiem und chlorfrei gebleichtem Papier.

Die Deutsche Nationalbibliothek verzeichnet diese Publikation in der Deutschen Nationalbibliografie; detaillierte bibliografische Daten sind im Internet über *http://dnb.d-nb.de* abrufbar.

ISBN: 978-3-9817268-4-8

© 2018

Dieses Werk einschließlich aller seiner Teile ist urheberrechtlich geschützt. Jede Verwertung, die nicht ausdrücklich vom Urheberrechtsgesetz zugelassen ist, bedarf der vorherigen Zustimmung des Verlags. Das gilt insbesondere für Vervielfältigungen, Bearbeitungen, Übersetzungen, Mikroverfilmungen und die Einspeicherung und Verarbeitung in elektronischen Systemen.

Erde 5.0

Die Zukunft provozieren

Karl-Heinz Land

„Imagine the consequences if we do nothing."

Für meine Kinder Sarah, Moritz, Felix und Cheyenne.

Für meinen Enkel Jan,
sowie für alle Kinder und Enkel
auf diesem Planeten.

Mögen wir für euch die Chancen des technologischen Fortschritts
immer besser verstehen, sie sinnvoll und zum Wohle aller nutzen –
für eine Zukunft geprägt von Toleranz für den Andersdenkenden,
von friedlichem Miteinander und entschiedener Solidarität gegen
jedwede Form von Fanatismus.

Für Priska.
Ganz lieben Dank für deine
tägliche Inspiration und die Kunst. ♡

„Technologischer Fortschritt ist nur noch begrenzt durch unsere Vorstellungskraft und unseren Willen!"

Karl-Heinz Land

Danksagung

Mein besonderer Dank gilt den Identitätsstiftern Bettina Dornberg und Christoph Berdi für die unermüdliche, kompetente und inspirierende Zusammenarbeit an „Erde 5.0".

Christoph Berdi hat mit seiner Mitarbeit am Manuskript, mit seinen Recherchen und als Diskussionspartner dazu beigetragen, dass ich weitergedacht habe und tiefer in die Themen eingetaucht bin, als ich es zu Beginn des Projekts für möglich gehalten hätte.

Bettina Dornberg hat mit ihrer konzeptionellen Begleitung, ihrem feinen Sinn für Dramaturgie und Sprache sowie mit ihrem präzisen Schlusslektorat sichergestellt, dass mein Argumentationsfaden immer sichtbar, nachvollziehbar und vor allem reißfest bleibt.

Nicht zuletzt bin ich beiden zu Dank verpflichtet, weil sie das kreative Chaos, das ich zuweilen verursache, stoisch mit mir ausgehalten haben. Mir ist sehr bewusst, dass dies eine große Leistung ist!

Es war und ist mir eine Freude, Ihr zwei.

Die Würde des Menschen ist unantastbar
(Artikel 1, Absatz 1 des Grundgesetzes der Bundesrepublik Deutschland)

> Ja, wir können verhindern, dass wir die Erde in hundert Jahren verlassen haben müssen.

> Ja, wir können „Global Warming" noch in den Griff kriegen.

> Ja, wir können verhindern, dass die Meeresspiegel um bis zu sieben Meter steigen.

> Ja, wir können verhindern, dass wir unseren Planeten und unsere Ressourcen komplett ausbeuten.

> Ja, Nachhaltigkeit lohnt sich – auch für Unternehmen.

> Ja, wir können verhindern, dass jedes Jahr circa fünf bis zehn Millionen Menschen an den Folgen von Unterernährung sterben.

> Ja, wir können drei bis vier Milliarden Menschen mehr auf diesem Planeten versorgen.

> Ja, wir können noch verhindern, dass 2050 vermutlich mehr 500 bis 800 Millionen Menschen auf der Flucht sein werden.

> Ja, wir müssen und können die „Neuverteilung der Welt" ernsthaft angehen.

> Ja, wir können ein bedingungsloses Grundeinkommen finanzieren.

> Ja, wir können und müssen uns ein neues Werte-, Bildungs-, Wirtschafts-, und Gesellschaftssystem ausdenken.

> Ja, wir können dafür sorgen, dass auch unsere Urenkel ein lebenswertes Leben auf diesem Planeten haben.

> Ja, wir können die Menschenwürde auf dem ganzen Planeten sicherstellen.

> Ja, Mut zum Träumen kann uns aus der gedanklichen Unbeweglichkeit befreien.

Inhalt

Stimmen zum Buch		13
Vorwort		17
Einleitung		23
1	**Der überforderte Planet**	**27**
1.1	Wachstum ohne Rücksicht	28
1.2	Mensch und Natur in Not	34
1.3	Ein radikaler Vorschlag	37
2	**Digitalisierung – die neue Matrixfunktion des Lebens**	**41**
2.1	Exponentialität – nichts bleibt, wie es war	43
2.2	Die komprimierte Zukunft	46
2.3	Tipping Points – Revolutionen durch Technologie	50
3	**Die neue Infrastruktur des Wohlstands**	**57**
3.1	Internet der Dinge	58
3.2	Blockchain – das Internet erfindet sich neu	65
3.3	Künstliche Intelligenz – der große Problemlöser	72
3.4	Die neue Wertschöpfung	78
4	**Dematerialisierung – der übersehene Megatrend**	**83**
4.1	Das Verschwinden der Dinge	85
4.2	Sharing Economy – Teilen ist das neue Haben	87
4.3	Fallstudie: Das Ende des Automobils und die Folgen	93
4.4	Eine Welt ohne Arbeit	96
4.5	Zwischenfazit: Die neuen Paradigmen der Digitalisierung	103
5	**Der zweite Planet ist digital**	**107**
5.1	Sustainable Development Goals der UN: zum Scheitern verurteilt	111
5.2	Den „Digital Devide" überwinden	116
5.3	Armut beenden – durch Wertschöpfung und Grundeinkommen	118

5.4	Ungleichheit verringern	123
5.5	Ernährung sichern – mit intelligenter Landwirtschaft	125
5.6	Gesund leben – Medizin aus der Distanz	129
5.7	Mehr Gleichberechtigung durch Zugang	131
5.8	Wasser für alle – durch smartes Management und Sparsamkeit	135
5.9	Energie für alle – ein New Energy Deal	136
5.10	Nachhaltige Städte – smart geplant und hoch intelligent	140
5.11	Zirkulärökonomie statt Müllproduktion	142
5.12	Die grüne Lunge schützen	144
5.13	Ein neues Mindset für die Weltpolitik: Exponentiell denken!	147

6	**Bildung – Schlüsselfaktor der digitalen Zukunft**	**149**
6.1	Leben in der Matrix	149
6.2	Authentisches Lernen	151
6.3	Kompetenz schlägt Wissen	154
6.4	Technologie in der Schule	156
6.5	Moocs und die Demokratisierung der Bildung	161

7	**Die Zukunft provozieren**	**163**
7.1	Kapitalismus hinterfragen	164
7.2	Grundeinkommen statt „Brot und Spiele"	170
7.3	Die digitale Latenz verkürzen	173
7.4	Die Sinnwirtschaft	178
7.5	Ein Update für die Ethik	180

8	**Mut zum Träumen**	**189**

Rede vor Studentinnen und Studenten im Jahr 2060	**197**
Abbildungsverzeichnis	**207**
Quellenverzeichnis	**209**

Stimmen zum Buch

Know-why statt Know-how
Von Professor Götz W. Werner
Gründer und Aufsichtsrat von dm-drogerie markt

> *„Es kommt nicht darauf an, die Zukunft vorauszusagen, sondern darauf, auf die Zukunft vorbereitet zu sein."*
> Perikles (athenischer Staatsmann)

Jeder Tag ist ein Beginn von vorn. Diesen Spruch meines alten Rudertrainers kann ich jedem als Leitspruch empfehlen. Es bedeutet, einen Drang zu entwickeln, die Dinge immer wieder neu anzugehen und zu fragen: Sind wir auf dem richtigen Weg? Das ist das Prinzip von Karl-Heinz Land in dem vorliegenden Buch. Es ist ungemein hilfreich, um unsere heutige Welt mit Bewusstsein zu durchdringen, und darum geht es ja bei allem, was wir tun. Wir müssen uns beständig fragen: Warum und wozu machen wir das? Die Frage nach dem Sinn und damit dem Ziel ist höchst spannend. Wenn statt dem Know-why dem Know-how eine zu hohe Bedeutung beigemessen wird, dann führt das zu Fehlentwicklungen, wie wir sie nur allzu oft beobachten können. Nehmen Sie nur Massentierhaltung, Atomenergie, Individualverkehr, Börsenspekulationen: Wir haben das Know-how – aber macht es Sinn, all diese Dinge zu tun, nur weil wir es können?

Wir brauchen heute mehr denn je freie Menschen, die selbst erkennen, worauf es ankommt und mit konstruktiver Unzufriedenheit Dinge anpacken, gestalten, aufgreifen und verwandeln. Es geht darum, dass wir uns fragen: Auf was kommt es wirklich an? Das Paradigma der Verkoppelung von Arbeit und Einkommen macht das gar nicht so einfach. Wir erleben so viele Situationen, in denen Menschen Dinge nur des Geldes wegen machen. Wenn man sich aber über Geld definiert, hat man schon verloren. Ganz besonders in der Zeit von Bitcoin, Blockchain und Dematerialisierung. Weitere Denkanregungen dazu und warum an dem bedingungslosen Grundeinkommen kein Weg vorbeiführt, erhalten Sie in den folgenden Kapiteln dieses Buchs.

Auf was kommt es in unserer Zeit an? Warum und wozu machen wir das mit der Digitalisierung eigentlich? Ganz einfach, um den Menschen von gefährlicher, stupider, körperlich schwerer Arbeit zu befreien. Es ist das Grundprinzip des Kapitalismus, das *Kopf auf Arbeit angewandt* bedeutet. Und damit haben wir es weit gebracht: Wir haben die Möglichkeit und damit auch die Pflicht, Armut ins Museum zu verbannen. Digitalisierung und Automatisierung haben den notwendigen Freiraum geschaffen, damit wir uns den wesentlichen Dingen zuwenden können: durch kreatives Handeln dem Wohle unserer Mitmenschen beizutragen. Karl-Heinz Land analysiert und schildert mit treffenden Beispielen, wie wir in unserem Denken weiterkommen können. Dann können wir die Zukunft gestalten und das ist die beste Form der Vorbereitung. Jetzt müssen Sie nur noch weiterlesen und denken!

Wir haben es in der Hand
Von Karsten Schwanke
Meteorologe und Fernsehmoderator

Alle reden darüber – jede und jeder hat eine Meinung dazu – aber kaum einer versteht es. Nein, ich rede nicht von der Taktik der Fußball-Nationalmannschaft, auch nicht von meinem Herzensthema, dem Klimawandel, sondern vom technologischen Fortschritt und der Digitalisierung.

Wenn ich auf einer Bühne stehe und einen Vortrag zum Klimawandel halte, kann ich es spüren: Der Klimawandel ist ein Thema, das uns alle angeht, alle, die sich Gedanken machen über die Zukunft der nächsten Generation. Aber in dem Moment, wenn klar wird, dass der Kampf gegen eine zu starke Erwärmung in meinem Vorgarten beginnt, ziehen viele die Köpfe ein. Veränderungen ja –aber bitte ohne mich. Halbwissen trifft auf Ängste. Fake News haben es leicht in diesen Tagen. Leichter als die manchmal schwer verdauliche Realität.

Mit dieser Haltung werden wir die Erde unserer Kinder, die Erde 5.0, schon heute aufgeben.

Dieses Buch, das Sie in den Händen halten, ist ein mutiges, aber auch ein Mut machendes Buch über die Zukunft, die Erde unserer Kinder. Zum ersten Mal lese ich etwas über die Möglichkeiten und die Ausmaße des digitalen Wandels, ohne nur schwarz oder nur weiß zu sehen. Zum ersten Mal realisiere ich, dass das, was uns bevorsteht, eine ähnliche Umwälzung der Gesellschaft bedeuten wird wie die Industrialisierung im 19. Jahrhundert. Nur wesentlich schneller!

Ich kann mich des Eindrucks nicht erwehren, dass viele, die das Schlagwort „Digitalisierung" in den Mund nehmen, nicht ansatzweise überschauen, was sich im Grunde genommen dahinter verbirgt. Bis vor kurzem gehörte auch ich dazu, doch heute habe ich das Gefühl, zumindest ansatzweise überblicken zu können, welche Themen auf uns zukommen. Aber weitaus stärker ist ein anderer Aspekt dieses Buches: Es ist eine Diskussionsgrundlage, ein Buch, das anregt, sich darüber auszutauschen und noch mehr erfahren zu wollen.

„Erde 5.0" geht den potenziellen Gefahren der Digitalisierung (Datenmissbrauch, Künstliche Intelligenz oder Arbeitsplatzverlust) nicht aus dem Weg. Aber es verteufelt deshalb nicht die Möglichkeiten der Digitalisierung, sondern zeigt auf, wie stark sich unsere Gesellschaft möglicherweise verändern wird. Wir haben es in der Hand, es passieren zu lassen – oder selbst aktiv zu werden.

Dieses Buch regt an, in die Diskussion über unsere Zukunft einsteigen zu wollen.

Vorwort

Liebe Leserinnen und liebe Leser,

mit dem vorliegenden Buch wage ich die zukunftprovozierende Vision, wie wir mithilfe von Technologie die Welt zu einem besseren und lebenswerten Ort auf globaler Ebene umgestalten können.

Viele Menschen fürchten sich heute vor einer sich rasant verändernden Gegenwart und einer ungewissen Zukunft. Apokalyptische Vorstellungen bestimmen die gesellschaftspolitische Debatte.

Dies ist um so erstaunlicher, da es gerade der technologische Fortschritt des 20. Jahrhunderts war, der uns Sicherheit, Lebensqualität und Gesundheit gebracht hat, also all das, was unser Leben heute so lebenswert macht.

Dennoch macht sich Zukunftsangst breit. Die Menschen spüren, dass gewaltige Umwälzungen auf sie zukommen, und fühlen sich von der Geschwindigkeit und der Komplexität der Veränderungen überfordert. Viele lehnen neue Technologien vehement ab. Genau hier liegt ein wesentliches Problem, denn Zukunft beruht auf Information und Einsicht. Wir müssen die Zukunft nicht nur gestalten, sondern sie förmlich provozieren. Wir müssen jetzt entscheiden, welchen technologischen Fortschritt wir möchten und welchen nicht. Wir müssen der Transformation einen Rahmen aus Normen, Regeln und Werten geben – und zwar in sozialer, politischer, gesellschaftlicher und vor allem ethischer Hinsicht.

Denn wir können unseren Planeten retten, den Klimawandel nachhaltig aufhalten, Armut und Hunger beenden, Ungleichheit und Ungerechtigkeit verringern und Bildung für alle gewährleisten – und zwar durch das Potenzial der Digitalisierung und des technologischen Fortschritts. Dies ist realistisch; wir müssen es nur wollen.

„Der muss verrückt sein", werden Sie vielleicht jetzt denken. Vielmehr bin ich als Redner und Autor, als Digital Darwinist und Digital Evangelist, wie ich mich nenne, *verrückend* unterwegs – im Sinne eines Perspektivwechsels. Ich halte es grundsätzlich mit Rosa Luxemburg, die gesagt hat: „Die Freiheit ist immer die Freiheit der Andersdenkenden."

Nach 35 Jahren als Manager und Unternehmer bin ich davon überzeugt, dass die Digitalisierung die Probleme des Planeten löst – sofern wir sie gezielt und entschieden managen. Als Führungskraft bei Softwareunternehmen wie Oracle und BusinessObjects begriff ich früh die innere Mechanik der Digitalisierung, ihre immense Beschleunigung und die exponentielle Kraft der Informationstechnologie. Als Gründer von Voiceobjects in den 2000er Jahren, als Mitgründer und Gesellschafter des Internet-der-Dinge-Unternehmens Grandcentrix sowie als Gründer der Strategie- und Transformationsberatung neuland habe ich erlebt und immer wieder neu analysiert, wie tiefgreifend der digitale Fortschritt die Welt verändert.

Mit diesem Buch möchte ich Sie anhand zahlreicher Indizien, Projekte und Konzepte, Szenarien und Leitgedanken einladen, nicht nur die Zusammenhänge besser zu ergründen, sondern mit mir an Lösungen zu arbeiten. Das heißt, ich bin zutiefst motiviert, mein Wissen um die exponentielle Energie von Digitalisierung und Dematerialisierung, verbunden mit Technologien wie Blockchain und Künstlicher Intelligenz in den Dienst der Menschen zum Wohle aller zu stellen. Es ist eine Beleidigung an die Intelligenz des Menschen, dass auch nur ein Mensch auf diesem Planeten verdurstet oder verhungert!

Die Zeit, dies zu ändern, ist längst jetzt.

„Die alte Welt liegt im Sterben, die neue ist noch nicht geboren: Es ist die Zeit der Monster"[1], das schrieb Antonio Gramsci (1891–1937), der italienische Philosoph und Mitbegründer der Kommunistischen Partei Italiens, im Gefängnis nach dem Ersten Weltkrieg. Mit seiner prägnanten Charakterisierung des aufkommenden Faschismus der damaligen Zeit stellte Gramsci die zentrale, heute hochaktuelle Frage nach den Protagonisten gesellschaftlicher Transformation: Wer herrscht, wer führt – und wer nicht mehr?

Angesichts der Tragweite, des Potenzials und der Geschwindigkeit des technologischen Fortschritts und der digitalen Innovationen einer Erde 5.0 dürfen und können wir die Technologie nicht allein der Technologie überlassen. Technologie ist seit Beginn der ersten industriellen Revolution ein Geschenk, ein geniales Werkzeug, und es liegt an uns, es sinnvoll zu nutzen.

Wir müssen dringend den Rahmen abstecken, wie weit wir ihre Entwicklung treiben und wie wir sie für uns nutzen. Dass ich als Digital Evangelist fest davon überzeugt bin, die Weltmaschine für unseren Planeten im Guten arbeiten zu lassen, liegt auf der Hand. Aber ich bin mir ebenso bewusst, dass es eben diese „Monster" gibt, die diese Technologie missbrauchen können. Umso mehr braucht es jetzt keine dieser Debatten mehr, die entweder von lähmender Angst diktiert, mit halbgaren Kenntnissen geführt werden oder auf reiner Profitgier sowie blinder Euphorie beruhen. Genauso wenig können wir es uns leisten, diesen komplexen Diskurs aus Lethargie und Visionslosigkeit, aus Stagnation und Passivität unaufhörlich auf den Sankt Nimmerleinstag zu verschieben. Vielmehr braucht es eine aktive, mutige und die Zukunft provozierende Diskussion, die transparent und mit offengelegten Interessen geführt wird, die Unsicherheit integriert und Chancen wie Risiken auslotet.

Auch wenn oder gerade weil das Buch viel Wissen bereithält, werden Sie vermutlich nach der Lektüre neue und mehr Fragen haben. Vielleicht werden Sie mich während der Lektüre an der ein oder anderen Stelle zudem für naiv halten und denken: „Das hätten wir längst machen können! Das könnten die Mächtigen, die Privilegierten, die Weltkonzerne und DAX-Unternehmen, die Politiker und Entscheidungsträger dieser Welt längst getan haben." Da gebe ich Ihnen recht. Es gibt sie, die Unverbesserlichen. Aber das Risiko muss ich eingehen. Denn für mich gilt die Prämisse: Nur wer wagt, Neues, Radikales, Visionäres zu denken, wird gewinnen. Ganz im Sinne des 26. US-amerikanischen Präsidenten Theodore Roosevelt (1858–1919), der in seiner Rede unter dem Titel „Citizenship in a Republic"[2] an der Sorbonne in Paris am 23. April 1910 sagte:

> „Nicht der Kritiker zählt; nicht derjenige, der darauf aufmerksam macht, wie der Starke fällt oder wo der, der anpackt, es besser hätte machen können. Die Anerkennung gebührt dem, der tatsächlich in der Arena steht, dessen Gesicht staubig und verschwitzt und voller Blut ist; der sich wacker bemüht; der sich irrt, der wieder und wieder scheitert, weil es kein Bemühen ohne Fehler und Schwächen gibt; aber der sich tatsächlich bemüht, Taten zu vollbringen; der großartige Begeisterung, großartige Hingabe kennt; der seine Kraft auf eine ehrenwerte Sache verwendet; der im besten Falle am Ende den Triumph einer großen Leistung kennt und der, im schlimmsten Falle, sollte er scheitern, zumindest bei einem kühnen Versuch scheitert, so dass sein Platz nie bei den kalten und furchtsamen Seelen ist, die weder Sieg noch Niederlage kennen."

Kurzum: Als Digital Evangelist erwarte ich nicht, dass Sie mir blindlings folgen. Aber Sie können mir auf *www.Erde5o.de* folgen. Ich komme gerne mit Ihnen ins Gespräch. Wenn Sie mögen, werden Sie mit mir aktiv.

Digitally yours

Ihr Karl-Heinz Land

„… und vergesst die Liebe nicht!"
frei nach Maximilian Kolbe (geb. 1894 in Zduńska Wola, Polen / gest. 1941 im KZ Auschwitz)

Einleitung

Der Astrophysiker Stephen Hawking (1942–2018) widmete sein Leben der grundlegenden Frage, welche Kräfte, welche Gesetze das Universum beherrschen und was sie für uns Menschen bedeuten. Außerdem wurde er nicht müde, die Begeisterung für die Raumfahrt immer wieder anzufachen. Nicht nur aus Forscherdrang, sondern weil er die Erde als Lebensraum verloren glaubte. Der Klimawandel, Einschläge durch Asteroiden, Epidemien und das Bevölkerungswachstum, so seine Einschätzung, führen dazu, dass die Menschheit binnen hundert Jahre vorbereitet sein muss, auf einen anderen Planeten umzusiedeln. „Die Erde ist in so vielen Bereichen bedroht, dass es für mich schwierig ist, noch positiv zu denken", erklärte Hawking im Jahr 2017.

Tatsächlich droht eine Apokalypse, wenn die Menschen die Technologie nicht endlich dafür einsetzen, um die Erde und ihre Zukunft zu retten. Seit Jahrzehnten, so mahnen der World Wide Fund for Nature (WWF) und andere Organisationen unermüdlich, lebt die Menschheit über ihre Verhältnisse, verbraucht Jahr für Jahr mehr Ressourcen, als die Natur reproduzieren kann. Doch der Griff nach den Sternen, wie er Hawking vorschwebte, ist nicht die Lösung für die aufziehende Existenzkrise des Homo sapiens. Der neue Planet liegt nicht irgendwo da draußen im All, sondern zu unseren Füßen.

Der zweite Planet ist digital.

Daran lässt dieses Buch keinen Zweifel, auch wenn selbst im Silicon Valley erbitterte Diskussionen über Nutzen und Gefahren Künstlicher Intelligenz geführt werden, wenn Skandale um Diebstahl und rechtswidriger

Nutzung von Daten die Öffentlichkeit verunsichern und die Automatisierung Abermillionen von Arbeitsplätzen bedroht.

„Erde 5.0" erzählt davon, wie die Digitalisierung aktiv genutzt werden kann, um den Ökohaushalt des Planeten wieder in Ordnung zu bringen, für mehr Gerechtigkeit und Gleichheit zu sorgen und Armut, Hunger und Krankheit zu besiegen. In acht Kapiteln erfahren die Leserinnen und Leser, wie sich das Leben der meisten Menschen, auch und vor allem in den Entwicklungsländern, verändern und verbessern wird, wenn die Digitalisierung systemisch betrachtet, konsequent weitergedacht und visionär auf die entscheidenden Zukunftsfragen angewendet wird.

Die Kapitel im Einzelnen:

> „Der überforderte Planet" ist das Thema des ersten Kapitels, das eine schonungslose Bestandsaufnahme des globalen Ist-Zustands respektive Notstands in humaner, ökologischer, sozialer und wirtschaftlicher Hinsicht liefert.
> Kapitel 2 – „Digitalisierung – die neue Matrixfunktion des Lebens" – beschreibt, wie und warum die Digitalisierung mit solch hohem Tempo voranschreitet, alle Bereiche des Lebens durchdringt und – von heute aus betrachtet – schier unvorstellbare Innovationen hervorbringen wird.
> Kapitel 3 skizziert „Die neue Infrastruktur des Wohlstands", die durch das „Internet der Dinge", Künstliche Intelligenz und die Blockchain geprägt sein wird. Ihr engmaschiges, weltumspannendes Netz öffnet den Zugang zur digitalen Welt und fördert eine neue, hochproduktive Wertschöpfung durch Daten und Services.
> Mit „Dematerialisierung – der übersehene Megatrend" ist Kapitel 4 überschrieben. Es handelt vom Verschwinden der Dinge, klassifiziert das Teilen als das neue Haben und klärt über eines der großen Missverständnisse unserer Zeit auf: Digitalisierung wird nicht zu Wachstum und neuen Arbeitsplätzen führen, sondern fast die Hälfte der Jobs kosten sowie Wirtschaft und Konsum schrumpfen lassen.

> Kapitel 5 – „Der zweite Planet ist digital" – beschäftigt sich eingehend mit den nachhaltigen Entwicklungszielen der Vereinten Nationen. Aufgezeigt wird hier, wie die Digitalisierung dazu beiträgt, Hunger und Armut zu beenden, Klimawandel und Ressourcenmissbrauch zu bekämpfen, die Gleichstellung der Geschlechter zu erreichen und die Gesundheit zu fördern. Gleichzeitig bietet es Alternativen an, wie diese Agenda 2030 auch ohne Vollbeschäftigung und Wirtschaftswachstum trotzdem umgesetzt werden kann.
> Der Bildung als „Schlüsselfaktor der digitalen Zukunft" widmet sich das sechste Kapitel. Es gibt Antworten auf die Fragen, wie Schüler heute auf ein Leben in der digitalen Zukunft vorbereitet werden sollten, welche Rolle Technologie im Unterricht spielen wird und wie Bildungsangebote im globalen Maßstab demokratisiert werden können.
> Kapitel 7 gibt unter der Überschrift „Die Zukunft provozieren" Denkanstöße zur aktuellen Sinnkrise des Kapitalismus, zum bedingungslosen Grundeinkommen als Lösungsansatz aufkommender sozialer Probleme, zum Sinn als neuer Daseinsberechtigung von Unternehmen und zu den ethischen Fragen der Digitalisierung, die längst noch nicht ausdiskutiert sind.

Die entscheidende Voraussetzung jedoch, um erfolgreich in die digitale Zukunft aufzubrechen, liegt deshalb nicht nur im Verständnis der technologischen Möglichkeiten im globalen Kontext, sondern vor allem im „Mut zum Träumen". Wirklich träumen? Obwohl wir in einer Welt leben, die ebenso ungerecht wie unbefriedet ist, ökologisch in höchster Gefahr schwebt und in der es die Menschen nicht einmal schaffen, Kinder vor dem Hungertod zu bewahren?

Aber ja doch. Das Kapitel 8 erzählt von Bhutan und seinem Bruttonationalglück, von neuen Konzepten, Wirtschaftsleistung zu messen, und leitet über zu einem abschließenden Blick zurück nach vorn.

Abb. 1: Earthrise

„Earthrise": So sah die Besatzung von Apollo 8 die Erde. Das Foto hat den Blick auf die Welt verändert und zählt zum Gründungskanon der Umweltschutzbewegung. © NASA

1 Der überforderte Planet

Es muss ein bewegender Moment gewesen sein, damals an Heiligabend 1968, als die Männer im Raumschiff Apollo 8 ein Phänomen beobachteten, das noch nie zuvor ein Mensch gesehen hatte: Über der Krümmung des Mondes ging die Erde auf. Die Besatzung schoss davon ein Foto, das noch heute zu den berühmtesten der Welt gehört: „Earthrise." Als begabte Marketer hatten die Amerikaner die Mission so geplant, dass Apollo 8 zu Weihnachten in die Umlaufbahn des Mondes einschwenken würde. Das Fernsehen übertrug damals live aus dem Raumschiff. „Von hier aus gesehen ist die Erde eine grandiose Oase in der weiten Wüste des Weltalls", sagte Astronaut James Lovell über den blauweißen Farbklecks, der funkelnd im schwarzen Nichts zu schweben schien. Außerdem – die Dramaturgie war perfekt – las die Besatzung als Weihnachtsgruß zur Erde die Schöpfungsgeschichte aus der Bibel.

Der Apollo-Flug und das Foto blieben nicht ohne Folgen: „Earthrise" gehört heute zum Gründungsmythos der internationalen Umweltschutzbewegung. Das Foto führte den Menschen so eindrucksvoll vor Augen, wie einzigartig, schön und verletzlich unser Planet ist. Bis heute fordert das Bild die Menschen dazu auf, einen Schritt zurückzutreten und reflektierend und selbstkritisch auf die Erde sowie auf die eigene, allen anderen überlegene Spezies zu blicken.

50 Jahre sind seit dem Flug von Apollo 8 vergangen, fünf Jahrzehnte, in denen die Menschheit jedoch weder Demut noch Gnade gegenüber dem empfindlichen Ökosystem Erde hat walten lassen. Stattdessen beutete sie den Planeten rücksichtsloser als je zuvor aus. Längst ist eingetreten, was der „Club of Rome" schon 1972 in seiner berühmten Studie „Die Grenzen des Wachstums" voraussagte[3]: „Wenn die gegenwärtige Zunahme der

Weltbevölkerung, der Industrialisierung, der Umweltverschmutzung, der Nahrungsmittelproduktion und der Ausbeutung von natürlichen Rohstoffen unverändert anhält, werden die absoluten Wachstumsgrenzen auf der Erde im Laufe der nächsten hundert Jahre erreicht." Der Bericht des „Club of Rome" ist die ultimative Mahnung und das Ende aller Ausreden gewesen. Seit der Veröffentlichung kann niemand mehr sagen: „Wir haben es nicht gewusst."

Über die Jahrzehnte haben sich die Simulationen des „Club of Rome" als erstaunlich robust erwiesen. Updates von 1992 und 2004 bestätigen und präzisieren die Ergebnisse von 1972 im Wesentlichen. Rückschauend wissen wir, dass die Studie von 1972 ein Geniestreich der Digitalisierung war, ein zukunftsweisendes, frühes Beispiel für die Potenz von Datenanalyse und Computersimulation. Das Team brachte die Industrialisierung, Bevölkerungsentwicklung, Unterernährung, Ausbeutung der Rohstoffreserven und die Zerstörung der Ökosysteme in einen Zusammenhang, schuf daraus ein „Weltmodell", das sich mit historischen Daten und Annahmen über die Zukunft füttern ließ. Mithilfe der Programmiersprache „Dynamo" schrieben die Forscher eine Computersimulation namens „World3".[4] Das Massachusetts Institute of Technology (MIT) verfügte bereits damals über die Großrechner, die notwendig waren, um die Simulationen laufen zu lassen. Sie zeigten, dass nur nachhaltiger Umweltschutz, konsequente Geburtenkontrolle und begrenztes Wachstum einen Wandel zum Besseren mit sich bringen würden. Zaghaftes Drehen an der einen oder anderen Stellschraube würde das Verhalten des Systems Erde verändern, aber den Kollaps nicht verhindern können. Nüchtern betrachtet, haben die Menschen aber genau das getan: ein wenig an den Stellschrauben gedreht. Einschneidende Beschlüsse wären nötig gewesen, um die Ausbeutung unwiederbringlicher Ressourcen zu verhindern.

1.1 Wachstum ohne Rücksicht

Ein gutes halbes Jahrhundert nach „Earthrise" und „Grenzen des Wachstums" ist das Streben der Menschen nach Wohlstand, Konsum und Mobilität ungebremst. Insbesondere in den 1990er Jahren – der Kapitalismus hatte über den Kommunismus sowjetischer Prägung gesiegt – brach sich ein fast ungezügelter Wirtschaftsliberalismus Bahn. In der Globalisierung schwang sich der Welthandel zu immer neuen Höhen auf. Die Digitalisierung beschleunigte die Wirtschaftskreisläufe und verkürzte die Produktzyklen. Das Investmentbanking entwickelte ein Eigenleben, wurde immer mächtiger und koppelte sich schließlich von der Realwirtschaft ab. Der Gewinn der Aktienbesitzer rückte, dem Prinzip des „Shareholder Value" folgend, in den Mittelpunkt wirtschaftlichen Handelns. Rückschläge steckte der entfesselte Kapitalismus locker weg. Als die erste Internetblase Anfang der 2000er-Jahre platzte, hatte dies keine gravierenden Auswirkungen auf die globale Wirtschaft. Vom weitaus bedeutenderen Finanzcrash in 2008 hat sich die Weltwirtschaft ebenfalls relativ rasch erholt.

Einer der Wachstumsmotoren heute ist die aufstrebende Wirtschaftsmacht China mit ihren 1,4 Milliarden Einwohnern. Zu Beginn der 2010er Jahre wuchs Chinas Bruttoinlandsprodukts (BIP) um mehr als zehn Prozent. Diese Zeiten sind zwar bereits seit 2012 passé, aber mit jährlichen Wachstumsraten um sieben Prozent gilt das kommunistische China weiter als Lokomotive der Weltwirtschaft.[5] Schwellenländer wie China oder Indien, aber auch Entwicklungsländer haben am Wirtschaftswachstum und am weltweiten Bruttoinlandsprodukt einen immer größeren Anteil. Der Aufstieg dieser Volkswirtschaften ist von großer Bedeutung. Ihr nicht zu leugnender Nachholbedarf im Konsum ist der Hauptgrund dafür, warum die Menschheit immer noch versucht, die Grenzen des Wachstums hinauszuschieben. Daraus ergibt sich ein ethisches Dilemma: Nach 200 Jahren systematischen Raubbaus an der Natur sind die Industriestaaten kaum in der Position, die Entwicklungs- und Schwellenländer für ihre Wünsche nach Infrastruktur und Wohlstand in die Schranken zu weisen. Es gibt zudem keine Organisation, die dazu die Autorität hätte. Und: Dass sich die Zahl extrem armer Menschen von 1,9 Milliarden vor dreißig Jahren auf 815 Millionen[6] reduziert hat, ist auch ein Ergebnis dieser wirtschaftlichen Entwicklung.

So ergibt sich unter dem Strich für die Weltwirtschaft eine Story stetigen Wachstums. Allein zwischen 2007 und 2017 legte das weltweite Bruttoinlandsprodukt von 58 auf 78 Billionen US-Dollar zu. Die jährlichen Wachstumsraten lagen in dieser Zeit zwischen drei und 5,5 Prozent. Einzig im Nachkrisenjahr 2009 sank das globale Wirtschaftswachstum kurzzeitig auf null Prozent.

Die größten Länder nach Einwohnerzahl in 2100

Abb. 2: Die Top 10 der Weltbevölkerung
Die Schwellenländer Indien und China sowie das Entwicklungsland Nigeria werden zur Jahrhundertwende mit Abstand die bevölkerungsreichsten Staaten sein. Quelle: World Economic Forum/Karl-Heinz Land

Gleichzeitig bevölkern immer mehr Menschen unseren Planeten. Im Moment sind wir 7,5 Milliarden. 2050 werden wir über neun Milliarden Menschen sein und im Jahr 2100 elf Milliarden.[7] Mindestens. In ihrer optimistischen Berechnung gehen die Vereinten Nationen nämlich davon aus, dass die Geburtenrate sinkt. Was, wenn nicht? Ein pessimistischeres Szenario der UN erwartet mehr als 16 Milliarden Homo sapiens im Jahr 2100.

Mit dem Bevölkerungswachstum gehen zwei Trends einher, die neue Herausforderungen implizieren:

> Einerseits wird die Bevölkerung vor allem in Gegenden wachsen, die zu den ärmsten der Welt gehören, in denen die Versorgung der Menschen schwierig ist und die vom Klimawandel stark betroffen sein werden. Hier einige Beispiele: Indien wächst jährlich um 19,4 Millionen Einwohner, Nigeria um 4,4 Millionen, Äthiopien um zwei Millionen und

das zwar aufstrebende, aber immer noch bettelarme Bangladesch um 2,4 Millionen Menschen.[8] Die Aufgabe, die Lebensbedingungen in solchen Staaten zu sichern oder gar zu verbessern, ist immens.
> Gleichzeitig zieht es die Menschen immer stärker in die Städte. Die urbane Bevölkerung der Erde ist seit 1950 von 746 Millionen auf 3,9 Milliarden angestiegen. Bis 2050 werden weitere 2,5 Milliarden Menschen in Städten leben.[9] Insbesondere in Afrika und Asien wachsen die Städte und Metropolen rasant weiter. Stadt- und Raumplaner stehen vor der großen Herausforderung, dieses Wachstum ökologisch verträglich und auch sozial ausgewogen zu managen. Seit Beginn der Urbanisierung legen die Slums großer Ballungsräume beredtes Zeugnis davon ab, dass diese Aufgabe bisher nicht bewältigt worden ist.

Mit gesundem, ethisch ausbalancierten Menschenverstand könnte man annehmen, dass das Wirtschaftswachstum mit dem Bevölkerungswachstum zusammenhängt – nach dem Motto: Wenn mehr Menschen auf dem Planeten leben, muss mehr erwirtschaftet werden, um sie zu versorgen. Das ist aber ein Fehlschluss. Primäres Ziel des Wirtschaftens bleibt der Erfolg, die Steigerung von Marktanteilen, Umsatz und Gewinn von Unternehmen. Klar ist: Das immense Wirtschaftswachstum kommt nicht allen, ja nicht einmal der Mehrheit der Menschen zugute. Im Gegenteil, die Ungleichheit nimmt weiter zu. Das reichste Prozent der Weltbevölkerung besitzt 50,1 Prozent des gesamten Vermögens privater Haushalte weltweit, hat das Credit Suisse Research Institute berechnet.[10] Die Schere zwischen reich und arm klafft immer weiter auseinander. Im weltweiten Vergleich, aber auch innerhalb der Industrienationen. Selbst die „Gralshüter des Kapitalismus"[11] („Die Welt") beim Internationalen Währungsfonds (IWF) überraschten 2017 mit der Feststellung: „Während etwas Ungleichheit in einer Marktwirtschaft unvermeidlich ist, kann übermäßige Ungleichheit zu einer Erosion des sozialen Zusammenbruchs, politischer Polarisierung und letztlich geringerem Wirtschaftswachstum führen."

Dass der IWF eine neue Umverteilungspolitik fordert – mit höheren Steuern für Besserverdienende, Grundeinkommen für alle und kräftige Investitionen in Bildung und Gesundheit – kommt einer Revolte aus dem Kern des kapitalistischen Systems gleich.

Das Wachstum von Wirtschaft und Bevölkerung ist der Hauptgrund, warum die durchaus vorhandenen Bemühungen, den Klimaschutz zu verbessern oder die natürlichen Ressourcen der Erde zu schonen, bisher niemals ausgereicht haben. Die Wirtschafts- und Bevölkerungsdaten laufen dem 2016 in Paris vereinbarten Ziel, die Erderwärmung bis ins Jahr 2100 auf deutlich unter zwei Prozent zu halten, diametral entgegen. Folgerichtig steigen die CO_2-Emissionen erst einmal weltweit weiter, wie zur UN-Klima-Konferenz 2017 in Bonn deutlich wurde.[12] Keine guten Nachrichten. Denn um die Erderwärmung einzudämmen, müssen die Emissionen an Klimagasen bis zur Hälfte dieses Jahrhunderts eigentlich auf null gefahren werden. Größter Emittent ist China, gefolgt von den USA und – mit großem Abstand – von Indien. Auf diese drei Länder entfallen 50 Prozent des weltweiten CO_2-Ausstoßes. Es ist nicht zu erwarten, dass einer dieser Staaten zu jenen radikalen Interventionen bereit ist, wie sie der „Club of Rome" bereits seit 1972 nahelegt.

So steht die Zukunft des Planeten weiter auf Messers Schneide. Nach wie vor produzieren die Menschen zu viele klimaschädliche Gase, die Erde erwärmt sich, der Meeresspiegel steigt und außergewöhnlich heftige Wetterphänomene nehmen zu. Das Klimaziel von Paris erscheint bereits unerreichbar. Es mehren sich die Stimmen, die sagen: zu spät, zu wenig, zu mutlos. Zumal es einige Effekte gibt, deren Auswirkungen noch gar nicht absehbar sind. Die Permafrostböden auf der Nordhalbkugel beginnen aufzutauen. Dies könnte Zersetzungsprozesse mit fatalen Folgen initiieren: Im Laufe des nächsten Jahrhunderts könnten 60 bis 200 Milliarden Tonnen CO_2 zusätzlich freigesetzt werden. Das wäre die fünf- bis 15-fache Menge des derzeitigen globalen Jahresausstoßes.[13]

Der World Wide Fund For Nature (WWF) rechnet in seinen „Living Planet Reports" alle zwei Jahre vor, wie sehr der Mensch über seine Verhältnisse lebt. Der Kipppunkt wurde schon in den 1970er Jahren erreicht. Seither verbraucht jeder Mensch durchschnittlich mehr erneuerbare Ressourcen, als die Natur imstande ist zu reproduzieren. Und zwar mittlerweile um das 1,6-fache, wie die Untersuchung von 2012 ergab. Im Jahr 2030 bräuchte die Menschheit deshalb eine zweite Erde, um zu überleben.[14]

>> **W**enn alle Menschen so leben würden, wie wir in Deutschland, dann bräuchten wir schon heute drei Erden. <<

Abb. 3: Wir brauchen drei Erden
Die Weltbevölkerung verbraucht Ressourcen in Höhe von zwei Erden. In Deutschland betreiben wir Raubbau, als hätten wir drei Erden zur Verfügung. Zieht man die USA heran, dann bräuchten wir unseren Planeten gleich fünfmal. Quelle: utopia/WWF/Karl-Heinz Land

Dieser Missstand geht vor allem auf das Konto der Industriestaaten. Mit ihrem überproportional hohen ökologischen Fußabdruck, so der WWF unmissverständlich, bedienen sie sich auf Kosten der Entwicklungsländer; die Industriemächte tragen dazu bei, dass der Klimawandel und sich verändernde Ökosysteme die Lebensbedingungen in der Dritten Welt weiter verschlechtern. So hat es die Menschheit geschafft, die Populationen der Wirbeltiere auf dem Planeten um 58 Prozent zu dezimieren. Bis 2020, so der WWF, dürfte dieser Wert auf 67 Prozent steigen.[15] Der Verlust an Biodiversität ist ein deutliches Zeichen für den Raubbau der Menschen an der Natur.

1.2 Mensch und Natur in Not

Erstmals seit vielen Jahren nimmt der Hunger auf der Welt wieder zu. Neben der Erderwärmung tragen Kriege, Bürgerkriege und ethnische wie religiöse Spannungen und Vertreibungen dazu bei. Nach Angaben des Welternährungsprogramms der UN sind 815 Millionen Menschen unterernährt[16]; vor zwei Jahren waren es 795 Millionen Menschen.[17] 98 Prozent der Hunger leidenden Menschen leben in den Entwicklungsländern.[18] Hunger ist die Todesursache Nummer eins. Selbst wenn beim Klimaschutz eine Wende in den nächsten Jahren gelänge, wird die Lebensmittelversorgung südlich der Sahara bis 2050 noch gefährdeter sein als heute.[19] Das Klima ist ein träges System. Bis Verbesserungen greifen, werden Jahrzehnte vergehen. Der Klimawandel wird insbesondere südlich der Sahara, aber auch in Südamerika und Asien die Nahrungsmittelversorgung zusätzlich erschweren.

Ein weiteres Problem der Lebensmittelversorgung: Die Menschheit produziert an den eigenen Bedürfnissen vorbei. Von den fast 1,5 Milliarden Hektar Ackerfläche weltweit werden nur 260 Millionen zum Anbau von Obst, Gemüse und Getreide genutzt. 55 Millionen dienen dazu, Bioenergie zu erzeugen. Auf weiteren 100 Millionen Hektar werden nachwachsende Rohstoffe wie Hanf gepflanzt.[20] Der Großteil der Flächen hingegen, eine Milliarde Hektar, wird benötigt, um Futtermittel für die Tierzucht zu produzieren.

Die Fleischproduktion ist in hohem Maße umweltbelastend; sie belastet das Klima und die Wasserhaushalte. Für ein Kilogramm Rindfleisch werden – je nach Studie und Messverfahren – zwischen 20 und 36 Kilogramm Treibhausgase erzeugt. Außerdem werden 15.415 Liter Wasser verbraucht.[21] Bei anderen Vieharten verbessern sich die Verbrauchswerte, aber letztlich scheint eine vegane Ernährung die vernünftigste und umweltschonendste Alternative zu sein. Prognosen gehen jedoch davon aus, dass der Fleischbedarf bis 2050 um 85 Prozent zunehmen wird – vor allem durch den Konsum in den Entwicklungsländern.[22] Last but not least ist die Lebensmittelproduktion auf dem Planeten ineffizient. Ein Drittel der erzeugten Lebensmittel geht verloren. Anders formuliert: Insgesamt

1,3 Milliarden Tonnen[23] Lebensmittel landen nicht im Bauch hungernder Menschen, sondern im Müll (in den Industrieländern) oder verderben (in den Entwicklungsländern aufgrund inadäquater Lagerung und Logistik).

Ein weiteres tragisches, gesundheitsgefährdendes Thema ist die Wasserversorgung. 2014 hatten 780 Millionen Menschen keinen Zugang zu sauberem Trinkwasser, obwohl große Fortschritte in der Versorgung gemacht wurden.[24] Jeden Tag sterben nach Angaben von UNICEF 1000 Kinder an Darminfektionen, die durch verschmutztes Wasser oder schlechte sanitäre Bedingungen hervorgerufen werden.[25] Bis 2030 wird der weltweite Wasserbedarf um 40 Prozent auf 6,9 Billionen Kubikmeter ansteigen. Dazu trägt laut UN auch die Energiegewinnung bei: Wasserkraftwerke verbrauchen bereits jetzt 15 Prozent des verfügbaren Wassers, in 2035 dürften es 20 Prozent sein. Gleichzeitig steigt der Energiebedarf bis dahin um 70 Prozent, wovon rund die Hälfte wiederum auf China und Indien entfallen dürften.[26]

Die entscheidende Frage beim Wasser lautet ja nicht, ob es davon auf der Welt genug gibt, sondern, ob es dort verfügbar und bezahlbar ist, wo es benötigt wird. Wasser ist in vielen Regionen der Welt ein so knappes Gut, dass Konfliktforscher Verteilungskriege um Wasser prognostizieren. Es hat einen bitteren Beigeschmack, wenn sich Lebensmittelkonzerne vor diesem Hintergrund auch in Entwicklungsländern Rechte an Wasservorkommen sichern. Nicht so sehr, weil sie das Wasser verkaufen, sondern weil sie die Ökosysteme unter Druck setzen und den Grundwasserspiegel senken. Vor allem der Weltmarktführer Nestlé sah sich solchen Vorwürfen immer wieder ausgesetzt, zum Beispiel mit Blick auf die USA und Pakistan.[27]

Vor dem Hintergrund solch weitreichender Fragen lohnt es sich, mit Abstand auf das Verhalten der Spezies Mensch zu blicken. Wir sind die einzige, die so mit Bewusstsein und Verstand gesegnet ist, dass sie ihr eigenes Tun reflektieren kann. Vielleicht muss die Menschheit doch mal wieder tiefer ins All vordringen, um aus der Distanz auf die „grandiose Oase" schauen, die die Besatzung von Apollo 8 damals im All erblickte, um neu zu entdecken, welches Geschenk dieser Planet darstellt. Gleichsam müssen wir die Erde und unser Dasein auf diesem Planeten als System globaler Wechselwirkungen verstehen, so, wie es der „Club of Rome" in seinem „Weltmodell" beschrieben hat. Kein Problem macht vor irgendeinem Schlagbaum halt; kein Problem entsteht nur in einem Land; kein Land allein hat eine Lösung.

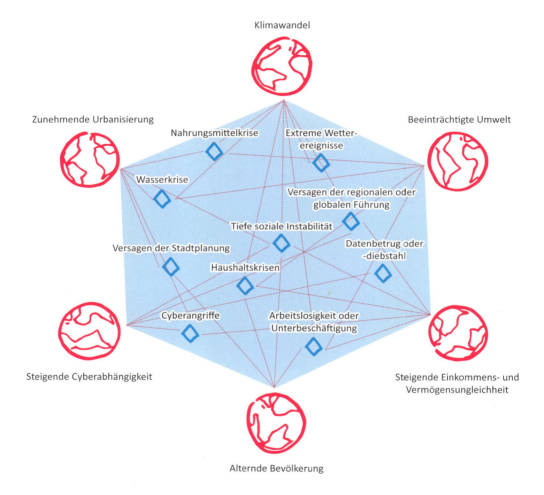

Abb. 4: Systemische Zusammenhänge in einer komplexen Welt
Alles hängt mit allem zusammen: Wer die Probleme der Welt lösen will, muss sich ihnen systemisch nähern und darf sich nicht nur Teilthemen herauspicken. Quelle: World Economic Forum Global Risks Perception Service 2018

Der Soziologe Niklas Luhmann sprach in diesem Sinne von der „Weltgesellschaft". „Es gibt keine territorialen Grenzen mehr für Geld, Information, Bildung, Energie, Umweltzerstörung, Terror", deutet der Kommunikationswissenschaftler Norbert Bolz Luhmanns Gesellschaftsbegriff[28] „und wir erfahren täglich aus den Nachrichten, dass nationale Politik nicht umgehen kann mit ökologischen Problemen, dem Problem der Durchsetzung von Menschenrechten, den Forderungen nach ‚humanitären` Interventionen, modernen Völkerwanderungen und weltweiten Finanzspekulationen."

Der Blick in die Medien stimmt tatsächlich pessimistisch; es scheint nicht, dass sich an der Unfähigkeit der Weltgesellschaft, globale Probleme zu lösen, grundlegend etwas ändern könnte. Die Menschheit braucht eine Vision, eine zündende Idee, um die Komplexität der humanitären, ökonomischen und ökologischen Herausforderungen in den Griff zu bekommen. Die Zeit dazu läuft uns nicht nur davon; sie wird vergeudet, im endlosen Interessenausgleich zwischen Staaten und Völkern. Und weil die Ziele der Wirtschaft – bar jeder Vernunft – immer wieder eine unangemessene Priorität genießen. Derweil verhungern weiter Millionen Menschen, wird die Natur geschändet und die Zukunft aufs Spiel gesetzt.

Dabei gibt es eine Lösung, einen Weg, der aus der Misere führen kann: die Digitalisierung und der technologische Fortschritt.

1.3 Ein radikaler Vorschlag

Längst durchzieht eine digitale Matrix alle Bereiche des Lebens. Ihre Leistungsfähigkeit wächst nicht nur in hohem Tempo, sondern in einer Kurve permanent zunehmender Beschleunigung. Zwar reden und schreiben Medien, Unternehmen und die Politik im 4.0-Modus – Handel 4.0, Industrie 4.0, Bildung 4.0 –, aber wir sind mit dem „Internet der Dinge" längst bei der fünften industriellen Revolution angelangt:

> Die erste industrielle Revolution dauert von Mitte des 18. Jahrhunderts bis Mitte des 19. Jahrhunderts. Die prägende Technologie ist die

Dampfmaschine, die Muskelkraft durch mechanische Kraft ersetzt sowie Fabriken und Eisenbahnen ermöglicht.
> Die zweite industrielle Revolution in den Jahrzehnten vor und nach 1900 basiert auf der Elektrizität und der Erfindung des Fließbandes.
> Die dritte industrielle Revolution beginnt in den 1960er Jahren und dauert bis in die 1990er-Jahre und wird durch die digitale Informationstechnologie getragen. Die Computer setzen sich durch und bringen der Wirtschaft immense Effizienzgewinne.
> Die vierte industrielle Revolution zwischen den Jahren 1995 und 2010 ist die Ära der Vernetzung – mit dem Internet und der Cloud.
> Die fünfte industrielle Revolution ist gekennzeichnet durch cyberphysische Systeme und das „Internet der Dinge" (IoT). Sie erlauben nicht nur datenbasierte, automatisierte und KI-gesteuerte Prozesse, Routinen und Services, sondern heben letztlich auch die Schnittstelle zwischen der künstlichen und biologischen Sphäre auf. Die barrierefreie, symbiotische Kollaboration zwischen Mensch und Maschine wird möglich.

Abb. 5: Die fünf industriellen Revolutionen
Quelle: Karl-Heinz Land

In vielen Regionen der Welt entsteht jetzt, zu Beginn des 21. Jahrhunderts, eine neue, digitale Infrastruktur, ein Daten- und Kommunikationssystem, ein globales, feingesponnenes Gewebe, das viel größer, leistungsfähiger und nützlicher sein wird als alles, was wir aus den ersten 20 Jahren Internet kennen. In dieser „Weltmaschine" kann alles mit allem kommunizieren. Sie wird die Fähigkeiten von Mensch und Technologie verschmelzen, Informationen von bisher unbekanntem Wert generieren und selbst komplexeste, globale Prozesse managen. Sie wird immer schneller und nützlicher werden. Sie wird sich selbst optimieren und Lösungen ermöglichen, die heute, wenn überhaupt, nur ansatzweise zu erkennen sind.

Die Weltmaschine kann der Weltgesellschaft helfen, die Probleme im Weltmodell zu lösen.

Die Digitalisierung ist damit die größte Gestaltungsaufgabe unserer Zeit. Die entscheidende Frage wird sein, mit welcher Haltung die Menschen diese Herausforderung annehmen: Zurückhaltend? Auf Vorsicht und den kleinsten gemeinsamen Nenner bedacht? Immer in Furcht vor dem digitalen Zeitalter à la George Orwells Roman „1984"? Nein. Wir sollten mutig sein. Wir sollten die Innovationskraft sowie die exponentielle Energie der Digitalisierung nutzen, um das Zusammenleben auf eine neue Basis zu stellen, Wirtschaft neu zu denken, die Demokratie zu stärken und die Welt zu einem besseren Ort zu machen. Wir sollten uns trauen, dem Schicksal ins Rad zu greifen.

Die USA haben sich unter ihrem Präsidenten John F. Kennedy im Jahr 1961 aufgemacht, einen Menschen auf den Mond zu schicken. Damit haben sie ein gigantisches Innovationsprogramm gestartet und unter anderem die Weiterentwicklung der Computer enorm forciert. Den Erfolg feierte der Astronaut Neil Armstrong mit den berühmten Worten:

„Die ist ein kleiner Schritt für einen Menschen, aber ein riesiger Sprung für die Menschheit."

Gedanken dieser Größe sind jetzt gefragt. Künftigen Generationen zuliebe sollten wir die Digitalisierung forcieren. Nur mit ihrer Hilfe können wir den Karren, den die Menschheit in 150 Jahren Turboindustrialisierung, Umweltzerstörung und Sozialimperialismus in den Dreck gefahren hat, wieder ein großes Stück weit herausziehen.

Damit das Manöver gelingt, müssen wir uns ein neues Denken angewöhnen, eines, das den Chancenraum durchdringt, der sich jetzt öffnet.

2 Digitalisierung – die neue Matrixfunktion des Lebens

Erinnern Sie sich noch an „Matrix", jene legendäre Filmtrilogie der Geschwister Wachowski, die um die Jahrtausendwende Dystopien einer von Maschinen beherrschten Welt in die Köpfe der Kinobesucher projizierte? Die Filmemacher schickten ihr Publikum damals in ein Verwirrspiel aus Illusion und Wirklichkeit. Die Welt der Menschen erschien nur noch als eine Fiktion, programmiert von den Maschinen, die die Herrschaft übernommen hatten. Häuser, Straßenzüge, Städte – nichts als Code, der zuweilen in grüner Schrift auf schwarzem Grund über die Kinoleinwand regnete.

Die Geschichte von Aufstand der Menschen gegen die Maschinen war als Plot zwar abenteuerlicher Hollywoodstoff, aber die Deutungen der digitalen Zeit erscheinen heute, fast zwanzig Jahre später, noch erstaunlich aktuell. „Die Matrix ist allgegenwärtig", deklamiert Schauspieler Laurence Fishburne in seiner Rolle als Morpheus, dem Anführer der Rebellen. „Sie umgibt uns, selbst hier ist sie, in diesem Zimmer. Du siehst sie, wenn du aus dem Fenster guckst, oder den Fernseher anmachst. Du kannst sie spüren, wenn du zur Arbeit gehst. Oder in die Kirche, und wenn du deine Steuern zahlst." Geht es uns nicht längst so? Könnte dieses Zitat nicht auch von einem Menschen heutzutage stammen, der innehält und reflektiert, wie tief und umfassend die Digitalisierung bereits sein Handeln, sein Verhalten, seine Kommunikation mit seinen Mitmenschen prägt?

Keine Frage: Die Digitalisierung ist die Matrixfunktion, die alle Bereiche des Lebens durchzieht. Das Smartphone ist längst unser verlängertes Ich. Ohne Handy unterwegs zu sein, das gleicht vielen Menschen einem Alptraum. Mediziner diskutieren ernsthaft darüber, ob die Nomophobie („No Mobile Phobia")[29] in den Kanon anerkannter psychischer Störungen übernommen werden sollte. Das Gerät vernetzt seine Nutzer mit zahllosen Services, mit unfassbar viel Information und mit Freunden, Verwandten und Kollegen. Wir fahren neuerdings „Connected Cars" und unser Zuhause wird zunehmend smart. Wir laden Cortana, Siri oder Alexa in unser Leben und unser Heim ein. Als digitale Assistenten streamen sie unsere Musik, beantworten unsere Fragen und organisieren unsere To-do-Listen. Arbeitnehmer konkurrieren mit Robotern und Künstlicher Intelligenz. Das Tempo der Transformation zwingt die Unternehmen zu neuen Arbeitsweisen – nämlich agil, flexibel, hierarchielos zu agieren, immer auf der Suche nach der nächsten Innovation. Der Wandel ist tiefgreifend: Roboter gelten bereits als große Hoffnung, um den Pflegenotstand zu beseitigen. 3D-Drucker „printen" bereits ganze Häuser und medizinische Implantate. Einkäufe, Buchungen von Tickets oder Reisen erledigen die Verbraucher wie selbstverständlich über das Internet. Viele Menschen flirten und verlieben sich in Datingportalen. Diese Liste ließe sich beliebig fortsetzen.

Das alles geschieht nicht losgelöst voneinander, sondern durchaus nach einem Schema, einem strukturierten Bauplan, einer Matrix: Das „Internet der Dinge" verbindet die analoge mit der digitalen Welt. Plattformen regeln den Austausch von Gütern, Services, Informationen und Botschaften. Daten sind der Treibstoff dieser alles verbindenden Weltmaschine, die längst im Entstehen begriffen ist, gesteuert und zu immer neuen Höchstleistungen getrieben durch Künstliche Intelligenz und Algorithmen. Alles läuft nach dem gleichen Muster ab:

> Was digitalisiert werden kann, wird digitalisiert.
> Was vernetzt werden kann, wird vernetzt.
> Was automatisiert werden kann, wird automatisiert.

Trotz dieses unwiderstehlichen Dreiklangs ist die Digitalisierung heute allenfalls beim Amuse-Gueule, dem Gruß aus Küche, angekommen, wie es ein Amazon-Manager treffend formulierte.[30] Die Vorspeisen, Hauptgänge und die süßen Überraschungen kommen erst noch. Anders gesagt: Die Digitalisierung läuft sich erst jetzt langsam warm. Sie setzt demnächst zu Leistungssprüngen an, die zu kühnsten Erwartungen und großen Ideen einladen.

2.1 Exponentialität – nichts bleibt, wie es war

IT-Experten wissen im Prinzip seit 1965, dass dieser Sprung ins schier Unvorstellbare bevorsteht. Damals formulierte der Informatiker und Mitbegründer der Computerchipfirma Intel, Gordon Earle Moore, eine Gesetzmäßigkeit, die seither als „Moores Gesetz" bekannt ist. Es besagt, dass sich alle ein bis zwei Jahre auf einem Computerchip doppelt so viele Transistoren unterbringen lassen wie zuvor. Vereinfacht gesagt: Die Rechenleistung der Computer verdoppelt sich im Zwei-Jahres-Rhythmus. Das Ergebnis ist spektakulär.

Mathematiker sehen sofort: Was Gordon Moore damals beschrieben hat, ist nichts anderes als eine exponentielle Funktion. Wenn man sie sich grafisch vorstellt, dann zeigt die Leistungskurve über viele Jahrzehnte nur eine sanfte Steigung. In einer solchen Betrachtung liegen ein Commodore C64 aus den 1980er Jahren und ein moderner Computer mit Intel-i7-Prozesser leistungsmäßig gar nicht so weit auseinander, obwohl sie aus Sicht eines Anwenders Welten trennen. Bei jeder exponentiellen Funktion wird irgendwann der Punkt erreicht, an dem der Graph steil nach oben steigt – bei der laufenden Verdopplung nach Moores Gesetz fast senkrecht und ins Unendliche. Dieser Zeitpunkt ist jetzt erreicht. Langsames Wachstum schlägt in eine Leistungsexplosion um. So erklärt sich, dass seit 2010 eine Vielzahl digitaler Technologien plötzlich und fast gleichzeitig marktreif geworden sind. Die Exponentialität greift und treibt die Digitalisierung voran.

Exponentialität: Zeitraum bis 50 Millionen Nutzer

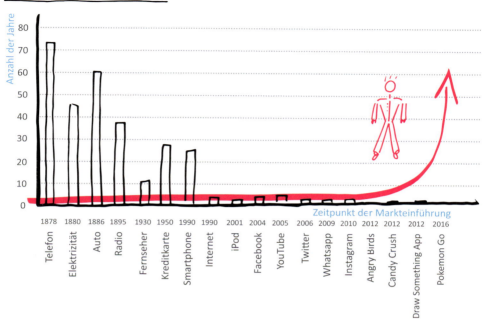

Abb. 6: So verläuft das exponentielle Wachstum der IT
Die laufende Verdopplung der IT-Leistung, bekannt als „Moores Gesetz", ist eine exponentielle Funktion. Wir erleben jetzt, dass die Leistungskurve steil nach oben schießt und einen neuen Chancenraum eröffnet. Die Grafik zeigt, wie viele Jahre eine Innovation benötigte, bis sie die Marke von 50 Millionen Nutzern überschritten hat. Quelle: Karl-Heinz Land

Um die Kraft und die Geschwindigkeiten dieser neuen Zeitrechnung zu verstehen, müssen die Menschen ihren Hang zum linearen Denken überwinden. Es hilft nicht mehr, die Vergangenheit in die Zukunft fortzuschreiben, wie es Politiker, Unternehmer und Entscheider in der Gesellschaft gewohnt sind. Exponentiell zu denken heißt, das scheinbar Unmögliche in die Betrachtung einzubeziehen, Unberechenbarkeit als Prinzip zu akzeptieren und es immer für möglich zu halten, dass Innovationen von heute auf morgen alles verändern können. Was es bedeutet, exponentiell statt linear zu denken, zeigt eine Legende, die sich um die Ursprünge des Schachspiels rankt:[31]

Exponentialität verstehen: Die Erfindung des Schachspiels

Im vierten Jahrhundert regierte in Indien ein Tyrann namens Shihram, ein unangenehmer Zeitgenosse, der wenig Rücksicht auf sein Volk nahm und die Menschen ins Elend stürzte. Der Brahmane Sissa ibn Dahir suchte nach einem Weg, um Shihram dessen Fehler vor Augen zu führen, ohne jedoch seinen Zorn auf sich zu ziehen. Dazu ersann er ein Spiel, bei dem der Herrscher ohne Schutz und Einsatz seines Volkes und seiner Getreuen nicht gewinnen konnte: Tschaturange, die Urform des Schachs, in dem es ja darum geht, den gegnerischen König matt zu setzen, also ihn zu bedrohen und in eine ausweglose Lage zu bringen. Shihram verstand die Botschaft und zeigte sich fortan milder. Dem Brahmanen Sissa stellte er aus Dankbarkeit einen Wunsch frei.

Was dann folgte, war ein Musterbeispiel für den Unterschied zwischen linearem und exponentiellem Verständnis. Sissa wünschte sich, dass auf das erste der 64 Schachbrettfelder ein Getreidekorn gelegt wird. Mal ist von Weizen, mal von Reis die Rede. Von Feld zu Feld sollte die Anzahl verdoppelt werden. Nach dieser Formel liegen auf dem zweiten Feld zwei Körner, auf dem dritten vier Körner, auf dem vierten Feld acht Körner und auf dem fünften 16 – und so weiter.

Wie viele Getreidekörner werden am Ende, wenn man auf Feld 64 angekommen ist, auf dem Schachbrett liegen? Nicht viele, dachte wohl Shihram, denn er war, so die Legende, ob der Bescheidenheit seines weisen Beraters geradezu erbost. Jedoch stellte sich schnell heraus, dass Sissas Wunsch eher diabolisch war: Wenn man mit eins beginnend die Menge der Körner auf dem Schachbrett Feld für Feld verdoppelt, begraben am Ende 18,45 Trillionen Körner nicht nur das Schachbrett… Diese Summe entspricht laut Wikipedia der 1200-fachen Menge Weizen, die im Jahr 2012 auf der gesamten Welt geerntet worden ist. Das ist die Kraft der Exponentialität, und wir werden uns ihr heute nicht so leicht entziehen können, wie es der verblüffte Herrscher Shihram tat: Er verfügte, dass der kluge Sissa die ihm zustehende Menge Weizen selbst abzählen müsse.

Um die Exponentialität der Digitalisierung noch besser zu verstehen, lohnt sich ein Blick darauf, wie die Getreidemenge bei fortlaufender Verdopplung über die einzelnen Felder hinweg zunimmt. Bei einer Simulation mit Reis wiegt die Menge auf Feld 16 des Schachbretts nicht mehr als 400 Gramm. Aber auf Feld 37 liegen durch den exponentiellen Effekt bereits 600.000 Tonnen Reis. Das entspricht dem Gewicht eines Flugzeugträgers. Dieses Feld ist interessant, denn wir befinden uns gerade im 37. oder 38. Zyklus des Mooreschen Gesetzes. Feld 37 illustriert den Status quo der Digitalisierung. Diese Menge Reis lässt sich gerade noch gedanklich fassen. Die Menge auf Feld 64 aber nicht mehr. Sie ist so groß, dass sie Deutschland auf einer Höhe von 2065 Metern bedecken würde. Nur noch die Zugspitze und andere Alpengipfel würden aus diesem Getreideberg herausragen.[32] Unglaublich, oder? Genauso gigantisch ist der Chancenraum, der sich jetzt, da sich die exponentielle Leistungskurve der IT steil aufschwingt, für die Menschen eröffnet.

2.2 Die komprimierte Zukunft

Was wäre, wenn ein Mensch aus dem 17. Jahrhundert in die Gegenwart reisen könnte? Wäre er erstaunt oder entsetzt, dass wir in kleinen Schachteln mit wahnsinniger Geschwindigkeit über schwarze Asphaltpisten rasen? Welchen Eindruck machten die riesigen Maschinen, die mit Tempo 300 über stählerne Schienen fegen, auf ihn? Könnte er überhaupt erfassen, dass wir uns mit gewaltigen Flugkörpern in die Luft erheben und mit einer Geschwindigkeit von tausend Kilometern pro Stunde von Land zu Land fliegen? Wie würde es auf ihn wirken, wenn wir über Tausende Kilometer hinweg kommunizieren, von Angesicht zu Angesicht mittels eines kleinen Bildschirms, den wir immer mit uns führen? Könnte dieser Besucher aus der Vergangenheit nachvollziehen, was es bedeutet, Zugriff auf das Wissen der Welt zu haben, jederzeit und überall? Dass wir mit einem kubischen Etwas sprechen, das uns die Welt erklärt oder Musik vorspielt? Würde ein Universalgenie wie Leonardo da Vinci (1452–1519), der als größter Erfinder der Renaissance auch Skizzen für Fluggeräte aufs Papier brachte, glauben, dass ein Airbus A 380 mit einem Startgewicht von bis zu 590 Tonnen fliegen kann? Wahrscheinlich würden unsere modernen Technologien die Grenzen seiner Vorstellungskraft sprengen.

Von analog zu digital: So hat sich die Welt verändert

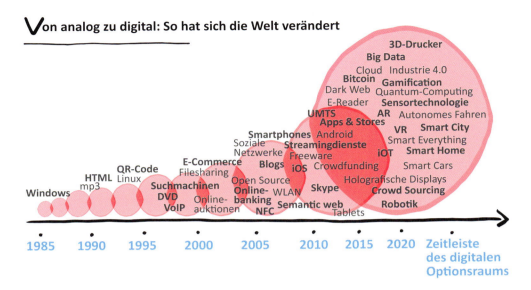

Abb. 7: Von analog zu digital: So hat sich die Welt verändert.
Die Grafik zeigt die Einführung von Technologien und Services in den vergangenen 30 Jahren. Der exponentielle Effekt ist deutlich zu erkennen. Quelle: Roland Berger Strategy Consultants/Karl-Heinz Land

Wir aber müssen jetzt die Phantasie, den Mut und die Kreativität aufbringen, um uns eine Zukunft vorzustellen, die schon in wenigen Jahrzehnten Realität wird, aber technologisch der Gegenwart gefühlt mehrere hundert Jahre voraus sein wird. Nicht nur, weil die Computer immer schneller werden, sondern weil jede neue Idee, jede neue Technologie, jede neue Erfindung die nächste Innovation beschleunigt. So werden die Fortschritte immer größer und folgen in immer kürzeren Zeitabständen aufeinander. „Wie werden im 21. Jahrhundert nicht hundert Jahre Fortschritt erleben, es wird mehr sein wie 20.000 Jahre Fortschritt", erklärt Raymond Kurzweil, Mitgründer und Kanzler der Singularity University in Los Angeles und Leiter der technischen Entwicklung bei Google.[33] Kurzweil ist der wichtigste Vordenker der Exponentialität. Kritiker werfen ihm vor, dass seine Prognosen nicht wissenschaftlich fundiert seien und eher einem einfachen Strickmuster folgen. Doch Kurzweil vertritt seine Thesen bereits seit den 1990er Jahren, und die Zeit beginnt, ihm recht zu geben. Die immense Entwicklungsgeschwindigkeit der Künstlichen Intelligenz zeugt davon.

Alles neu und doch geruhsam

Meine Großmutter lebte von 1890 bis 1979. Im Jahr vor ihrer Geburt fand in Paris die zehnte Weltausstellung statt. Dafür wurde der Eiffelturm errichtet. Die großen Innovationen dieser Messe waren der Phonograph und ein verbessertes Fahrrad. Ein anderes Zeitalter, und doch nur zwei Generationen von mir entfernt. Die Geschichten, die mir meine Großmutter erzählte, handelten davon, wie es war, als die Technologie in ihr Leben kam. Sie hat das nicht so formuliert, aber im Grunde ging es genau darum. Sie berichtete, wie das erste Auto durchs Dorf fuhr, wie sie zum ersten Mal telefonierte, das erste Radio oder den ersten Fernseher sah. Ihre Schilderungen haben mich damals tief beeindruckt. Sie lebte, so mein Eindruck als Kind, in einer Zeit immenser Beschleunigung und technologischen Fortschritts, in der all das entstand, was ich bereits als selbstverständlich erachtete. Wenn ich heute zurück auf ihr Leben blicke, denke ich: wie geruhsam. Der ganze Fortschritt der Pre-Internet-Zeit hat hundert Jahre gebraucht, um sich zu entfalten.

Anschaulich rechnet Raymond Kurzweil die heutige Innovationsgeschwindigkeit vor, indem er sie auf die technologischen Errungenschaften des letzten Jahrhunderts überträgt: Im Jahr 2000 wäre der gesamte Fortschritt des 20. Jahrhunderts in nur zwanzig Jahren zu erreichen gewesen; das heißt, dass im Jahre 1920 die Technologie bereits auf dem Stand des Jahres 1999 gewesen wäre. In den Jahren zwischen 2000 und 2014 habe ein weiterer Fortschritt mit dem Ausmaß des 20. Jahrhunderts stattgefunden. Der nächste Zyklus, um die Fortschrittsleistung des 20. Jahrhunderts zu wiederholen, werde 2021 vollendet, also innerhalb von nur sieben Jahren. In ein paar Jahrzenten, so sagt er voraus, werde es nur noch Monate dauern, um die gesamte technologische Entwicklung des

20. Jahrhunderts wiederum zu wiederholen. Danach werde dies pro Monat mehrere Male bereits erreicht sein. Alles in allem glaubt Kurzweil, dass das 21. Jahrhundert dank des Gesetzes der Exponentialität das Tausendfache des Fortschritts des 20. Jahrhunderts erzielen wird.[34]

Den exponentiellen Effekt charakterisiert das „Human Genom Project". Seit 1990 arbeiteten Forscher aus aller Welt daran, die DNA des Menschen zu entschlüsseln. Das Vorhaben war auf zehn Jahre angelegt und geriet sieben Jahre nach Beginn in eine Krise. Der Grund: Zwar verdoppelten die Wissenschaftler Jahr um Jahr die Zahl der enträtselten DNA-Abschnitte, aber insgesamt hatten sie bis dahin erst ein Prozent des menschlichen Genoms sequenziert. Skeptikern und staatlichen Geldgebern erschien es unmöglich, den Rest in vertretbarer Zeit zu decodieren. Ray Kurzweil überraschte hingegen mit der Aussage, dass das Projekt voll im Plan liege. Die exponentielle Verdopplung werde dafür sorgen, dass die DNA des Menschen in wenigen Jahre komplett entschlüsselt sei. Und er sollte recht behalten: 2003 war es soweit.

Mittlerweile werden die Ergebnisse der DNA-Entschlüsselung in der Biotechnologie und Medizin angewendet. Im Jahr 2015 wählte die Zeitschrift „Science" die biochemische CRISPR-Cas-Methode zum „Durchbruch des Jahres". Mit CRISPR-Cas können DNA-Sequenzen geschnitten und verändert werden, sowohl bei Tieren und Pflanzen als auch beim Menschen. Erstmals haben chinesische Wissenschaftler im Jahr 2016 bei einem Krebspatienten Immunzellen mittels CRISPR-Cas so optimiert, dass sie den Krebs direkter und aggressiver als zuvor bekämpfen. Theoretisch kann mit CRISPR-Cas der perfekte Mensch erschaffen werden – gesund und mit vorbestimmtem Aussehen.

Die Entschlüsselung des menschlichen Genoms und die Erfindung dieser „Genschere" stellen sogenannte „Tipping Points" dar; das heißt, Zeitpunkte, an denen vorher geradlinig verlaufende Entwicklungen kippen, durch Neues ersetzt oder extrem beschleunigt werden. Im digitalen Kontext spricht man von „Disruptionen". Die Zukunft wird von Schlag auf Schlag aufeinander folgenden Tipping Points geprägt sein.

2.3 Tipping Points – Revolutionen durch Technologie

Raymond Kurzweil stellt sich weltweit vor sein Publikum und verkündet Thesen, mit denen er manchmal richtig liegt und manchmal nicht. Das autonome Fahren hat er zunächst für 2009 vorausgesagt, was etwas früh gegriffen war. Mit seiner zweiten Prognose, die er auf das Jahr 2017 datierte, lag er dagegen ziemlich auf dem Punkt.[35] Seine größte Wette bezieht sich auf das Jahr 2045.[36] Erstens glaubt er, dass sich dann Nanoroboter durch den menschlichen Körper bewegen, um alte oder kranke Zellen zu reparieren. Zweitens geht er davon aus, dass Menschen ihr Gehirn in eine Maschine auslagern können und damit unsterblich werden. Drittens sagt er voraus, dass Künstliche Intelligenz die sogenannte „Singularität" erreicht und sich nunmehr selbst verbessern kann.

Genauso funktioniert exponentielles Denken. Wir müssen uns rigoros vorstellen, welche Tipping Points wir erreichen können, und immer wieder überprüfen, wie wahrscheinlich es ist, dass sie tatsächlich eintreten.

Rund 800 Entscheider und Fachleute nahmen 2015 an einer Studie des World Economic Forums (WEF) teil. Sie sollten prognostizieren, welche Technologien sich aufgrund der Fortschritte in der IT in den folgenden zehn Jahren durchsetzen werden. Auf Basis der Befragungsergebnisse hat das WEF einige optimistische „Umwälzungen" identifiziert.
Hier eine Auswahl:[37]

> **Supercomputer in der Hosentasche:** Bis zum Jahr 2023 werden 90 Prozent der Menschen ein Smartphone mit sich führen. Allerdings werden diese Geräte deutlich leistungsfähiger sein als die heutigen.
> **Smartphone unter der Haut**: Bis zum selben Jahr wird das erste in den menschlichen Körper implantierbare Smartphone kommerziell verfügbar sein wird.
> **Tragbares Internet**: Vielleicht brauchen die Menschen bald auch gar kein Smartphone mehr, sondern begnügen sich mit sogenannten „Wearables". In diese Kategorie fallen beispielsweise Smart Watches oder intelligente Textilien. Das WEF rechnet damit, dass bereits im Jahr

2022 zehn Prozent der Menschen Kleidungsstücke besitzen, die mit dem Internet verbunden sind.
- **Digitale Präsenz**: Mit eigenen Websites oder Social-Media-Profilen sind bereits viele Menschen Teil der digitalen Community. Bis 2023 werden 80 Prozent der Menschen nicht nur mit dem Internet verbunden, sondern als Person auch im Web präsent sein.
- **Optik als neue Schnittstelle**: Smarte Brillen, Linsen oder Headsets werden schon bald als Schnittstellen zwischen den Menschen und dem Internet an Bedeutung gewinnen. Den Wendepunkt erwartet das WEF im Jahr 2023, wenn zehn Prozent aller Brillen mit dem Internet verbunden sein werden.
- **Ubiquitärer Internetzugang:** Schon im Jahr 2024 werden 90 Prozent der Weltbevölkerung auf das Internet zugreifen können. Es sei einfacher, so das WEF mit Blick auf die Entwicklungsländer, eine Infrastruktur für den Zugang zu Information und Kommunikation aufzubauen, als die Versorgung mit Wasser und Elektrizität sicherzustellen.
- **Das „Internet der Dinge":** Für das Jahr 2022 erwartet das WEF einen Meilenstein der Vernetzung: Eine Billion Sensoren werden dann im „Internet der Dinge" die Daten erzeugen.
- **Intelligente Städte:** Viele Städte werden ihren Verkehr, ihre Versorgung und ihre Straßen mit dem Internet verbinden und sich smart managen. Im Jahr 2026 wird die erste Stadt mit mehr als 50.000 Einwohnern ohne Verkehrsampeln auskommen.
- **Künstliche Intelligenz verdrängt Bürojobs:** Die Ergebnisse der WEF-Studie liegen auf einer Linie mit anderen Untersuchungen, die prognostizieren, dass Künstliche Intelligenz viele Arbeitsplätze in der Unternehmensadministration ersetzen wird. Der „Tipping Point" tritt nach der Interpretation des WEF im Jahr 2025 ein. Dann werde bereits ein Drittel aller Unternehmensaudits, wie sie zum Beispiel im Finanzwesen vorgeschrieben sind, von den KIs erledigt.
- **Blockchain und Kryptowährungen:** Mit der virtuellen Währung „Bitcoin" ist auch die Technologie der Blockchain entstanden. Damit kann Geld rein virtuell erzeugt, verwaltet und transferiert werden. Bis 2027, so die Prognose, werden zehn Prozent des weltweiten Bruttoinlandsprodukts in Blockchains gespeichert sein.

> **Die Sharing Economy:** Zweifellos erfreut sich die Sharing Economy wachsender Beliebtheit. Ferienwohnungen oder Autos werden bereits millionenfach geteilt – im Jahr 2025 steht ein besonderer Tipping Point bevor: Weltweit werden dann erstmals mehr Autofahrten via Car Sharing statt mit dem eigenen Wagen unternommen.
> **3D-Druck in der Medizin:** Mit der digitalen Transformation ist die Aussicht verbunden, dass sich die Gesundheitsversorgung deutlich verbessert. Einer der Hoffnungsträger ist der 3D-Druck. Für das Jahr 2024 erwartet das WEF einen Durchbruch im sogenannten „Bioprinting": die erste Transplantation einer Leber aus dem 3D-Drucker.

Abb. 8: Ausgewählte Disruptionen in den nächsten zehn Jahren
Quelle: World Economic Forum/Karl-Heinz Land

Prognosen bleiben Prognosen: Ob und wann sie wirklich zutreffen, wissen wir heute nicht. Aber eines ist klar: Es handelt sich hierbei definitiv nicht um irgendwelche Spinnereien, sondern um Lösungen, die zum großen

Teil heute schon grundsätzlich realisierbar sind. Denn wir haben eine Ära erreicht, in der sogenannte „Moonshot-Projekte", benannt nach dem Mondprogramm der USA, die vor ein paar Jahren noch abwegig klangen, vermehrt in den Bereich des Möglichen rücken.

Elon Musk, der Erfinder des Bezahlsystems Paypal, des Transportsystems Hyperloop und Chef von Tesla, hat das verstanden. Zwar steht ausgerechnet sein Vorzeigeunternehmen Tesla noch mit einem Bein in der Vergangenheit, weil es zwar die E-Mobilität vorantreibt, aber weiter auf Individualverkehr statt auf autonome Verkehrssysteme setzt. Aber Musk erkennt die Potenziale der Exponentialität und hat spektakuläre Tipping Points vor Augen. Es lohnt sich, genau hinzusehen, wenn er erläutert, warum er an „Hyperloop" glaubt, ein Beförderungssystem, bei dem eine superschnelle Magnetschwebebahn – bis zu 1125 Kilometer pro Stunde – durch eine Röhre zischen soll. Gleiches gilt für die „Big Falcon Rocket" seines Raumfahrtunternehmens SpaceX, mit der Musk Lasten und Menschen zum Mars oder in dreißig Minuten von einem Ende der Welt ans andere transportieren möchte.[38] Durch diese Aktivitäten gibt Musk zu verstehen, dass er damit rechnet, dass sich die Exponentialität auf folgende Bereiche selbstverständlich überträgt:

> auf die Grundlagenforschung, die plötzlich riesige Datenmengen sammeln und immer besser analysieren kann (auch mit Hilfe Künstlicher Intelligenz);
> auf die Leistung der Unternehmen, die produktiver und präziser wirtschaften werden, sobald die Wertschöpfungsketten erst einmal von analogen Bestandteilen bereinigt und stattdessen durchdigitalisiert sind.

Gleichwohl schätzt er die Folgen der Digitalisierung auch kritisch ein. So gehört er zum Kreis der Silicon-Valley-Manager, die in Künstlicher Intelligenz eine ernstzunehmende Gefahr für den Menschen betrachten. Deshalb gründete er auch das Unternehmen OpenAI, ein Unternehmen, das an KI-Lösungen forscht, sie aber über Opensource der Allgemeinheit zur Verfügung stellen will. Zudem hat Musk „Neuralink" ins Leben gerufen, ein Start-up, welches auf einen weiteren Tipping Point hinarbeitet: Neuralink will das menschliche Gehirn direkt mit Computern verbinden, indem winzige Geräte implantiert werden. Diese „neuronale Schnur" soll gegen Hirnerkrankungen helfen, aber das menschliche Gehirn auch so „aufladen" können, dass es der Künstlichen Intelligenz etwas entgegenzusetzen hat. Neuralink soll auch „einvernehmliche Telepathie" zwischen zwei Menschen möglich machen.[39]

Es wäre der ultimative Tipping Point erreicht, wenn es gelänge, das menschliche Gehirn mit dem Computer zu verbinden, Uploads des eigenen Wissens oder sogar Bewusstseins in einen Rechner vorzunehmen und vice versa Wissen und Kompetenzen in den eigenen Kopf downloaden zu können. „Transhumanismus" heißt diese interdisziplinäre Forschungsrichtung, die darauf abzielt, den Menschen „upzudaten" oder „upzugraden" – durch smarte Prothesen, die die Körperfunktionen verbessern, durch leistungsfähigere und länger lebensfähige Organe sowie durch neuronale Verbindungen zwischen Mensch und Maschine.

Die exponentielle Energie der Digitalisierung führt eben nicht nur dazu, dass IT-Lösungen immer schneller und leistungsfähiger werden. Sie erfasst auch andere Technologien und Wissenschaften. Die Kraft wird wie mit einem immer schneller laufenden Transformationsriemen auf andere Disziplinen übertragen. Wenn die Digitalisierung eine Branche küsst, erstreckt sich die Exponentialität schlagartig auf sie. Automobilbau, Maschinen- und Anlagenbau, Banken und Versicherungen, Medien und Bildung, Logistik, Verwaltung oder Medizin – all diese Branchen sind bereits von tiefgreifenden, strukturellen Veränderungen erfasst. Jede neue Erfindung beschleunigt die Erfindung der nächsten und verkürzt die Innovationsintervalle.

Nun gibt es Kritiker, die die Erwartungen an die Exponentialität der IT für überzogen halten. Ihr Hauptargument ist, dass das „Moores Gesetz" in wenigen Jahren enden werde. Irgendwann seien die Schaltkreise nicht weiter zu verkleinern und die entstehende Wärme nicht zu managen. Sie irren. Denn die Exponentialität ist nicht nur durch die Computertechnologie entstanden, sondern längst auf sie zurückgesprungen. Die Exponentialität hält in der Computerindustrie Innovationen bereit, die die

Spielregeln verändern: Quantencomputer werden den nächsten Leistungsschub bringen.

„Traditionelle" Computer arbeiten binär, also mit Bits, die entweder den Zustand „0" oder den Zustand „1" darstellen können. Quantencomputer funktionieren anders. Ihre Qubits können beide Zustände gleichzeitig annehmen. Diese Fähigkeit führt beispielsweise zu völlig neuen Prognosemöglichkeiten in systemischen Zusammenhängen wie dem Verkehr. Herkömmliche Computersysteme können, wenn sie schnell sind, in Echtzeit berechnen, wo mit erhöhtem Verkehrsaufkommen und Staus zu rechnen ist. Mit diesen Daten lassen sich Verkehrsprognosen abgeben. Die Autofahrer könnten dann aufgefordert werden, einen bestimmten Bereich zu meiden oder zu umfahren. Mit Hilfe von Quantencomputern und Machine Learning ließe sich für jedes einzelne Auto genau festlegen, wann es rechts oder links abbiegen und welche Route es nehmen sollte, um den Stau zu vermeiden. Quantencomputer versprechen für Anwendungsfälle deutliche Verbesserungen, zum Beispiel in der Verschlüsselung von Daten, bei der Simulation von Vorgängen auf molekularer oder atomarer Ebene oder bei Wetterprognosen. Alle großen IT-Konzerne arbeiten an diesen neuen Rechnern, die jeden heute eingesetzten Supercomputer um Längen schlagen werden.

Google und die US-amerikanische Weltraumfahrtbehörde NASA präsentierten bereits 2015 einen Quantencomputer, der bestimmte Aufgaben 100 Millionen Mal schneller als herkömmliche Rechner lösen kann.[40] In den nächsten drei bis sieben Jahren wird es bei den Quantencomputern in großen Schritten vorangehen. Die Quantencomputer werden in der Lage sein, die Myriaden von Daten so zu interpretieren, dass die ökologischen und sozialen Systeme der Welt laufend optimiert werden können.

Quantencomputer sind zwar die beste, aber längst nicht die einzige Wette auf Computersysteme in völlig neuen Leistungsdimensionen. Das Start-up „Lightmatter" will etwaige physikalische Begrenzungen der Elektronik auf vollkommen andere Art und Weise überwinden: Statt mit elektrischen Signalen sollen die Rechner der Zukunft schneller und effizienter mit Lichtimpulsen arbeiten.[41]

Klar ist: Die Digitalisierung wird weiter beschleunigt. **Nie wieder wird der Wandel so langsam sein wie heute.** Der Menschheit eröffnen sich Möglichkeiten, von denen sie heute kaum zu träumen wagt. Der Effekt ist bereits spürbar. Getrieben von der Exponentialität entsteht derzeit eine komplett neue Infrastruktur, ein Netz, über das bereits jetzt Milliarden Geräte miteinander kommunizieren, Informationen und Daten austauschen, und das in Zukunft die verschiedenen digitalen Technologien integriert: das „Internet der Dinge". Es bildet die neue Infrastruktur des künftigen Wohlstands.

3 Die neue Infrastruktur des Wohlstands

Wohlstand benötigt Infrastruktur, also ein System, in dem Informationen fließen, Güter transportiert werden können und Transaktionen möglich sind. Im Mittelalter waren es die Orte an den Kreuzungen wichtiger Handelswege sowie die großen Hafenstädte, die besonders prosperierten. Zum Beispiel in der Blütezeit der Hanse, jenes Kaufmannverbundes, der Seewege und Handelsrouten auf dem Festland systematisch und ertragreich ausbaute. Die Erschließung Nordamerikas erhielt durch die großen Eisenbahnlinien nach Westen erst ihre Dynamik. Im Zuge der Industrialisierung im 19. und frühen 20. Jahrhundert bildeten sich die industriellen Zentren heraus. Heute entwickeln sich Cluster für bestimmte Wirtschaftszweige. Beispielsweise etabliert sich das östliche Ruhrgebiet – des Wohlstands aus Stahl und Kohle beraubt – auch als Standort für Logistik. Das heißt, Werte wurden und werden an Orten geschaffen, die für eine bestimmte Form des Wirtschaftens besonders geeignet sind. Solche Orte lösen sich in der Infrastruktur des Wohlstands auf. Das Internet kennt keinen Raum, keinen Platz und keine Masse. „Zero Gravity Thinking" nennen sie das im Silicon Valley. Denken ohne Schwerkraft.

Die neue Infrastruktur des Wohlstands besteht deshalb nicht aus Fabriken und Verkehrswegen, sondern aus Sensoren, Breitband- und Mobilfunknetzen. Sie lassen Abermilliarden Geräte miteinander kommunizieren, ob sie nun in New York City stehen, in einer Wohnung im Bergischen Land oder im entlegensten Winkel eines Entwicklungslandes. Verbunden sind sie alle im „Internet der Dinge".

3.1 Internet der Dinge

Das „Internet der Dinge" steht für die aktuell laufende Weiterentwicklungsphase des Internets. Es geht nun darum, Maschinen und Geräte aus Fabriken, Wohnungen, Autos, Krankenhäusern oder Geschäften in diese Informationsinfrastruktur einzubinden und zu vernetzen. Dabei spielen verschiedene Technologien eine Rolle. Sensoren, die den Zustand, die Bewegung oder den Aufenthaltsort eines „Geräts" feststellen. Funk als weiterer wichtiger Bestandteil, um die Daten zwischen den Dingen auszutauschen. Oft erfolgt diese Kommunikation nicht direkt zwischen den Geräten, sondern über die Cloud, in der massenhaft Daten gespeichert, analysiert und wiederum in Anweisungen übersetzt werden. Dabei werden fortgeschrittene Methoden der Datenanalyse und auch Künstliche Intelligenzen (KI) eingesetzt. Für das vielfach diskutierte autonome Fahren werden all diese Technologien benötigt, damit Kommunikation in Echtzeit erfolgt: Reaktionsgeschwindigkeiten von null sind für die Sicherheit von autonomen Verkehrslösungen unabdingbar.

Die Bezeichnung „Internet der Dinge" hat sich mittlerweile durchgesetzt, aber sie ist irreführend. In Wahrheit sind die Dinge, die Geräte, gar nicht entscheidend. Ob es sich nun um Anlagen und Maschinen der Industrie handelt, um intelligente Körpergewichtswaagen, um Steuerungen für Heizungen, Leuchten, Jalousien, mitdenkende Küchengeräte im „Smart Home", um winzige medizinische Roboter in unserem Körper oder um unsere Smart Watch: Sie alle mögen das Leben vereinfachen und verbessern, sind aber letztlich nur Mittel zum Zweck. Entscheidend sind in diesem System die Daten, die in einer unvorstellbaren Menge produziert werden und wie auf einem endlosen Möbiusband durch das System laufen. Sie initiieren innovative Dienstleistungen, neue Geschäftsmodelle und Produkte; sie erst hauchen der technischen Infrastruktur Leben ein und lassen das „Internet der Services" entstehen. Dies wäre der korrekte und zielführende Begriff. Um aber Missverständnisse zu vermeiden, wird im Weiteren nicht vom „Internet der Services", sondern vom „Internet der Dinge" die Rede sein.

Das Marktforschungsinstitut Gartner prognostiziert Anfang 2017 für das laufende Jahr 8,4 Milliarden vernetzte Geräte im „Internet der Dinge" und für das Jahr 2020 bereits 20 bis 30 Milliarden – gesteuert durch Billionen Sensoren.[42] In naher Zukunft werden die Menschen Speicher, Sensoren und Chips sogar in sich tragen. Dadurch werden die Daten für jede Person so verdichtet und aufgewertet, dass zum Beispiel eine medizinische Behandlung von morgen nicht mehr mit der von heute zu vergleichen ist. Diagnosecomputer werden Krankheiten frühzeitig und mit größerer Sicherheit erkennen, Therapien können rasch und vorbeugend geplant werden. Die Medizin wird schnell über einen Datenschatz verfügen, der mithilfe Künstlicher Intelligenz noch unerforschte Zusammenhänge zwischen Krankheitsbildern aufzeigen, ein tieferes Wissen über Krankheitsverläufe vermitteln und Therapievorschläge auf Knopfdruck bereitstellen wird.

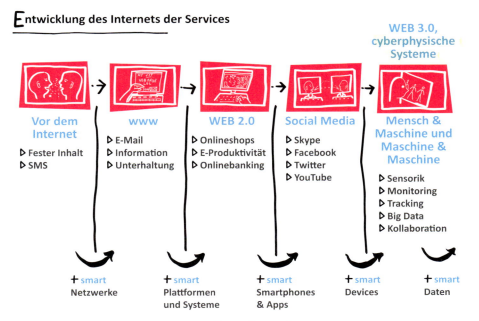

Abb. 9: Die Integration von Mensch und Maschine
Maschinen unter sich: In mehreren Stufen hat sich das Internet bis zur Stufe cyberphysischer Systeme entwickelt, die die fünfte industrielle Revolution begründen. Quelle: Karl-Heinz Land

Eine Studie überbietet die nächste, wenn es um die Einschätzung des Ausmaßes der Vernetzung und deren potenzielle Wertschöpfung geht. Dabei ist es eine müßige Frage, ob es nun 40 oder 50 Milliarden Geräte bis 2025 sein werden oder sogar eine Billion Geräte im Jahr 2030. Es greift die normative Kraft des Faktischen:

Alles, was vernetzt werden kann, wird vernetzt.

Willkommen in der Matrix! Oder anders gesagt: Willkommen in der „Weltmaschine", die längst überall „zusammenwächst". Das folgende Beispiel illustriert, wie sie funktionieren wird. Angenommen, in naher Zukunft wird in China ein Produkt gefertigt, das seinen Weg zu einer Familie in Hamburg-Fuhlsbüttel finden muss ...

Autonome Reise

Künftig werden Produkt und Verpackungen nicht nur per Funk und RFID-Chip mit der Umwelt und mit der Cloud verbunden sein, sondern auch eine gewisse Intelligenz beinhalten. Deshalb wird die Sendung ihre Route selbstständig planen, sich zum Beispiel im Überseehafen von Tianjin in einen Container und auf ein Schiff einbuchen, das es zum günstigsten Preis-Leistungsverhältnis nach Hamburg befördert. Sollte es sich um kritische Ware handeln, etwa Lebensmittel, Chemikalien oder Medikamente, wird das Produkt diese Parameter in seine Entscheidung einfließen lassen. Natürlich wählt es sich dann nur Transportmittel aus, die seinen Ansprüchen an konstanter Temperatur oder Luftfeuchtigkeit entsprechen. Es wird ständig Daten über seinen Zustand in die Cloud senden. Sollte die Kühlkette unterbrochen werden, erfahren es der Produzent und der Abnehmer sofort. Das Schiff wird seinen Weg über die Meere künftig ebenfalls autonom finden. Das ist keine gespenstische Vorstellung, sondern eine rational begründbare. Die größte Fehlerquelle in der Seefahrt ist der Mensch. Und: Nichts ist im Schiffsbau so teuer, wie die Aufbauten, in denen die Seeleute logieren und arbeiten.

> In Hamburg angekommen, findet das Produkt seinen Weg durch den – heute schon – vollautomatisierten Containerterminal. Er ist ohnehin nach dem Prinzip der chaotischen Lagerhaltung organisiert; nur noch die Maschinen wissen, wo sich welcher Container befindet. Die Sendung aus Fernost checkt sich automatisch beim Zoll ein, wird von Robotern überprüft und dann einem automatisierten Lieferdienst übergeben, der es an der Haustür des Empfängers abgibt. Vielleicht muss dieses Produkt aber in Hamburg erst noch gemäß den individuellen Wünschen des Bestellers angepasst werden. In diesem Fall navigiert sich die Sendung mit autonomen Fahrzeugen in eine Fabrik, setzt dort automatisch die Maschinen in Gang, vielleicht einen 3D-Drucker, und begibt sich in überarbeiteter Version weiter auf den Weg zu ihrem Empfänger ...

Bei diesem Beispiel handelt es sich noch um Fiktion, aber keinesfalls um Science-Fiction. Die Technologien für solche Prozesse sind bereits alle vorhanden. Es geht in den kommenden Jahren und Jahrzenten darum, ihre Leistungsfähigkeit weiter zu steigern, ihr Zusammenspiel zu koordinieren und den Sicherheitsgrad der Anwendungen zu erhöhen. Dem Menschen wird in diesem weltumspannenden Prozess kaum noch eine Rolle bleiben. Die vielen Mitarbeiter der verschiedenen Wertschöpfungspartner, etwa die Disponenten von Reedereien oder Speditionen, die bisher solche Lieferwege managen, werden nicht mehr benötigt. Sie würden den vollautomatisierten Prozess mit ihrer Langsamkeit und Unsicherheit lediglich stören. Die Lieferung kommt autark schneller und günstiger ans Ziel. Das System aus Sensoren, Funk, Cloudspeicher und intelligenten Geräten macht es möglich.

Kein Wunder, dass die Wirtschaft mit immensen Gewinnen aus dem „Internet der Dinge" spekuliert. Die Unternehmensberatung McKinsey hat in einer Studie vorgerechnet, dass mit dem „Internet der Dinge" bereits im Jahr 2025 ein wirtschaftlicher Mehrwert in Höhe von elf Billionen Dollar zu erwirtschaften sein wird, was in etwa elf Prozent der globalen Wirtschaftsleistung entspräche.[43] Wichtiger als diese Zahl ist es jedoch, wie dieser Mehrwert entsteht und wem er zugutekommt. McKinsey zählt Fabriken (bis zu 3,7 Billionen Dollar wirtschaftlicher Mehrwert), Städte (1,7 Billionen Dollar) und das Gesundheitswesen (1,6 Billionen Dollar) zu den größten Profiteuren des „Internets der Dinge". 90 Prozent des gesamten Mehrwerts, schlussfolgern die Unternehmensberater, werden den Anwendern in Form von Zeitersparnis und niedrigeren Preisen zufließen.[44]

Der Mensch ist nicht nur Nutznießer, sondern integraler Bestandteil des „Internets der Dinge". Er befindet sich bereits in der Matrix. Ein entscheidendes „Ding" tragen fast alle Menschen mit sich: das Smartphone. Es sammelt die Gesundheitsdaten des Fitness-Trackers und der Body-Mass-Index-Waage und sendet sie an die Krankenversicherung, die dann einen individuell angepassten Tarif berechnen. Wir steuern unser „Smart Home" über Apps. Es verbindet die Fahrer mit den „Connected Cars" der Zukunft, sorgt dafür, dass individuelle Einstellungen wie Lichtstimmung, Sitz- und Lenkradpositionen, Playlists für Musik und Routen automatisch übernommen werden. Wenn Konsumenten einen individuellen Wunsch haben, können sie per Handy einen kompletten Produktionsprozess in Gang setzen, der nur auf dieses eine, ihrer Individualität entsprechende Stück ausgerichtet ist – beispielsweise einen Sneaker, dessen Muster sie eigenhändig entworfen haben.

Last but not least ist das Smartphone ein Instrument der Demokratisierung. Längst ist es das wichtigste Gerät, um niederschwellig und vergleichsweise kostengünstig in die digitale Welt einzutreten. Es eröffnet vielen Menschen den Zugang zu Information, Bildung, Kommunikation und sogar zu Künstlicher Intelligenz. Jederzeit und von jedem Ort der Welt, an dem Netzempfang besteht. „Hey Siri, Okay Google, Alexa!?" – diese Ansprachen für die KI-Systeme von Apple, Google und Amazon sind vielen Verbraucher bereits geläufig. Im nächsten Schritt wird diese Beziehung noch enger werden. Man mag ja die ersten „Wearables", zum Beispiel die Datenbrille Google Glass oder Apples erste Versuche mit der Smartwatch durchaus belächeln, aber die Verbindung zwischen Mensch und digitaler Sphäre wird immer dichter. Demnächst werden zunehmend intelligente Kleidungsstücke auf den Markt kommen. Und in einem finalen Schritt werden die Menschen durch Hardware-Implantate zu Cyborgs. In nicht allzu ferner Zukunft werden Ärzten und dem Pflegepersonal die medizinischen Daten ihrer Patienten auf einer Datenbrille angezeigt, sobald sie das Krankenzimmer betreten. Nach weiteren Innovationsstufen werden die Informationen über Kontaktlinsen und schließlich über einen implantierten Chip übermittelt.

Auf dem Weg zum Cyborg

Ich habe mir bereits einen Chip implantieren lassen, der wesentliche persönliche Daten enthält und potenziell in der Lage ist, zu beweisen, dass ich der bin, der ich bin. Zukünftig wird mir mein Auto die Tür öffnen, meine persönliche Konfiguration für Sitz, Lenkrad, Playlists, Navigation, Licht- und Soundstimmung einstellen und auf einen Sprachbefehl oder eine Geste hin den Motor starten. Im Notfall ist ein Arzt sofort über meinen Gesundheitszustand, meine Medikamente, Allergien und die Anamnese informiert; der Chip überträgt alle Daten umgehend auf sein Tablet. Persönlich empfinde ich solche Vorstellungen eher entlastend als beunruhigend. Auch, weil ich damit meinen Haustürschlüssel ständig in der Tasche hätte. Vielleicht werde ich in einigen Jahren die Tür über einen Fingerabdrucksensor, wie ihn heute schon Laptops und Smartphones haben, öffnen. Oder: Meine Wohnung identifiziert mich bereits per Gesichtserkennung.

Zurück zum Smartphone: Rein rechnerisch verfügt jeder der gut 7,5 Milliarden Menschen auf diesem Planeten über einen Mobilfunkanschluss für ein Handy oder ein Tablet.[45] Davon sind rund 3,5 Milliarden Smartphones, so eine Berechnung für 2018.[46] Diese mobilen Endgeräte sorgen nicht nur in der entwickelten Welt für einen demokratisierten Zugang zu Services, zu Information und Bildung, sondern auch in den Entwicklungsländern. Die gleichen Technologien dienen in beiden Sphären zur Lösung unterschiedlicher Probleme. So mag ein Smartphone die Menschen in Konsumgesellschaften mit „Chatbots" verbinden, um Serviceanfragen an einen Einzelhändler oder Dienstleister abzuwickeln. In Entwicklungsländern hingegen können die Bots als Instrukteure für Landwirte, für Dorfvorsteher oder Lehrer in abgelegenen Gegenden zum Einsatz kommen. Wie bedeutsam das Smartphone auch für arme Menschen geworden ist, zeigt das Beispiel der Flüchtlinge. Ohne Smartphones kämen viele Menschen in Afrika nicht auf die Idee, sich auf den lebensgefährlichen Weg nach Europa zu machen. Sie sind die Verbindung nach Hause, bieten die Möglichkeit, sich untereinander zu koordinieren und die Reise zu organisieren. In Europa soll ihnen dabei in Zukunft die Plattform „Masdar" helfen, die über Smartphones zugänglich ist und die Flüchtlinge in den verschiedenen Phasen ihres Weges begleitet – von einer möglichst sicheren Flucht über Unterkünfte bis hin zur ökonomischen, sozialen und kulturellen Integration. Das Projekt der Dutch Coalition of Humanitarian Innovation und TTC Mobile basiert auf Daten, die durch die Crowd bereitgestellt werden, also von hilfsbereiten Menschen und NGOs.[47]

Zahlungssystem M-Pesa – es muss nicht immer Hightech sein

Die Bedeutung von Smartphones für die Kommunikationsnetze im Trikont, wie die Dritte Welt von Experten der Entwicklungsarbeit genannt wird, kann gar nicht hoch genug eingeschätzt werden. Technologische Infrastrukturen mit Breitbandnetzen und WLAN lassen sich in den ländlichen Gebieten der Entwicklungsländer nicht aufbauen. Mobile Netze und Smartphones schließen diese Lücke. In Afrika boomt beispielsweise das Mobile Payment mit dem System M-Pesa. Das liegt einfach daran, dass die Internet- und Wireless-Infrastruktur, die Bankfilialen und Geldautomaten, wie sie in entwickelten Staaten vorhanden sind, nicht flächendeckend zur Verfügung stehen. M-Pesa zeigt, wie auch ohne diese Investitionen gute und bequeme Finanzdienstleistungen möglich sind. Nutzer von M-Pesa benötigen kein Bankkonto, keine Geld- oder Kreditkarten. Die Afrikaner überspringen diese Stadien einfach. M-Pesa wickelt Geldgeschäfte von Smartphone zu Smartphone ab. Mittlerweile wird das System, hinter dem der Mobilfunkbetreiber Vodafone steht, zudem in asiatischen Staaten wie Indien und Afghanistan als auch in Rumänien und Albanien eingesetzt.[48]

Festzuhalten bleibt: Das „Internet der Dinge" sorgt für einen Effizienzschub der Wirtschaft, lässt neuartige, datenbasierte Services und Geschäftsmodelle zu, öffnet und demokratisiert den Zugang zu Information und Kommunikation auch in wenig entwickelten Regionen. Die Spanne technologischer Potenziale reicht von hochentwickelten Systemen bis zu einfachen, fast improvisierten Lösungen. Die neue Infrastruktur kennt viele Facetten und Ausprägungen. Und sie verfügt mittlerweile über ein „Betriebssystem", das Unternehmen, Menschen und Organisationen vor Betrug, Datenmissbrauch und Identitätsklau bewahrt: die Blockchain.

3.2 Blockchain – das Internet erfindet sich neu

Außerhalb der Expertensphäre vermag kaum jemand zu sagen, was es mit der Blockchain auf sich hat. Nur elf Prozent der deutschen Bevölkerung wissen „in etwa", was der Begriff bedeutet. 22 Prozent haben, so eine Studie des Marktforschungsinstituts YouGov im September 2017, das Wort immerhin schon einmal gehört.[49]

Entwickelt wurde das Konzept, um die virtuelle Währung „Bitcoin" verwalten und handeln zu können. Das Faszinierende ist: Die Blockchain vereinfacht Geschäfte und Transaktionen über das Internet enorm. Bislang sind sogar einfache Bankgeschäfte eine komplizierte Angelegenheit: Benötigt werden ein Vertrag und mindestens zwei Konten, eines für den Sender und eines für den Empfänger des Geldes. Damit sind in der Regel zwei Banken im Spiel. Überweisungen müssen veranlasst und autorisiert werden – zum Beispiel mit einer TAN. Und so weiter.

Die Blockchain regelt solche Transaktionen viel effizienter – und vor allem sicherer. Im Grunde ist sie eine Transaktionsdatenbank, ein digitales Kontobuch, das auf viele Rechner verteilt wird. Wenn Person A an Person B fünf Euro überweisen will, schreibt die Blockchain für jeden Schritt der Transaktion einen neuen Datensatz (Block) und reiht diese Abschnitte zu einer Kette (Chain) auf, von der initialen Überweisung bis zur Rückmeldung: „Geld ist angekommen." All diese Informationen werden mit einem Zeitstempel zeitgleich und dezentral auf tausenden Rechnern gesichert. Wenn sich ein Krimineller vornimmt, diese Transaktion zu hacken und die Übertragung an einem Knotenpunkt im Internet zu verfälschen, dann läuft seine Attacke ins Leere. Er kann noch so oft behaupten, die fünf

Euro müssten bei ihm landen. Immer wird die Blockchain melden: „Diese Transaktion ist nicht autorisiert, 999 andere Datensätze mit gleichem Zeitstempel nennen Person B als Empfänger." Da es absolute Sicherheit im Netz nicht gibt, ist es natürlich denkbar, dass selbst Blockchain-Transaktionen mit tausenden Datensätzen und tausenden identischen Zeitstempeln manipuliert werden können. Aber das Risiko erscheint gegenüber Hacker-Angriffen auf Bank- und Kreditkartenkonten doch eher gering.

Die Blockchain ist sozusagen das Betriebssystem der vernetzten Welt, des „Internets der Dinge", wie Windows das Betriebssystem für den PC ist. Die Blockchain organisiert Geschäfte direkt zwischen A und B, „Peer to Peer", Ende zu Ende, wie es in der Fachsprache heißt. Diese Qualität treibt vielen Bankmanagern die Sorgenfalten auf die Stirn. Der Grund: Mit der Blockchain stellt sich die Frage, wozu Kreditinstitute als Mittler und Verwalter des Geldes überhaupt noch benötigt werden. Absender und Adressat einer Überweisung kommen prima ohne Banken aus.

Ein weiterer, entschiedener Vorteil der Blockchain ist, dass Transaktionen wie Geldüberweisungen mit Verträgen und Bedingungen verknüpft werden können. Solche „Smart Contracts" eröffnen eine Palette neuer Gestaltungsoptionen, die Geldgeber in eine gute Position bringen: So muss ein Leasingnehmer im Zweifel damit rechnen, dass sich sein geleastes Auto nicht mehr starten lässt, wenn er die Raten nicht regelmäßig überweist. Menschen, die aus der Sozialkasse unterstützt werden, können vielleicht einen Teil ihres Geldes nur zweckgebunden ausgeben. Eltern können sicherstellen, dass ihre studierenden Kinder ihre monatliche Zahlung wirklich für Miete oder Bücher ausgeben. Wenn der Nachwuchs das Geld dann doch lieber für einen Abend im Club oder für einen Kurzurlaub investieren will, streikt das System: Zahlung verweigert. Darüber hinaus kann man diese smarten Verträge in der Blockchain automatisieren. Auf Schritt A folgt automatisch B. Und Schritt C vielleicht nur, wenn eine weitere Bedingung erfüllt ist. Mit der Blockchain-Technologie lassen sich zudem Smart Contracts so gestalten, dass sie für viele Mitglieder eines Netzwerks gelten. Dies geschieht über zwei Tools:

1. **„Decentralized Application" (Dapps):** Hierbei handelt es sich – vereinfacht gesagt – um Webseiten, die die User über „Smart Contracts" direkt mit einer Blockchain verbinden. Smart Contracts und Dapps sind Stärken der Blockchains IOTA und Ethereum.
2. **„Decentralized Autonomous Organization" (DAO):** Auf Basis von smarten Verträgen in der Blockchain lassen sich autonome Organisationen aufbauen, die quasi nur in der Blockchain existieren und über Kryptowährungen Geschäfte abwickeln. Um ein Beispiel zu nennen: Ein autonom fahrendes Taxi könnte sich über eine DAO selbst verwalten: Fahrten annehmen, virtuelles Geld kassieren, Werkstätten mit Reparaturen oder Softwareupdates beauftragen.

Das heißt: Mithilfe der Blockhain können Menschen und Organisationen direkte Verträge abschließen – ohne „Mittelsmänner", wie es beispielsweise Geldinstitute sind. Gleichzeitig können Anbieter von Dienstleistungen und Produkten direkt mit vielen Menschen oder Organisationen Geschäfte machen. Und es können sich Organisationen bilden, die autonom funktionieren.

Viele Unternehmen arbeiten bereits intensiv daran, ihre Geschäfte mit der Blockchain neu zu organisieren. Ein anschauliches Beispiel: Fritz Joussen, Chef des Touristikkonzerns TUI, will Hotelbetten in den Feriengebieten jetzt über die Blockchain verwalten.[50] Sein Problem ist die mangelnde Transparenz unter den Ländergesellschaften. Sollte etwa das Kontingent der deutschen Vertriebsgesellschaft für ein Reisegebiet erschöpft sein, sehen die Verkäufer derzeit nicht, ob wohlmöglich aber die Briten über freie Betten in der Region verfügen. Die Blockchain soll das ändern. Sie erlaubt allen Beteiligten den Blick auf dieselbe Wahrheit.

Unterdessen haben namhafte Unternehmen, darunter Cisco und die Bosch-Gruppe, die „Trusted IoT Alliance"[51] ins Leben gerufen, um mittels der Blockchain Sicherheit, Transparenz und Vertrauen im „Internet der Dinge" (IoT) zu schaffen. Für den Erfolg des IoT ist dies der entscheidende

Faktor, denn die Gefahr von Hackerangriffen und Datendiebstahl stellt derzeit noch eine Herausforderung dar. Die Blockchain gewährleistet im „Internet der Dinge", dass die Urheber von Transaktionen sichtbar, ihre verschiedenen Stufen transparent und auch weitgehend sicher bleiben. Die Mitglieder des Konsortiums arbeiten bereits an verschiedenen Projekten – von Kilometerzählern, die nicht manipuliert werden können, über eine verlässliche Identitätsprüfung für Luxusgüter bis hin zur smarten Finanzierung von Handelsgeschäften.

Das IT-Unternehmen IBM hingegen arbeitet mit Unternehmen wie Nestlé, Unilever und Walmart daran, die Blockchain für die Lebensmittelindustrie zu nutzen.[52] Mithilfe der Blockchain werden Herkunft und der Weg der Lebensmittel zum Verbraucher lückenlos und transparent dokumentiert. Damit, so hoffen die beteiligten Unternehmen, werden auch die gesundheitlichen Folgen aufgrund des Konsums verunreinigter Lebensmitteln gemildert. Denn durch die Blockchain lassen sich einerseits die Ursachen schneller ausfindig machen; andererseits lassen sich alle Beteiligten in der Versorgungskette schneller informieren, um gegebenenfalls Produktrückrufe zu organisieren. Solche Initiativen können Leben retten: Pro Jahr erkrankt jeder zehnte Mensch an verunreinigten Lebensmitteln; 400.000 Menschen sterben an Lebensmittelvergiftungen.

Wie TUI, IBM und seine Partner oder die Mitglieder der Trusted IoT Alliance klopfen jetzt viele Unternehmen und Organisationen die Blockchain auf ihren Nutzen ab. Egal, ob es darum geht, Leasingverträge zu automatisieren, Bildungskarrieren zu dokumentieren oder Wahlen in Staaten mit labiler politischer Lage fälschungssicher zu organisieren – die Blockchain verspricht die Lösung. Sie ist der „Missing Link" zwischen dem Leistungsversprechen der Digitalisierung und dem wahren Gewinn für Unternehmen und Menschen. Sie wurde entwickelt, um die virtuelle Währung Bitcoin und ihre Nachfolger IOTA und Ethereum erzeugen und handeln zu können: Egal, ob Millionenbeträge überwiesen, Mikrokredite zugeteilt oder ob das Recht auf 100 Gramm Reis übertragen werden sollen.

Ein noch zu lösendes Problem der Blockchain ist der Faktor Zeit. Sie läuft bisher nicht im Echtzeitmodus. Die Blockchain gibt eine Transaktion erst frei, wenn all die identischen Datenbanken sicher erreicht wurden und ihr Okay zurückmelden. Die daraus resultierende Latenzzeit des Blockchainnetzes kann bei Transaktionen, die nicht zeitkritisch sind, vernachlässigt werden. Sie stört aber nach wie vor einfachste Alltagsgeschäfte: Kein Tankwart lässt seinen Kunden weiterfahren, solange die Blockchain nicht Vollzug gemeldet hat, denn in dieser Zwischenzeit ist die Transaktion gegebenenfalls stornierbar. Wartezeiten sind die Folge, und die sind weder für den Tankwart noch für den Kunden akzeptabel. Von Echtzeittransaktionen, die ja ein Wesensmerkmal der digitalen Transformation sind, kann also weiterhin keine Rede sein. Aber letztlich ist es eben eine Frage der Zeit, bis auch dieses Problem überwunden sein wird.

Zu recht betonen der Pionier Don Tapscott und sein Sohn Alex, Gründer des Blockchain Research Institutes (BRI) in Toronto, das disruptive Potenzial dieser Technologie. In ihrem Buch „Die Blockchain Revolution"[53] kennzeichnen sie die Blockchain als „Protokoll des Vertrauens". Es ist genau diese Qualität, die digitale Geschäftsmodelle und Transaktionen jedweder Art auf das nächste Level hebt und für alle Nutzer eine neue Phase des Internets einläutet. Sie wird Transaktionen schneller, einfacher und sicherer machen, Vertrauen als entscheidenden Erfolgsfaktor digitaler Geschäfte stiften sowie den Zugang und den Nutzen zu digitalen Lösungen weiter demokratisieren. Die „Weltmaschine", die durch das „Internet der Dinge" entsteht, hat mit der Blockchain ihren sicheren Betriebsmodus gefunden. Das Internet erfindet sich durch die Blockchain neu.

„Statt eine Blockchain-Zukunft zu prognostizieren, setzen wir uns (…) lieber für sie ein. Wir behaupten, dass sie Erfolg haben sollte, weil sie dazu beitragen kann, eine neue Ära des Wohlstands einzuläuten", proklamieren Don und Alex Tapscott.[54] Und sie haben recht: Die Blockchain birgt die große Chance, eine gerechtere Neuverteilung der Welt zu organisieren und die „Blockcracy" entstehen zu lassen. Die Unternehmensberatung

Deloitte hat in dem Kontext vier Szenarien entwickelt und bezeichnet ihr optimistischstes Szenario so treffend „Blockcracy" – eine wunderbare Wortschöpfung aus Blockchain und Democracy:

> „Blockchain — ein Geschenk für die Welt! Die Erfindung der Elektrizität — sehr praktisch. Verbrennungsmotor? Hat uns einander nähergebracht. Das Internet? Der Beginn der Informationsgesellschaft. Blockchain? Der Beginn einer ganz neuen Ära. Und wir hatten fast schon die Hoffnung auf eine gerechtere Welt aufgegeben."[55]

Warum sollte dieses Szenario nicht eintreten? Es gibt bereits ermutigende Beispiele und Initiativen, um die „Blockcracy" Wahrheit werden zu lassen. Das Non-Profit-Unternehmen Bitgive aus den USA setzt die Blockchain ein, um sowohl die Spenden seinen Entwicklungsprojekten in Blitzgeschwindigkeit zuzuleiten als auch seinen Spendern volle Transparenz über den Status ihrer Geldgaben zuzusichern – vom Eingang der Spende über den Einsatz der Mittel bis zum Ende des Projekts. Ein vielversprechender Anfang, denn die Blockchain kann allen Entwicklungshelfern, von den UN-Organisationen über staatliche Entwicklungshilfe bis hin zu den Non-Government-Organisationen (NGOs), wertvolle Dienste leisten. Sie stiftet Transparenz und Vertrauen und minimiert somit das Risiko, dass Geld durch Missmanagement oder bei korrupten Regierungen und Verwaltungen verschwindet – und das passiert laut UN-Angaben jedes Jahr mit 30 Prozent der Hilfsgelder.[56]

Mehrere UN-Organisationen befassen sich mit dem Einsatz der Blockchain:[57]

> Das World Food Programm testet in Jordanien die Auszahlung von Hilfsleistungen an syrische Flüchtlinge über elektronische Gutscheine, die über die Ethereum-Blockchain abgewickelt werden.
> Im Mai 2017 wurde auf dem UN-Klimagipfel in Bonn darüber diskutiert, ob die Blockchain den Handel mit CO_2-Zertifikaten, die jedes Unter-

nehmen erwerben muss, das die gefährlichen Klimagase ausstößt, effizienter und transparenter macht. Darüber hinaus lassen sich mithilfe der Blockchain Peer-to-Peer-Plattformen betreiben, auf denen Produzenten von alternativ erzeugter Energie diese direkt an Abnehmer verkaufen können.

> Die ID2020-Allianz, an der sich UN-Organisationen, Unternehmen, Regierungen und Non-Profit-Unternehmen beteiligten, hofft darauf, mittels Blockchain alle Menschen mit einer gesicherten Identität auszustatten. Im Moment sind weltweit eine Milliarde Menschen nicht offiziell registriert – und haben deshalb keinen Zugang zu Bildung, Gesundheitsschutz und anderen staatlichen Leistungen.

> Ein weiteres Thema: Laut UN gibt es weltweit 200 Millionen Migranten, die im Jahr Geld in Höhe von insgesamt 400 Milliarden Dollar in ihre Heimatländer überweisen, um ihre Angehörigen zu unterstützen. Sie zahlen dafür insgesamt rund 30 Milliarden Dollar an Gebühren – mit der zynischen Facette, dass Überweisungen in besonders abgelegene und arme Gegenden auch besonders teuer sind. Mithilfe der Blockchain ließe sich diese Milliarden-Dollar-Last gegen null reduzieren.

Die Potenziale der Blockchain hat auch das Bundesministerium für wirtschaftliche Entwicklung und Zusammenarbeit erkannt und die Kreditanstalt für Wiederaufbau (KfW) im August 2017 mit einem Forschungsprojekt zur Blockchain beauftragt. Um die Verwendung öffentlicher Mittel transparent und nachvollziehbar zu gestalten, hat die KfW-Entwicklungsbank zusammen mit dem KfW Digital Office eine Software mit dem bezeichnenden Namen „Tru-Budget" (Trusted Budget Expenditure Regime) entwickelt.[58] Alle beteiligten Parteien können nun auf dieser Plattform zusammenarbeiten und verfolgen, wer welche Änderungen vornimmt. Dank der Blockchain sind die Vorgänge nicht nur transparent und nachvollziehbar, sondern können auch nicht manipuliert werden. Durch die Blockchain entsteht ein Netz aus Zeugen. Damit wird das Risiko, dass in Entwicklungsländern Mittel fehlgeleitet werden, minimiert. Die KfW spricht bereits mit mehreren afrikanischen Ländern über eine gemeinsame Pilotphase.

3.3 Künstliche Intelligenz – der große Problemlöser

Die Künstliche Intelligenz (KI) beschäftigt Wissenschaftler schon seit den 1950er Jahren. Eine Konferenz im britischen Dartmouth gilt als Startschuss dieser Entwicklung. Von Beginn an erwarteten die Protagonisten Großes von der KI. „In einer Generation werden alle Probleme, Künstliche Intelligenz zu schaffen, substanziell gelöst sein", meinte bereits 1967 der berühmte KI-Forscher Marvin Minsky.[59] Er und einige seiner Zeitgenossen haben sich geirrt. Aber nur auf der Zeitschiene. Statt in wenigen Jahrzehnten das Leben umzukrempeln, verfiel die KI zwar nicht in eine Starre, aber doch in eine lange, bis in die 1990er-Jahre andauernde Phase des „Winterschlafs". Noch 1996, als der IBM-Computer Deep Blue den amtierenden Schachweltmeister Garri Kasparov besiegte,[60] konnte von KI überhaupt keine Rede sein. Der Rechner hatte lediglich eine für die damalige Zeit derart immense Kapazität, dass er einfach weiter und tiefer rechnen konnte als der Russe. „Brute Force" nennt sich dieses mittlerweile völlig überholte Verfahren. Seitdem hat sich – der Exponentialität sei Dank – viel getan. Als wiederum ein IBM-System, die Künstliche Intelligenz „Watson", im Jahre 2011 die kognitiv anspruchsvolle Spielshow „Jeopardy" gewann[61], horchte die Öffentlichkeit erstmals auf. Der Grund: Die Teilnehmer müssen nicht die Antwort auf eine Frage geben, wie bei anderen Quizsendungen üblich, sondern umgekehrt zu vorgegebenen Antworten die passende Frage erraten.

Spätestens Anfang 2016, als „Alphago", eine KI des Google-Tochterunternehmens Deepmind, den damals weltbesten Go-Spieler spektakulär schlug, ist die Künstliche Intelligenz aus ihrem „Winterschlaf" erwacht: Go, deutlich komplexer als Schach, galt bis dahin als eine unbezwingbare Bastion des menschlichen Geistes. Ein Jahr später gewann „Alphago" gegen einen weiteren Go-Meister, den jungen Chinesen Ke Jie, der nach dem Match erklärte, die Software spiele mittlerweile wie ein „Go-Gott". Deepmind wendet sich nun ernsteren Aufgaben zu: Mithilfe von KI will die Google-Tochter innovative Arzneien entwickeln, den Energieverbrauch senken und neue Materialien erfinden. Am Beispiel des Go-Spiels hat Deepmind demonstriert, wie leistungsfähig KI mittlerweile geworden ist. Sie kann reale Probleme lösen und dringt in Sphären kognitiven Verständnisses vor, die bislang den Menschen vorbehalten waren.

Längst bedient sich die Wirtschaft Künstlicher Intelligenz. So lassen Versicherungen Schadensfälle und Vertragsangelegenheiten von KI abwickeln. Der Fachbegriff dafür heißt „Robotic Process Automation". Sie wird auch von Buchhaltern und Wirtschaftsprüfern genutzt. Einzelhändler verbessern den Kunden- und Beratungsservice, weil sie mithilfe von KI plötzlich die unstrukturierten Daten des Social Web in ihre Analysen integrieren können. Das hat große Vorteile: Ein Kunde möchte Wanderschuhe für eine Trekkingtour in einer bestimmten Region zu einer bestimmten Zeit kaufen. Der Händler gleicht im Beratungsgespräch ab, was er über verschiedene Schuhe weiß und wie er das Vorhaben des Kunden einschätzt. Eine KI – in diesem Fall ist es IBMs Watson für die Outdoormarke Northface[62] – analysiert darüber hinaus, was Menschen, die den Trip schon absolviert haben, dazu posten, wie sie ihn kommentieren und wie die Wetterlage sein dürfte. Diese Informationen erlauben dem Händler, den Kunden deutlich präziser zu beraten und passgenaue Produkte zu empfehlen. Auch mit Kunden- und Serviceanfragen können Unternehmen mittels KI nun besser umgehen. Sich durch zeitraubende Sprachsysteme zu hangeln – „Wenn Sie mit dem Service verbunden werden möchten, drücken Sie bitte die Taste Neun" – oder komplizierte Masken im Internet auszufüllen, das gehört bald der Vergangenheit an. KI kann beliebige Eingaben, sowohl schriftlich als auch mündlich – selbst im Dialekt gesprochen –, interpretieren und in einen Prozess überführen. Das funktioniert mit den ersten Social Bots zwar noch nicht perfekt, aber immer besser. Zudem werden Sprachassistenten wie Siri oder Alexa jetzt in Windeseile leistungsfähiger. KI sorgt für Komfort- und Servicegewinne.

Auch die Medizin hofft auf große Fortschritte. KI wertet rasend schnell eine Vielzahl von medizinischen Studien aus und erkennt Muster in Daten und Bildern. Derzeit läuft eine Diskussion darüber, in welchen Fällen die Maschine dem Menschen überlegen oder unterlegen ist. Wann arbeiten Augen und Gehirn doch besser als Bilderkennungsverfahren? Dieser Wettbewerb ist wichtig, um die Schwächen der KI in solch existenziell wichtigen Feldern auszugleichen, aber letztlich hat der Mensch keine

Chance. Das exponentielle Wachstum und die Verfeinerung der KI werden die Maschine aus diesem Rennen als Sieger hervorgehen lassen. Man darf neue Technologien wie die KI nie danach beurteilen, was sie jetzt leisten, sondern muss immer die Exponentialität in Betracht ziehen. Es besteht kein Zweifel: Die KI erobert immer neue Bereiche des Lebens, erzeugt dabei Fortschritt und Mehrwert, und tritt damit in direkte Konkurrenz zum Menschen.

Genau genommen ist Künstliche Intelligenz nichts anderes als eine Software-Gattung, die mit neuronalen Netzwerken und selbstlernenden Algorithmen arbeitet. Sie ist jeweils in Spezialgebieten gut und damit dem Menschen durchaus überlegen. Das gilt jedoch noch nicht für übergreifende Aufgabenbereiche. Denn ein Mensch kann gleichzeitig ein bemerkenswerter Arzt und ein begnadeter Go-Spieler sein, und vielleicht zockt er seine Kinder zusätzlich noch beim gemeinsamen Videospiel ab. Eine KI kann das nicht. Sie ist vielleicht darauf programmiert, sich selbst in Go zu trainieren und wird darin absolute Weltklasse. Jedoch bleiben derselben KI Fotos von menschlichem Gewebe, auf denen sie Tumore identifizieren soll, ein Buch mit sieben Siegeln. Anders formuliert: Von einer „generellen" Künstlichen Intelligenz kann noch lange keine Rede sein. IBMs kognitives System Watson, das bereits von hunderten Unternehmen weltweit eingesetzt wird, ist auch kein Superhirn, sondern besteht aus einer Vielzahl verschiedener hochspezialisierter, extrem leistungsfähiger Programme.

Das ist der Status quo, und er ist bemerkenswert gut. Spezialisten sind Generalisten gegenüber immer dann überlegen, wenn es darum geht, eng umrissene, konkrete Aufgaben zu lösen. In Zukunft werden immer mehr Services und Leistungen der digitalen Sphäre auf Künstlicher Intelligenz basieren. Wir sind auf dem Weg zu einer „AI of everything", einer KI für alles in der digitalen Matrix, zugänglich und demokratisiert über das „Internet der Dinge" und die Cloud.

Welche Hoffnungen und Gefahren die deutsche Bevölkerung mit Künstlicher Intelligenz verbindet, offenbart eine Umfrage von PricewaterhouseCoopers (PwC).[63] Die Mehrheit der Deutschen verspricht sich von KI vor allem Hilfe (77 Prozent) und Zeitersparnis (72 Prozent) im Alltag. 70 Prozent hoffen, dass sie sich im Job auf sinnvolle Tätigkeiten konzentrieren können, also durch KI-Assistenten entlastet werden. Gleichzeitig trauen die Menschen der KI eine hohe Kompetenz zu – etwa in den Bereichen Cybersicherheit (49 Prozent), saubere Energie und Klimawandel (45 Prozent) oder beim Schutz vor Krankheiten (43 Prozent). 58 Prozent stimmen der Aussagen zu, KI werde die Folgen des demografischen Wandels abfedern und die Pflege verbessern. Immerhin 51 Prozent glauben, dass die KI dazu beitragen wird, komplexe gesellschaftliche Probleme zu lösen. Aber die Menschen nehmen ebenfalls wahr, dass die Künstliche Intelligenz Arbeitsplätze bedroht: 65 Prozent der mehr als 1000 von PwC befragten Bürger erwarten, dass die KI mehr Jobs vernichten als schaffen wird. Eine realistische Annahme. Der Arbeitsplatzsaldo der Digitalisierung wird deutlich negativ sein. Die KI wird alle Hoffnungen auf neue Massenjobs, etwa Programmierer oder Data Scientists, zunichtemachen und die Menschen in diesen Disziplinen bald überflügeln. KI schreibt künftig die besseren Programme und ist bei der Auswertung von Daten sowieso nicht zu schlagen.

Dass der Einzug der KI in Berufswelt und Alltag durchaus ambivalent bewertet werden kann, zeigen die leidenschaftlichen Debatten darüber. Elon Musk, als Gründer und Vordenker von Tesla nicht gerade als Technikpessimist bekannt, hat die KI als größte existenzielle Bedrohung der Zivilisation bezeichnet.[64] Facebook-Boss Mark Zuckerberg konterte: „Wer gegen Künstliche Intelligenz argumentiert, argumentiert gegen sicherere Autos und gegen bessere Diagnosen für Kranke. Ich sehe einfach nicht, wie jemand guten Gewissens das tun kann."[65] Pikanterweise entschloss sich Facebook etwa zeitgleich, ein Experiment zur KI abzubrechen: Zwei Künstliche Intelligenzen begannen, in einer eigenen Sprache miteinander zu kommunizieren, der die Forscher nicht mehr folgen konnten. Wie sich herausstellte, hatten die KIs durch kryptische Abkürzungen begonnen, die englische Sprache effizienter zu gestalten.[66] Ähnliches war Google im Jahr 2016 widerfahren – zwei KIs sicherten ihre Kommunikation kryptografisch ab. Die Google-Forscher standen vor einem Rätsel.[67]

Es ist diese berechtigte Angst, dass sich die KI verselbständigen könnte, die der Debatte innewohnt. Künstliche Intelligenz ist die eine Technologie in der Geschichte der Menschheit, die sich irgendwann ihrer Kontrolle entziehen könnte. Zudem kann KI in Händen verblendeter Terroristen oder größenwahnsinniger Militärs immensen Schaden anrichten. Eine grundsätzliche Diskussion über Ethik und Moral automatisierter Systeme ist deshalb dringend geboten. Die Menschheit muss Entscheidungen treffen: Nach welchen Kriterien entscheiden Künstliche Intelligenzen zum Vorteil oder Nachteil von Menschen, im Zweifel über Leben und Tod? Wo verläuft die rote Linie, die bei der Weiterentwicklung der KI nicht überschritten werden darf? Wir müssen die Technologie beherrschen, nicht sie uns. Nur wenn die Menschen ihre Gestaltungshoheit wahren, können sie das Potenzial der KI wirklich nutzen und das Leben auf diesem Planeten verbessern.

Erst KI löst das Versprechen von Big Data ein

Microsoft zum Beispiel sorgt sich um die Biodiversität des Planeten und denkt deshalb über Monitoringsysteme nach – mit Mess- und Beobachtungsinstrumenten sowohl auf dem Boden, an Pflanzen und Tieren als auch im Weltraum.[68] Damit sollen Daten darüber gesammelt werden, welche Spezies überhaupt auf dem Planeten leben (Forscher gehen davon aus, dass erst jede siebte Spezies entdeckt ist), wie sie sich entwickeln, welche verschwinden oder bedroht sind. KI-Algorithmen können diese Daten rasend schnell analysieren. Das Unternehmen arbeitet darüber hinaus an hochauflösenden Karten, die auf Satellitenfotos basieren, und transparent machen, wie die Flächen auf der Erde verteilt sind und wozu sie genutzt werden. Hilfsorganisationen und Regierungen können diese Informationen mithilfe von KI für effiziente Entscheidungen nutzen. Microsoft-Manager Dr. Lucas Joppa hält sogar ein „digitales Dashboard" für denkbar, mit dem Ökosysteme überwacht, modelliert und gemanagt werden können.

Der größte Gewinn der Künstlichen Intelligenz (KI) wird darin liegen, dass Daten schneller analysiert und bessere Vorhersagen getroffen werden können. In der Wirtschaft häufen Unternehmen unvorstellbare Mengen von Daten über das Verhalten von Kunden an, können sie aber nach wie vor nicht so zielgerichtet auswerten, wie sie es sich wünschen. Erst Künstliche Intelligenz wird das große Versprechen von „Big Data" einlösen und die verborgenen Zusammenhänge, Trends und Entwicklungen für die Zukunft entdecken. Erst KI wird das sogenannte „Data Mining" wirklich produktiv machen.

Mittels KI Ausfälle von Maschinen vorherzusagen ist für die Wirtschaft ein echter Wettbewerbsvorteil. Dazu analysiert die KI die Daten, die eine Maschine sendet, und lernt, Muster darin zu erkennen, die einen Fehler in der Maschine anzeigen. So werden Unternehmen in die Lage versetzt, Anlagen und Maschinen so frühzeitig zu warten, dass ein überraschender Ausfall vermieden werden kann. „Predictive Maintenance" nennen die Experten diesen Service. Künstliche Intelligenz kann helfen, dieses vorausschauende Prinzip auf die Krisenthemen der Erde zu übertragen. Denn, wenn die Weltgesundheitsorganisation oder ein NGO heute vor einer Hungerkatastrophe warnt, dann ist diese Krise meistens schon da. Während Menschen bereits sterben, werden Spendengeldaktionen aufgesetzt, Geberkonferenzen abgehalten und Hilfsprogramme ad hoc in die Wege geleitet. KI wird helfen, solche Miseren frühzeitiger vorauszusagen. Der „Point of Action", ab dem staatliche und private Hilfsorganisationen eingreifen können, wird deutlich nach vorne verlegt. Dabei hilft die Fähigkeit von KI, unscharfe und unstrukturierte Daten analysieren zu können, immens. Social-Media-Posts zu aufziehenden Krisensituationen werden in dem Fall vielleicht wichtiger als harte, statistische Daten – die zudem in vielen Gebieten überhaupt nicht verfügbar sind.

Mithilfe von KI können Informationen über die Entwicklung von Armut und Hunger gesammelt und analysiert werden. KI macht Zusammenhänge in einer nie dagewesenen Klarheit sichtbar. Es gibt vielversprechende Projekte dazu, aber die Wahrheit ist natürlich, dass das Gros der Anstrengungen der Industrienationen auf purem Eigeninteresse beruht. Die Wirtschaft investiert heftig in KI, die das Leben derer verbessert, denen es ohnehin schon gut geht. „Es gibt Hunderte nützliche Anwendungen für

KI, die die Menschen aber nicht einmal versuchen, bereitzustellen", klagt Elisabeth Mason, Gründungsdirektorin des Stanford Poverty and Technology Lab. „Es steht außer Frage, dass die Mehrheit unserer Investitionen nicht an die Armen gehen, sondern stattdessen in der ganzen Welt den Lebensstandard der oberen Mittelschicht verbessern. Das wirkliche Problem ist, dass wir nicht in die Dinge investieren, die wir sollten, wenn wir die Armut wirklich bekämpfen wollen."[69]

3.4 Die neue Wertschöpfung

Digitalisierung ist wie ein Dominospiel. Ein Stein stößt den nächsten an. Sobald ein Unternehmen automatisiert, will es auch nur noch mit automatisierten Systemen zusammenarbeiten. Die Aktienbörsen zeigen beispielhaft, wohin die Reise geht: Die Broker, die früher das Parkett, den Handelssaal füllten, gibt es schon lange nicht mehr. Eine Aktie wird heutzutage von Computern tausendmal pro Sekunde gehandelt; bei diesem Tempo kann niemand mithalten; der Mensch stört in solchen vollautomatisierten Prozessen. In Zukunft werden die meisten Preise für Dienstleistungen wie der Kurs einer Aktie ausgehandelt. Denn die Formel der digitalen Transformation lautet:

Digitalisierung erzwingt Digitalisierung.

Eine der ersten Branchen, die voll automatisiert wird, ist die Logistik. Autonom fahrende Lkw werden schon bald auf den Straßen sein und diese Entwicklung anstoßen. In der Folge werden Frachtraten in Millisekunden zwischen zwei selbstfahrenden Lkw oder auf speziellen Plattformen so austariert, dass für die jeweiligen Partner ein optimaler und akzeptabler Preis erreicht wird. Wer in diesen automatisierten Wertschöpfungsnetzen nicht mitspielen kann, bekommt zuerst nur noch zweit- und drittklassige Aufträge, muss Dumpingpreise einräumen und fällt nach kurzer Zeit aus dem Markt. Digitalisierung erzwingt Digitalisierung. Alle Prozesse werden durchoptimiert und automatisiert, End-to-End, vom Anbieter bis zum Endverbraucher.

Der Autokauf der Zukunft

Schon heute kann sich ein Kunde über Online-Konfiguratoren sein Auto im Internet zusammenstellen. Mit dieser Wunschvorstellung geht er zum Händler, bucht vielleicht noch Sonderausstattungen dazu und klärt die Finanzierung. Solche Kaufprozesse laufen schon bald ganz anders: Wenn ein Interessent den Konfigurator startet, wird dieser bereits über Wünsche und Vorlieben des Kunden vertraut sein, denn er hat die Posts und Kommentare des Betreffenden im Social Web analysiert. Farben? Polster? Features? Das Fahrzeug ist bereits weitgehend auf die Kundenwünsche zugeschnitten. Der Käufer verhandelt mit dem System Rabatte, Extras und einen akzeptablen Gesamtpreis und löst per Knopfdruck den Produktions- und Lieferprozess aus. Das System bucht im Gegenzug eine Anzahlung von 20 Prozent ab. Wie heutzutage beim Tracking von Paketen üblich, bekommt der Kunde Informationen darüber, wie weit die Produktion seines Wagens gediehen ist, bis zu dem Zeitpunkt, an dem das Fahrzeug autonom vor seine Haustür fährt. Mit dem Kauf wird der Kunde auch festlegen, für welche Transport- und Logistikservices sein Wagen zur Verfügung stehen wird. In den Verkehrssystemen der Zukunft werden die Besitzer ihre Wagen kostenpflichtig verleihen, wenn sie sie nicht benötigen – als autonomes Taxi, als Shuttle bei Events oder um die Einkäufe der Nachbarn bei einem Supermarkt abholen zu lassen.

Ein Service nach dem anderen erreicht die kritische Masse, in der diese durchgängig digitalisierte Wertschöpfung funktioniert. Als die Verbreitung des Smartphones die 50-Prozent-Marke überschritten hatte, rechneten sich plötzlich alle möglichen Angebote: Banking, Bezahlvorgänge, Flugtickets, Bahntickets und so weiter. Alles passiert in Echtzeit. Es wird kein Papier benötigt, kein Drucker mit seinen Maschinen, kein Wartungstechniker, keine Logistik. Agilität, Flexibilität und Geschwindigkeit erzeugen eine Servicequalität, die die Verbraucher in Zukunft nicht mehr missen wollen.

Wenn das Auto selbst fährt, dann braucht man keinen Taxifahrer mehr. Wenn Lkw autonom fahren, dann braucht es auch keinen Lkw-Fahrer mehr. Wenn der Lkw autonom fährt, dann stört jeder Systembruch: Der Lieferschein stört, der Disponent stört, Anrufe stören, Abstimmungsprozesse stören. Deshalb werden Logistikdienstleister bald schon sagen: „Unser Unternehmen möchte nur noch mit Partnern arbeiten, die Input und Output in digitaler Güte liefern."

Ohne Systembrüche

Digitalisierung erzwingt Digitalisierung: Viele Führungskräfte verstehen diesen Sog nicht. Unternehmen, Organisationen und Verwaltungen versuchen, die Effizienzvorteile der Digitalisierung zu realisieren, jedoch ohne ihre Organisation und ihre Prozesse radikal umzustellen. Entweder etablieren sie eine digitale neben einer analogen Struktur oder sie digitalisieren ihre analogen Prozesse nur teilweise. Immer wieder gibt es einen Bruch, immer wieder ein Stück analoges Arbeiten, immer wieder ist der Mensch involviert, immer wieder kreuzt ein Stück Papier einen Prozess. Papier ist immer ein Warnsignal, ein sicheres Indiz für ein Silo, die größte Ineffizienz, die sich Unternehmen, Organisationen und Behörden heute noch leisten. Als Silos gelten Abteilungen und Einheiten, die nicht nahtlos in den Unternehmensprozess eingebunden sind. Sie verhindern die Automatisierung der gesamten Wertschöpfungskette und verursachen Systembrüche.

In den meisten Unternehmen optimiert die Digitalisierung analoges Geschäft. Solch halbherzige Digitalisierung führt dazu, dass Leistungen, die digital erbracht werden, nicht auf das richtige Konto gebucht werden. „Zu umsatzstarken digitalen Services ist in den Geschäftsberichten der TOP-500-Unternehmen kaum etwas zu finden", urteilt die Unternehmensberatung Accenture in der Analyse „Digitale Geschäftsmodelle – Modelle ohne Geschäft?"[70]

Durchdigitalisierte Wertschöpfungsnetze

Aber das „Internet der Dinge" verändert jetzt alles. Komplette Prozesse, ob in der Geschäftswelt, im Privatleben oder in der Verbindung beider Welten, laufen digital und automatisiert und erzeugen eine neue Wertschöpfung. Eine App auf dem Smartphone sagt: „Ich helfe dir abzunehmen und gesünder zu leben." Und das tut sie wirklich. Sie sorgt dafür, dass Menschen früher aufstehen, sich mehr bewegen und besser ernähren. Demnächst bestellt eine App geeignetes Essen nach einem individuellen Ernährungsplan. So reduziert sie die Kalorienzufuhr und sorgt für eine ausgewogene Ernährung. Darin liegt ein echter Mehrwert. Technologie verhilft dem Menschen zu einem gesünderen Leben, und er ist bereit, für diesen Service zu bezahlen. Zumal eine Krankenversicherung wahrscheinlich einen großzügigen Rabatt gewährt, wenn ein Mitglied messbar gesünder lebt. Alle profitieren: Der Mensch fördert seine Gesundheit und spart Beiträge. Die Krankenkasse muss weniger Arztleistungen und Krankenhauskosten begleichen. Die Sozialkassen des Staates werden entlastet.

Neben der Logistik und dem Gesundheitswesen wird die Medien- und Verlagsbranche der nächste Geschäftszweig sein, der sich radikal wandeln wird. Informationen sammeln, recherchieren, schreiben, eine Zeitung gestalten und in den Druck geben oder online veröffentlichen – das sind die traditionellen Aufgaben der Journalisten. In Zukunft werden sie sich auf die Recherche konzentrieren. Künstliche Intelligenzen werden darüber entscheiden, wie ihre Inhalte aufbereitet und distribuiert werden. Ein und dieselbe Information wird für tausende, für Millionen Menschen in einem individualisierten Kontext und in einem bevorzugten Stil dargeboten. Nach dem Motto: Meine Interessen. Meine Information. Mein Vorteil.

Wie entsteht also digitale Produktivität? Durch datenbasierte Geschäftsmodelle mit individuellem Nutzen, durch KI-optimiertes Management von Aufträgen, Preisen und Erträgen, durch vollautomatisierte Wertschöpfungsnetze, in denen der Mensch – man muss es so deutlich sagen – so gut wie keine Rolle mehr spielt.

4 Dematerialisierung – der übersehene Megatrend

Zwischen fünfeinhalb und sechs Milliarden Menschen nutzen heute ein Smartphone. Das ist eine Erfolgsgeschichte, die ihresgleichen sucht und gerade einmal ein Jahrzehnt lang währt. Mit dem iPhone präsentierte Apple-Gründer Steve Jobs 2007 der damals verblüfften Öffentlichkeit das erste echte Smartphone – nach Blackberry und Co ein einziges Gerät, das damals drei Geräte in einem umfasste: iPod, Mobiltelefon und mobiles Kommunikationsgerät, ohne Tastatur, sondern mit einem berührungsempfindlichen Bildschirm. Man kann sich die Szene heute noch auf YouTube anschauen und spürt seinen Stolz und die Begeisterung des Publikums. „Immer mal wieder kommt ein revolutionäres Produkt daher, das alles verändert", erklärte Jobs.[71] Und er sollte recht behalten. Der Launch des iPhones markiert zwar nicht den Start, aber doch den wichtigsten Kristallisationspunkt eines Megatrends, der die Welt grundlegend verändert: die Dematerialisierung. Sie steht im Wesentlichen für zwei Effekte: Sie verbessert die Ökobilanz des Planeten. Und sie nimmt den Menschen ihre Arbeit weg.

Was bedeutet Dematerialisierung? Die Definition bei Wikipedia spiegelt die Herkunft des Begriffs aus der Umweltbewegung:[72]

> „Dematerialisierung ist eine Strategie mit dem Ziel, die Stoffströme stark zu reduzieren, die durch menschliches Handeln, vor allem durch wirtschaftliche Tätigkeit, ver-

ursacht werden. Dazu soll der Material- und Energieverbrauch des sozio-ökonomischen Systems stark verringert werden. Das dahinterstehende Ziel ist die Befriedigung menschlicher Bedürfnisse bei gleichzeitiger Reduzierung der Umweltbelastungen in absoluten Zahlen."

Denn als Konzept wurde die Dematerialisierung in den 1990er Jahren durch den Ökopionier Friedrich Schmidt-Bleek populär. Er und seine Mitstreiter lenkten damals das Augenmerk auf den Ressourceneinsatz der Wirtschaft. Um die ökonomische und ökologische Entwicklung auf unserem Planeten in eine erträgliche Balance zu versetzen, müsste der Ressourceneinsatz um 50 Prozent verringert werden. Die Industrieländer, die gut 80 Prozent der Stoffströme konsumierten, forderte Schmidt-Bleek in seinem „Faktor-10-Manifest" aus dem Jahr 2000 auf, ihre Stoffströme deshalb auf ein Zehntel zu reduzieren.[73]

In Schmidt-Bleeks umweltpolitischem Ansatz fungiert die Dematerialisierung als pure Strategie, durch geringeren Ressourceneinsatz die Umwelt zu entlasten. Global gesehen spricht heute nichts dafür, dass Dematerialisierung diesen Sinn und Zweck erfüllt. Das ist auch kein Wunder: Auch wenn die Unternehmen in den Industrieländern umweltbewusster agieren und Nachhaltigkeit in ihren Geschäftsberichten belegen, tun sie längst noch nicht genug. Umweltbewusstsein spielt zudem in den Entwicklungs- und Schwellenländern eine nachgeordnete Rolle. Ihre Bevölkerung wächst – speziell in Afrika, Indien, Pakistan und Bangladesch. Sie streben nach den Waren und Attributen der Wohlstandsgesellschaft, nach Prestige – und wer wollte es ihnen verdenken? Deswegen wird die Produktion von Gütern global erst einmal weiter steigen.

Man muss sich einfach einmal vor Augen führen, dass ein Haushalt in Europa vor hundert Jahren 100 bis 300 Dinge besaß; heute sind es vermutlich eher 10.000. Dieser Vergleich illustriert, was der Welt bevorsteht: Der Nachholbedarf der Entwicklungsländer in Konsum bei gleichzeitigem

Bevölkerungswachstum würde zu einer enormen zusätzlichen Belastung der natürlichen Ressourcen und des Klimas führen. Der Konjunktiv ist bewusst gesetzt, denn so wird es nicht kommen.

Was der Mensch eigenständig nicht schafft, nämlich den Verbrauch nachhaltig zu senken, bewirkt die Dematerialisierung zwangsläufig. Nicht als geplante umwelt- oder wirtschaftspolitische Maßnahme, sondern als unvermeidbare, zwingende, sozusagen selbsttätige Folge der Digitalisierung.

4.1   Das Verschwinden der Dinge

Ihren folgenschwersten Ausdruck findet die Dematerialisierung darin, dass sich immer mehr physische Produkte in Software verwandeln, etwa in Apps, wie sie für Smartphones und Tablets in großer Vielfalt verfügbar sind. Marc Andreessen, Internetpionier und Investor, brachte die Auswirkungen der Dematerialisierung 2011 in einem Essay für das „Wall Street Journal" auf den Punkt: „Why Software is eating the world."

Warum Software die Welt verspeist.[74]

Die Betonung liegt auf „Welt". Denn es wird ja nicht nur ein Produkt, das bislang aus natürlichen oder künstlich erzeugten Stoffen besteht, in Bits und Bytes verwandelt. Die Dematerialisierung geht viel weiter. Wenn Autos künftig mit einer App statt mit einem Schlüssel geöffnet werden, wird all das auf Nimmerwiedersehen verschwinden, was zu seiner Produktion notwendig war: die Fabriken, die Maschinen und Anlagen sowie letztlich auch die Arbeitsplätze in Entwicklung und Produktion, in Marketing und Vertrieb sowie im allgemeinen Management. Diese Verpuffung wiederholt sich in immer mehr Branchen. Viele Menschen haben Apps auf ihrem Smartphone, die als physische Geräte eine Kofferraumladung füllen könnten. Das Handy ist Fotoapparat, Musicplayer, Scanner, Videokamera, Diktiergerät, Kalender, Bildtelefon, Kleinbild-TV, Kompass, Buch, Zeitung, Navigationsgerät, Reiseticket, Eintrittskarte und vieles mehr.[75]

Längst ist die Dematerialisierung allgegenwärtig. Die Finanzbranche ist ein gutes Beispiel für diese grundlegende Transformation. Landauf, landab schließen Banken ihre Filialen. Viele erfolgreiche Geldhäuser wie die ING-DiBa sind seit jeher reine Onlinebanken. Neue Wettbewerber wie Paypal sind in den Markt eingetreten. Innovative Start-ups, sogenannte „Fintechs", mischen die Finanzbranche munter auf. Ihre einzigen Assets: Software und Services. Die Filiale eines Geldinstituts wandert mit Smartphone oder Tablet mit – vorausgesetzt, ein Netz ist vorhanden. Laut KfW Research ist seit dem Jahr 2000 jede vierte Bankfiliale geschlossen worden. Das heißt: Deutschlandweit sind bereits 10.200 Standorte verschwunden.[76] Bei gleichbleibendem Tempo wird sich das Filialnetz bis zum Jahr 2035 halbiert haben. Die Strategieberatung Oliver Wyman prophezeit im „Bankenreport Deutschland 2030" weitere Regression: Die Zahl der Banken in Deutschland sinkt innerhalb der nächsten zehn bis 15 Jahre von etwa 1.600 auf 150 bis 300.[77]

Der stationäre Einzelhandel stirbt: Im Zeitalter von E-Commerce und Omnichannel können viele alteingesessene Betriebe nicht mehr mithalten; verödete Vor- und Innenstädte sind die Folge. Ein weiteres Beispiel ist die Medienindustrie. Musik wird als rein digitales Projekt zunehmend gestreamt. Filme ebenso. Zeitungen und Zeitschriften? Der Trend geht eindeutig zum Digitalen und Mobilen.

Ein entscheidender Effekt darf hierbei nicht unterschätzt werden: Wenn eine Industriebranche nach der anderen von der Dematerialisierung erfasst wird, streben die Grenzkosten gegen null. Es kostet (fast) nichts mehr, einem Kunden ein weiteres digitales Produkt anzubieten. Es wird keine Fabrik gebraucht, keine Maschine, keine aufwändige Vertriebsstruktur, die einzupreisen wären.

Das ist die Kehrseite der neuen – von Software, Services und Daten getriebenen – digitalen Welt: Sie sind gleichzeitig die Abrissbirne für ganze Wirtschaftszweige und tradierte Wertschöpfungsketten. Die Medien berichten fast täglich über Insolvenz und Konkurs von Unternehmen. Sie fallen aus dem Markt, reißen Mitarbeiter mit, weil ihre Geschäftsführer nicht verstanden haben, welche Transformation die Wirtschaft gerade durchläuft.

Noch mögen diese gravierenden Folgen der Dematerialisierung durch die rund laufende Konjunktur überdeckt werden, aber in Kürze wird das volle Ausmaß der Veränderung für jeden erkennbar sein.

In den nächsten Jahren dematerialisieren immer mehr Produktklassen und Branchen. Die Telekommunikationskonzerne wird es als eine der ersten erwischen. Das digitale Kommunikationsnetz läuft autonom und vollautomatisiert. Zigtausende Nachrichten- und Fernmeldetechniker, die bisher noch in Diensten der Deutschen Telekom, von Vodafone oder Telefonica stehen, werden nicht mehr gebraucht. Auch die Tage des Bargelds sind so gut wie gezählt. Bald werden keine Druckereien für die Banknoten benötigt, keine Prägeanstalten für Münzen, keine Geldboten und keine Kassen. Bargeldmanagement und -logistik werden überflüssig. Der Bequemlichkeitsfaktor und die Geschwindigkeit werden dem „Mobile Payment" letztlich zum Durchbruch verhelfen, und zwar ohne Kartenlesegerät, sondern nur mit einem Pad, auf das ein Kunde sein Handy legt. Nahbereichsfunk (NFC) sorgt dafür, dass die Transaktionen ausgeführt werden. In Schweden stirbt das Bargeld bereits einen schnellen Tod. Flächendeckend wird es abgeschafft; sogar der Klingelbeutel des Doms in Uppsala wurde auf einen „Kollektomaten"[78] für Kreditkartenzahlungen umgestellt.

4.2 Sharing Economy – Teilen ist das neue Haben

Digitale Technologien bilden die neue Infrastruktur des Wohlstands und führen zur Dematerialisierung physischer Produkte. Gleichzeitig fördern das „Internet der Dinge", datenbasierte Geschäftsmodelle, die Künstliche Intelligenz und die Blockchain den Trend, Besitz nicht mehr als wesentlich zu betrachten. Der Wohlstandsbegriff verändert sich. Teilen ist das neue Haben, die Sharing Economy avanciert zur vorherrschenden Form des Konsums.

Dieser Paradigmenwechsel ist in der Wirtschaft bereits spürbar: Mit einer Bewertung von 69 Milliarden Euro gilt das Sharing-Unternehmen Uber als vielversprechendstes Start-up der Welt[79] und sein Geschäftsmodell als exemplarisch für Erfolg. Der weltweit größte Car-Sharing-Anbieter ist das chinesische Start-up Didi Chuxing, das 400 Millionen Kunden in 40 chinesischen Städten bedient.[80] Über Partnerunternehmen ist Didi Chuxing bisher auch in anderen Märkten aktiv, zum Beispiel in Paris.[81]

Weltweit protestieren Taxifahrer vehement gegen Car-Sharing-Dienste. Auf ihren Druck hin erlassen Kommunen Verordnungen, die private Sharing-Angebote untersagen. Auch auf dem Wohnungsmarkt bekommt die Sharing Economy kräftigen Gegenwind. Metropolen, in denen Mietwohnungen knapp und teuer geworden sind, dämmen regulatorisch den Siegeszug von Airbnb ein. Denn die Idee, ungenutzten Wohnraum vorübergehend an Reisende zu vermieten, ist längst zu einem Geschäftsmodell mutiert. Viele Immobilienbesitzer vermarkten ihre Wohnungen nur noch über Airbnb und entziehen sie so dem Angebot für potenzielle Langzeitmieter. Es sind Wettstreite um die Märkte von morgen, die rund um die Sharing Economy ausgetragen werden: Tradition versus Zukunft, analog versus digital, Konsum versus Teilen, Sicherheit versus Agilität – nicht nur im Job, auch im Privaten. Die Frage ist, ob sich Widerstand lohnt?

Bereits 46 Prozent der Deutschen nutzen Angebote der Sharing Economy.[82] 35 Prozent zählen zu den Anbietern von Sharing-Produkten. Die „Teiler" sind vor allem davon überzeugt, dass die Gesellschaft profitiert (76 Prozent) und das Leben erschwinglicher wird (71 Prozent), wenn Güter und Services geteilt statt immer wieder neu gekauft werden. Ihr Interesse konzentriert sich auf Medien- und Unterhaltungsangebote (33 Prozent), auf Konsumgüter wie Kleider oder Spielzeug (31 Prozent) und auf den Markt für Automobile und Transport (28 Prozent). Besonders populär, das zeigen Untersuchungen des Marktforschungsinstituts TNS Infratest, ist das Teilen bei den Unter-40-Jährigen.[83] „Mein Haus, mein Auto, mein Boot" – dieser einst von den Sparkassen in einem Werbeslogan komprimierte Besitzerstolz – kommt bei jungen Leuten nicht mehr gut an. Viele Millennials, also die zwischen 1980 und Mitte der 1990er-Jahre geborenen Menschen, pfeifen auf Eigentum. Der Zukunftsdenker Jeremy Rifkin propagiert die Sharing Economy wie kein Zweiter und hat schon 2000 in seinem Buch „Access – Das Verschwinden des Eigentums" formuliert: „Im kommenden Zeitalter treten Netzwerke an die Stelle der Märkte, und aus dem Streben nach Eigentum wird ein Streben nach Zugang, nach Zugriff auf das, was diese Netzwerke zu bieten haben."[84]

Ohne das Internet und die Digitalisierung wäre dieser Bewusstseinswandel nicht denkbar. Erst die Plattform-Ökonomie ermöglicht es, in großem Stil Angebot und Nachfrage zusammenzubringen. Viele erfolgreiche Modelle der Sharing Economy basieren auf Plattformen, die nur die zentralen Vermittlungsdienste zur Verfügung stellen und einen rechtlichen Rahmen für Transaktionen schaffen. Sie besitzen kein einziges Gut und leben von Provisionen aus den vermittelten Abschlüssen. Airbnb hat kein einziges Hotelbett, Uber hat kein einziges Auto. Und doch besitzen diese Start-ups die Energie, Branchen vollends durcheinanderzuwirbeln. Sie ziehen neue Wettbewerber, häufig Privatpersonen, in einen Markt, der bislang professionellen Anbietern vorbehalten war. Ihr Geschäftsmodell ist hochskalierbar und lässt sich mühelos globalisieren. Sie organisieren den Kundenkontakt, die sogenannte Customer Journey, in den Märkten neu.

Überfluss verteilen: die Plattformökonomie

Die Innovation von Ebay besteht nicht darin, dass jeder mit wenig Aufwand alle möglichen Dinge und Klamotten meistbietend versteigern kann, sondern darin, dass sich das Unternehmen aus allen Geschäften weitgehend heraushält. Ebay ist der Prototyp einer Plattform, auf der Angebot und Nachfrage zusammengeführt werden. Der Verkäufer handelt immer geradewegs mit dem Käufer. Der Plattformbetreiber stellt lediglich sicher, dass bei der Transaktion alles mit rechten Dingen zugeht, gewährleistet die Funktionsfähigkeit der Plattform und kassiert für seinen Service eine Gebühr oder eine Umsatzbeteiligung. Die Experten sprechen hier von einem Peer-to-Peer-System. Beide Handelspartner wickeln ihre Geschäfte direkt und auf Augenhöhe ab.

Ob Booking.com oder das deutsche HRS, ob AirBnB oder Uber: Die Plattform-Ökonomie ist ein faszinierendes Phänomen der Digitalisierung und macht Karriere. Plattformen verbinden in einem bisher nicht bekannten

Ausmaß einzelne Marktteilnehmer in globalem Maßstab. Für traditionsreiche Unternehmen sind sie ein durchaus zweischneidiges Schwert. Plattformökonomie zieht nicht nur Verbraucher in Scharen an; sie sorgt darüber hinaus für die Transparenz, jeden Preis und jedes Angebot vergleichen zu können.

Die deutsche Wirtschaft hat diesen Trend verschlafen. Anders gesagt: Die US-Amerikaner haben den Kampf um das Consumer Internet einstweilen gewonnen. Sie haben verstanden, dass mit Plattformstrategien ein Phänomen der Industrienationen kapitalisiert werden kann: Überfluss. Ebay ist ursprünglich als Versteigerungsplattform für den Krempel vom Dachboden entstanden. Uber macht ungenutzte Fahrzeugkapazitäten produktiv und AirBnB – im Prinzip – nicht benötigten Wohnraum. Dass mittlerweile Innenstädte ihre liebe Mühe mit AirBnB haben, weil zu viel Raum dem Wohnungsmarkt entzogen wird, steht auf einem anderen Blatt. Gelegenheit macht eben auch Gier.

Aber wenn Plattformen immer effizienter Überfluss verteilen und verwalten können, dann sind sie folglich ein patentes Mittel, um wesentliche Verteilungsprobleme auf diesem Planeten zu lösen. Plattformen sorgen in der Infrastruktur des Wohlstands für den notwendigen Ausgleich zwischen „zu viel" und „zu wenig". Sie sind ein effizientes Mittel der Distribution globaler Ressourcen. Es ist an der Zeit, dass sich Unternehmen, staatliche Entwicklungsorganisationen oder NGOs an das Thema herantrauen.

Man würde der Sharing Economy aber nicht gerecht, wenn man sie auf den Peer-to-Peer-Gedanken und die populären Plattformen reduzieren würde. Streaming-Dienste beispielsweise funktionieren nicht nach diesem Prinzip. Wer über Apples iTunes oder Spotify Musik streamt oder über Netflix Filme und Serien schaut, geht keinen Deal mit Urhebern und Produzenten ein. Gleiches gilt beim Download von E-Büchern bei Amazon oder anderswo. Geschäftspartner ist dann eine E-Commerce-Plattform, die ihrerseits die Inhalte lizensiert hat. Sie stehen heute schon für ein Phänomen der Sharing Economy, das in Zukunft stark an Bedeutung gewinnen wird: die Grenzkosten tendieren gegen null.

Sharing Economy im 5.0-Modus

Grenzkosten bezeichnen den Aufwand, den ein Unternehmen für ein weiteres Angebot an einen Kunden aufwenden muss. Jedes weitere Auto, das produziert wird, muss der Hersteller mit tausenden Euro vorfinanzieren und darüber hinaus in Vermarktung und Vertrieb investieren. In einer Welt der Daten und digitalen Güter schmelzen diese Kosten jedoch in sich zusammen. Eine Software, einen Song, einen Film oder einen Text einem weiteren Kunden zur Verfügung zu stellen, kostet so gut wie nichts. Deshalb skalieren Sharing-Modelle, so sie denn den Nerv der Kundschaft treffen, mit hohem Tempo und werden zu einem globalen Phänomen. Im nächsten Entwicklungsschritt springt das Null-Grenzkosten-Prinzip auf die Produktion, den Kernbereich der Industrie über.

Die Sharing Economy von morgen vermarktet Überkapazitäten an Produktionsmitteln, insbesondere ungenutzte Maschinenzeiten. Möglich wird dies durch das „Internet der Dinge" (IoT), mit dem Milliarden Menschen über ihre Smartphones bereist verbunden sind. Sie klinken sich in den Datenstrom ein, der unablässig durch dieses System aus Billionen Sensoren und Zigmilliarden Geräten läuft. Die Blockchain ist ein sicheres, transparentes und schnelles Betriebssystem, ein Protokoll des Vertrauens, das Peer-to-Peer-Transaktionen weiter vereinfachen wird. IoT und Blockchain bilden die Basis der neuen Sharing Economy. Letztlich werden aus Konsumenten „Prosumenten" – Produzent und Konsument in einem.

Vor allem ist das Potenzial, über das Netz Überkapazitäten in der Produktion zu teilen, äußerst attraktiv fürs produzierende Gewerbe. Denn nicht jedes Unternehmen fährt Rund-um-die-Uhr-Schichten. In vielen Fabriken gibt es immer wieder Zeiten des teuren Stillstands. Firmen, die nur eine Schicht von acht Stunden fahren, lassen ihre Maschinen 67 Prozent des Tages nutzlos stehen. Diese „Ruhezeiten" lassen sich gewinnbringend teilen. Es wird Plattformen geben, auf denen diese Kapazitäten angeboten und nachgefragt werden. Skeptiker bezweifeln diese Entwicklung. Sie wenden ein, dass Maschinen mit einigem Aufwand für jeden neuen Auftrag umgerüstet und vorbereitet werden müssen. Mit dem 3D-Druck verändern sich jedoch diese Parameter. 3D-Drucker sind deutlich flexibler und läuten eine neue Ära der Produktion ein.

Sharing beflügelt den 3D-Druck

Der Gesamtmarkt für 3D-Druck wird je nach Studie und Betrachtungsweise jährlich zwischen 15 und 30 Prozent wachsen. Optimistische Studien gehen von einem Marktvolumen von über 400 Milliarden US-Dollar im Jahr 2025 aus.[85] Kaum verwunderlich, denn schließlich löst der 3D-Druck einige Probleme: Losgröße 1, das vollpersonalisierte Produkt, ist keine wirkliche Herausforderung mehr. Ersatzteile können bei Bedarf und vor Ort produziert werden. Der Transport über lange Distanzen entfällt, Verkehrswege und Umwelt werden entlastet. Sharing Economy und 3D-Druck erweisen sich als „Dreamteam". Schon bald werden dezentrale 3D-Druck-Hubs eingerichtet, sowohl für Endverbraucher wie für Unternehmen. Sie müssen also nicht in eigene 3D-Druck-Kapazitäten investieren, sondern teilen sich externe Druckerzentren. Der Logistikdienstleister DHL hat bereits Pop-up-Stores für den 3D-Druck getestet.[86] Es steht außer Frage: Die Produktion rückt näher an den Kunden und wird immer individueller. Das Ausgangsprodukt ist nur noch ein Datensatz. Die Grenzkosten schmelzen für materielle Güter dahin. Die Vorteile in Personalisierung, Zeit und Logistik liegen klar auf der Hand.

Wie die Sharing Economy die Welt verbessert

Teilen ist das Gebot der Zukunft. Ohne den Besitz und die Freude der Verbraucher an den Dingen schmälern zu wollen: Fakt ist, die Sharing Economy spart Ressourcen ein und schont den Planeten – über die gesamte Wertschöpfungskette hinweg, beginnend mit den Maschinenparks in den Fabriken und endend mit den Produkten. Es werden weniger Güter hergestellt, weniger Rohstoffe verbraucht und weniger klimaschädliche Emissionen ausgestoßen. Allein der chinesische Car-Sharing Didi hat eigenen Angaben zufolge bereits in 2015 die Zahl der Autofahrten in China um eine Million pro Tag reduziert, damit 500 Millionen Liter Benzin respektive Diesel und 13,5 Millionen Tonnen CO_2-Emissionen eingespart. Das mag zwar ein Tropfen auf den heißen Stein sein, aber primär ist es ein deutliches Indiz für das ungeheure Potenzial der Sharing Economy.[87] Welchen tieferen Sinn hat es, jedes Jahr zigmillionen Autos herzustellen, wenn sie doch nur zwischen fünf und acht Prozent ihrer Lebenszeit wirklich bewegt werden? Und es macht noch weniger Sinn, wenn man die Gefahren für Klima und Gesundheit bedenkt. Im Zeitraum von 2000 bis 2014 ist die Anzahl der Neufahrzeuge kontinuierlich von über 58 Millionen auf fast 90 Millionen gestiegen. Erst 2016 hat der globale Automarkt erstmals stagniert.[88]

Die Sharing Economy führt darüber hinaus dazu, dass Menschen als Ich-Unternehmen in Märkte eintreten können, die bislang Unternehmen oder Kollektiven vorbehalten waren. Der vermeintliche Nachteil der Sharing Economy ist, dass sie wenig reguliert ist und arbeitsrechtliche Standards absenkt. Dies wiederum könnte in manchen Entwicklungsländern in Wahrheit von Vorteil sein. Denn App-basierte und über soziale Bewertungen und die Meinungsbildung der Crowd „geregelte" Sharing-Angebote können deutlich effizienter funktionieren als vom Staat regulierte Märkte: Menschen könnten sich unabhängig von ineffizienter, möglicherweise korrupter Verwaltung eine Existenz aufbauen.[89]

Als Teil der Weltmaschine könnten darüber hinaus kleine Anbieter aus Entwicklungsländern Produkte entwerfen und in aller Welt verkaufen, und zwar so effizient wie nie zuvor: Sie produzieren nicht an ihrem Firmensitz und schicken die Waren auf teure und aufwändige Reisen zu den Käufern, sondern mieten über eine Blockchain überschüssige Maschinenzeiten in deren Nähe oder lassen sie auf 3D-Druckern am Wohnort der Kunden ausdrucken. Gleichzeitig werden selbst Kleinstunternehmen oder Dorfgemeinschaften in den entlegensten Winkeln davon profitieren, dass sie via 3D-Druck Güter des täglichen Bedarfs oder Ersatzteile printen können.

4.3 Fallstudie: Das Ende des Automobils und die Folgen

Ein Paradebeispiel für die Dematerialisierung liefert die Automobilbranche. Anhand ihrer Geschichte und ihrer Zukunft lässt sich eindrücklich aufzeigen, welche radikalen und dramatischen Veränderungen Dematerialisierung generell für die Wirtschaft impliziert.

Die Historie des Automobils ist geprägt von großartigen, schrittweisen Innovationen im Dienste von Sicherheit und Service. 1951 baut Chrysler erstmals eine Servolenkung ein. Ein Jahr später kommt der Bremskraftverstärker hinzu. In den 1960er Jahren gehören die elektronische Benzineinspritzung und das Antiblockiersystem zu den Errungenschaften der Branche. Die 1970er Jahre bringen den Airbag und den Katalysator. Seit 1980 lässt sich die Zentralverriegelung per Funk öffnen und schon 1982 platziert Toyota die erste Einparkhilfe auf dem Markt. GPS-basierte Navigationssysteme gibt es seit 1990 und das elektronische Stabilitätssystem (ESP) seit 1995.

Weder Geschwindigkeit noch Tragweite der genannten Innovationen werden mit dem Fortschritt im exponentiellen Raum zu vergleichen sein. Seit 2016 sind die ersten selbstfahrenden Fahrzeuge der Stufe 3 auf der Straße. Das heißt, die Fahrzeuge fahren zwar autonom, aber ein Fahrer muss mit an Bord sein. Im Jahr 2021 werden autonome Fahrzeuge der Stufe 5 in Deutschland unterwegs sein; sie kommen ohne Fahrer aus. Volkswagens Digitalchef Johann Jungwirth hat die optimistische Prognose abgegeben, dass sich autonomes Fahren in vier Jahren praxistauglich etabliert haben dürfte.[90] Bosch und Daimler planen, bereits in diesem Jahr ausgewählte Städte mit autonomen „Robo-Taxis" zu beliefern.[91]

Rasch werden koordinierte, autonome Fahrsysteme folgen, die als Teil der Sharing Economy die wechselnden Bedürfnisse der Nutzer befriedigen: Ein Kleintransporter für das Shopping im Möbelhaus. Ein Bus, wenn eine Sportmannschaft zum Auswärtsspiel reisen muss. Ein Zweisitzer, wenn ein Paar abends ins Theater gehen möchte. In einer solchen Welt werden viel weniger Fahrzeuge benötigt als in der heutigen Zeit des Individualverkehrs. Die autonome Flotte wird deutlich mehr unterwegs sein als unsere eigenen Autos heute, die die meiste Zeit vor allem eines tun: parken. In den „Smart Citys" der Zukunft ist damit auch das Parkproblem gelöst. Die autonomen Fahrzeuge stehen nicht nutzlos herum, sondern sie fahren von einem Einsatz zum nächsten.

Ein herkömmliches Auto wird durchschnittlich nur zwischen fünf bis acht Prozent seiner Lebenszeit wirklich bewegt. Bei einem Neupreis von 25.000

Euro werden also nur 1.250 Euro bis 2.000 Euro effektiv genutzt. Was für eine Verschwendung von Kapital und wertvollen Ressourcen! Ein autonomes, in ein Mobilitätssystem eingebundenes Fahrzeug rollt hingegen 60 Prozent seiner Lebenszeit auf den Straßen – konservativ gerechnet. Damit würde jedes dieser Mobile potenziell 30 gängige Autos ersetzen. Statt über 61 Millionen Pkw befänden sich nur noch knapp über zwei Millionen Wagen auf Deutschlands Straßen. Statt 3,44 Millionen Neuzulassungen[92] gäbe es pro Jahr nur noch etwas mehr als 100.000. Natürlich ist das eine grobe Überschlagsrechnung, aber sie vermittelt eindrucksvoll die Größenordnung, die durch das Zusammenspiel von Exponentialität, Infrastruktur des Wohlstands und Dematerialisierung entsteht. Es geht nicht um ein paar Prozentpunkte, es geht um Faktoren. Die Automobilindustrie schrumpft nicht um dreißig Prozent, ihr Volumen wird durch dreißig geteilt.

Vollautomatisiertes Car-Sharing

Ein Whitepaper des Anbieters Car2go[93] – ein Joint Venture von Daimler und Europcar – beschreibt das Potenzial des Car-Sharings: Das Unternehmen steuert seine Flotten in 26 Städten weltweit über einen einzigen Server. Das intelligente System betrachtet die Autos als kollektiven Körper, in dem das Verhalten eines Autos direkte Auswirkungen auf alle anderen Autos hat. Es analysiert den Bedarf und ist in der Lage, die Verfügbarkeit so zu optimieren, dass pro Auto und Tag 16 Anmietungen möglich sind. An dieser Flottenintelligenz ist der Mensch nicht beteiligt, sie ist ganz und gar Sache der Maschine. Gefragt ist der Mensch derzeit noch, wenn Autos an andere Standorte verlegt werden sollen, um den Bedarf der Kunden besser zu befriedigen. In dem Fall fährt ein Serviceteam los und parkt die Fahrzeuge um. Sobald Autos die Autonomie der Stufe 5 erreichen, schreibt Car2go, können sie sich eigenständig auf Grundlage derselben Logik in der ganzen Stadt verteilen.

Im Krisenmodus befindet sich die deutsche Automobilindustrie bereits, sobald die Absatzzahlen lediglich um ein paar Prozentpunkte zurückgehen. Was wird passieren, wenn irgendwann nur noch jeder zehnte Pkw gebaut wird? Denn genau das steht Deutschland in den kommenden zwei, drei Jahrzehnten bevor. Allein die Dematerialisierung dieser Schlüsselbranche wird unsere Gesellschaft und Wirtschaft vor immense Herausforderungen stellen.

In Deutschland hängen 1,8 Millionen Arbeitsplätze direkt oder indirekt an der Automobilwirtschaft. Sie steht für einen jährlichen Umsatz von 400 Milliarden Euro, mithin elf Prozent der deutschen Wirtschaftsleistung.[94] Volkswirtschaftler sprechen hier von einem „Klumpenrisiko". Die Dematerialisierung setzt Zulieferer und Hersteller unter Druck; sie müssen Überkapazitäten und große Teile der Produktionsinfrastruktur abbauen. Die Branche konsolidiert, Übernahmen und Insolvenzen werden nicht zu verhindern sein. Die meisten Mitarbeiter werden nicht mehr benötigt.

Die positive Kehrseite der Medaille: Gleichzeitig sinkt mit der verringerten Produktion der Verbrauch an Rohstoffen, vorgefertigten Teilen und Energie. So löst die Digitalisierung das ökologische Versprechen der Dematerialisierung ein. Ganz automatisch und mit ständig zunehmender Kraft. Digitalisierung, Vernetzung und Automatisierung führen zwangsläufig zu Dematerialisierung.

4.4 Eine Welt ohne Arbeit

Welche Folgen haben Digitalisierung und technologischer Fortschritt für den Arbeitsmarkt? Entstehen neue, vielleicht sogar mehr Arbeitsplätze als bisher? Oder frisst die Software nicht nur die Welt, wie einst Marc Andreessen proklamierte, sondern letztlich auch die Arbeit? Die Antwort auf diese Frage ist entscheidend für die Zukunft der Gesellschaft. Denn Arbeit begründet Aus- und Einkommen der Menschen, finanziert Staat und Sozialwesen und gehört darüber hinaus als Sinnstifter zum Leben. Jetzt kommen die Computer, die Roboter und Künstlichen Intelligenzen und stellen Arbeit als Lebenskonstante infrage; der klassische Lebenslauf – von Schule über Ausbildung oder Studium bis hin zu Berufsleben und Ruhestand – wird damit der Vergangenheit angehören.

Dass bestimmte Berufe und Berufsbilder verschwinden werden, bezweifelt niemand. Geistige Routinearbeiten können mittels KI effizienter erledigt werden als von Menschen. Aber Künstliche Intelligenzen trainieren bereits auch in Spezialgebieten auf einem geistig-athletischen Niveau, das dem Menschen schon jetzt überlegen ist. Das heißt, auch anspruchsvolle, kognitive Tätigkeiten und Aufgaben werden künftig von digitalen Kollegen übernommen.

Optimisten setzen darauf, dass im Zuge der Digitalisierung neue Jobs entstehen werden – vorrangig für Datenexperten („Data Scientists"), Programmierer, Internet-of-Things-Architekten und Sicherheitsexperten. Außerdem, so das Argument, werden Berufsbilder auftauchen, von denen wir bisher noch gar nichts ahnen. Last but not least müssten Roboter und Künstliche Intelligenzen einen Arbeitnehmer ja nicht zwangsläufig ersetzen, sondern könnten ihn bei seinen Aufgaben tatkräftig unterstützen. Dafür würden sensitive Roboter so programmiert und gebaut, dass sie auf den Menschen reagieren und mit ihm kollaborieren. Künstliche Intelligenz, die den Menschen als Ratgeber und Entscheidungshilfe zur Seite steht, bezeichnen Fachleute als „Augmented Intelligence", als erweiterte Intelligenz.

Solch eine Argumentation führt dazu, dass die CDU im Bundestagswahlkampf 2017 den Wählern Vollbeschäftigung versprach. Vollbeschäftigung ist das romantische Ziel bundesrepublikanischer Wirtschaftspolitik seit der Wirtschaftswunderzeit in den 1950er und frühen 1960er Jahren. Und als Versicherung für eine Welt mit Arbeit 5.0 eine folgenschwere Fehleinschätzung. Die Digitalisierung führt vielmehr dazu, dass eklatant viele Arbeitsplätze unwiderruflich verloren gehen. In welchem Ausmaß? Seit fünf Jahren steht eine Prognose im Raum, um die die Debatte unaufhörlich kreist: 47 Prozent.

Die Forscher Carl Benedikt Frey und Michael A. Osborne von der Martin School in Oxford haben diese Prozentzahl im September 2013 mit ihrer Studie „Die Zukunft der Beschäftigung: Wie anfällig sind Jobs für die Computerisierung?"[95] in die Welt gesetzt. Wenn Frey und Osborne recht behalten, ereignet sich nun zum ersten Mal in der Wirtschafts- und Sozialgeschichte das, was der britische Ökonom John Maynard Keynes schon in den 1920er Jahren vorausgesagt hatte: technologisch bedingte Arbeitslosigkeit. Bislang hatte technischer Fortschritt immer dazu geführt, dass unter dem Strich mehr und neue Arbeitsplätze entstanden sind. Jetzt, mit den Segnungen der Digitalisierung, soll sich das auf einmal grundlegend ändern?

Frey und Osborne lassen daran keinen Zweifel. Die 47 Prozent der Jobs, die sie in Gefahr sehen, sind geprägt von Routinetätigkeiten, von der Beschäftigung mit Zahlen und Mathematik sowie von Aufgaben auf einem geringen kognitiven und kreativen Niveau. Ein „hohes Risiko", automatisiert zu werden, sehen sie somit für Arbeiten in Transport und Logistik, in Büro und Verwaltung und – zu ihrer eigenen Überraschung – in der Dienstleistungsbranche. Verkaufspersonal im Einzelhandel und Köche diesseits der Spitzengastronomie müssen um ihre Jobs fürchten, ebenso wie Steuerberater, Wirtschaftsprüfer und Bankangestellte.

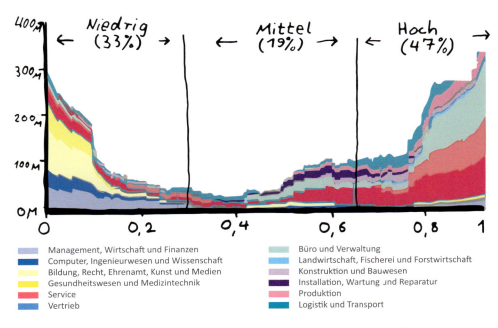

Abb. 10: Wahrscheinlichkeit der Computerisierung von Berufen
Die Ergebnisse der Studie von Carl Benedikt Frey und Michael A. Osborne.
Quelle: Frey und Osborne/Oxford Martin School 2013

Die Unternehmensberatung A.T. Kearney legte die Ergebnisse von Frey und Osborne auf Deutschland um. Das Ergebnis bestätigt: 45 Prozent der Jobs hierzulande sind gefährdet. Dies würde bei 44,2 Millionen Erwerbstätigen einen Verlust von 19,89 Millionen Arbeitsplätzen bedeuten.[96] Und das Bankhaus ING-DiBa rechnet auf Basis der Studie von Frey und Osborne, dass 18,1 Millionen Jobs verloren gehen.[97]

Politiker aller Parteien verweigern sich bisher der Diskussion solch dramatischer Forschungsergebnisse. Der Bevölkerung sowie der eigenen Parteibasis ist es natürlich schwer beizubringen, dass in den glänzenden Arbeitsmarktzahlen der Gegenwart schon der Keim für ein sozialpolitisches Desaster steckt: Massenarbeitslosigkeit. Sie halten sich lieber an das Zentrum für Europäische Wirtschaftsforschung (ZEW), das in einer Kurzexpertise zur Studie von Frey und Osborne für das Bundesministerium Arbeit und Soziales Entwarnung gegeben hat:[98] Nur zwölf Prozent der Arbeitsplätze hierzulande seien mit hoher Wahrscheinlichkeit gefährdet, automatisiert zu werden. Und überhaupt seien die Ergebnisse von Frey und Osborne mit Vorsicht zu interpretieren. Womöglich überschätzten die beiden Forscher das Automatisierungspotenzial, negierten wirtschaftliche, rechtliche und ethische Hürden, die für neue Technologien zu nehmen sind, und übersähen, dass durch die Digitalisierung auch neue Arbeitsplätze entstehen.

„Die Gesamtbeschäftigung ist daher nicht zwangsläufig gefährdet", heißt es in dem Bericht der ZEW. Die ehemalige Bundesarbeitsministerin und jetzige Parteivorsitzende Andrea Nahles (SPD) legt sich auf dieses sanfte Ruhekissen und hat ihren Kritikern auf dem Re:Publica-Event im Mai 2017 verärgert entgegengeschleudert: „Ich glaube schlicht und einfach an Ihre verkackte Grundthese vom Ende der Arbeit nicht."[99]

McKinsey meldet ebenfalls Zweifel für die Arbeitsmärkte an. Eine Studie der Unternehmensberatung aus Dezember 2017, für die die Arbeitsmärkte in 46 Staaten untersucht wurden, sagt voraus, dass in 60 Berufen bis zu 30 Prozent der Tätigkeiten anfällig für die Automatisierung seien. Bis 2030 würden zwischen null und 30 Prozent der Jobs verloren gehen.[100]

Die Wochenzeitung „Die Zeit" tituliert Ende 2017 die Studie von Frey und Osborne als „Pi-mal-Daumen-Studie".[101] Bei so viel Gegenwind wollen die beiden Forscher ihre Studie mittlerweile eher als Thesenpapier, als Debattenbeitrag verstanden wissen. Denn der methodische Knackpunkt in ihrer Untersuchung beruht auf der Einschätzung einiger weniger Experten. Und darin liegt natürlich eine Quelle der Ungenauigkeit. Man mag über die wissenschaftliche Grundlage ihrer Arbeit auch trefflich streiten, im Ergebnis werden sie trotzdem recht behalten: Rund die Hälfte der Arbeit steht in den nächsten 15 bis 20 Jahren auf dem Spiel.

Die Kannibalisierung wird früher oder später einsetzen und im Laufe der von Frey und Osborne vorausgesagten Spanne zwischen 2023 und 2033 erreichen wir den „Tipping Point". Ab diesem Zeitpunkt werden mehr Jobs durch die Digitalisierung wegfallen als neue entstehen. Wenn die japanische Versicherung Fukoku Mutual Life ankündigt, wie Anfang 2017 geschehen, 34 Jobs in der Abteilung für Schadensbemessung durch Künstliche Intelligenz zu ersetzen,[102] dann hat eine solche Nachricht bislang nur anekdotischen Wert. Eine Revolution des Arbeitsmarktes sieht wahrlich anders aus. Wenn man aber die exponentielle Wucht der digitalen Transformation insgesamt mit Künstlicher Intelligenz, Robotik, „Internet der Dinge" und 3D-Druck ins Kalkül zieht, erscheint dieser vermeintlich bescheidene Schritt als Wetterleuchten des bevorstehenden Umbruchs. Warum sollten die Unternehmen noch Legionen von Buchhaltern, Steuer- und Wirtschaftsprüfern beschäftigen, wenn alle Informationen digital vorliegen, Computer sowieso besser mit Zahlen umgehen können als Menschen und dies mittels Künstlicher Intelligenz zudem hocheffizient tun werden? Warum sollten sich Menschen in der Logistik noch mit der Disposition befassen, wenn sich die Systeme über das „Internet der Dinge", die Cloud und mithilfe von KI selbst organisieren können? Was passiert mit den 250.000 Taxi- und 1,5 Millionen Lkw-Fahrern in Deutschland, wenn sich das autonome Fahren durchgesetzt hat? Welcher Kunde will im Laden oder online eigentlich noch mit Verkäuferinnen und Verkäufern reden, die nicht einmal annähernd so viel Überblick und Wissen haben können wie ihr intelligenter Roboterkollege oder die KI am anderen Ende der Hotline? Wozu sollen all die Menschen gut sein, die heute noch in der Produktion arbeiten, wenn der Verbrauch sinkt, intelligente Roboter parat stehen und 3D-Drucker flexibel viele Aufgaben übernehmen können?

Warum in der Digitalisierung die Arbeit verloren geht:

> **Erstens: Die Digitalisierung schafft keine neuen Jobs.**
> *Natürlich benötigt die Wirtschaft ungemein viele Datenspezialisten und Programmierer, und sie kann auch gar nicht genug Sicherheitsfachleute einstellen. Aber die Wahrheit ist: Sie befinden sich bereits jetzt in einem Wettlauf mit der Künstlichen Intelligenz, den sie verlieren werden. Künftig werden Computer ihre Computerprogramme selbst schreiben.* Google hat berichtet, dass eine Künstliche Intelligenz bessere neue KI-Programme schreibt als Programmierer.[103] *Künstliche Intelligenzen werden auch das in „Data Analytics" und „Big Data" schlummernde Analysepotenzial ausschöpfen und die Suche nach Sicherheitslücken übernehmen* – nicht die Menschen. *Es ist bereits Realität, dass 3D-Printer hochwertige und sicherheitsrelevante Bauteile für Flugzeuge und Autos sowie Bauelemente für Häuser drucken. Selbst die „Millennials", jene Nachwuchsgeneration, die durch die digitale Welt schwimmt wie ein Fisch im Wasser, werden zu den Verlierern gehören. Laut einer Gallup-Umfrage können die jungen Leute gar nicht so schnell in die guten Positionen hineinwachsen, wie diese durch KI und Automatisierung ersetzt werden. 37 Prozent ihrer Jobs stehen im Risiko, durch KI verdrängt zu werden, während es bei den älteren Arbeitnehmern knapp ein Drittel (32 Prozent) sind.*[104]

> **Zweitens: Dematerialisierung führt zu Kettenreaktionen.**
> *Es geht eben nicht nur darum, dass ausschließlich Tätigkeiten von den Kollegen KI oder Roboter übernommen werden. Wenn ein Produkt nach dem anderen in Software verwandelt wird, muss keiner mehr die Fabriken und Maschinen planen, bauen und betreiben, die in der analogen Zeit noch vonnöten waren. Wenn die Share Economy um sich greift, wird zum Beispiel die Autoindustrie ihre Produktionskapazitäten massiv zurückfahren müssen. Wenn sich der 3D-Druck so weiterentwickelt wie im Moment, sehen Fabrikationsstätten künftig sowieso ganz anders aus: Deutlich weniger Drucker werden für wechselnde*

Aufträge programmiert werden. Sie sind, im Gegensatz zu den meisten Maschinen, multifunktional. Dies kündigt dem Maschinenbau, einer weiteren Kernindustrie Deutschlands, eher schwere Zeiten an. Seine Produkte werden nicht mehr gebraucht. Dem Weltmarkt, auf dem sich die Branche so erfolgreich bewegt, droht eine tiefe Zäsur.

> **Drittens: Die Widerstandsfähigkeit gesellschaftlicher Institutionen ist begrenzt.**

Natürlich legen sich die Gewerkschaften und die linken Parteien ins Zeug, um ihre Klientel zu schützen. Doch gegen den ökonomischen Vorteil der Automatisierung kämpfen sie letztlich vergebens. Wenn die Grenzkosten digitaler Güter gegen null fallen, dann gilt das nicht nur für Konsumgüter, sondern auch für digitale Betriebsmittel. Im Prinzip kostet es nichts, ein Programm, das den Arbeitnehmer A wegrationalisiert hat, auch für Arbeitnehmer B einzusetzen. Die „Personalkosten" der meisten Roboter werden deutlich geringer sein als die ihrer menschlichen Kollegen. Und die Anschaffungskosten sind nach wenigen Jahren abgeschrieben. Roboter müssen gewartet werden, aber sie wollen nicht schlafen, werden nicht krank, fordern kein Urlaubs- und kein Weihnachtsgeld, keine Schichtzuschläge. Unternehmen müssen nicht in ihre Aus- und Weiterbildung investieren, sondern nur in Updates.

Kein Zweifel: In allen Industrienationen steht rund die Hälfte der Arbeit auf dem Spiel. Ihnen stellt sich die schwierige, aber lösbare Aufgabe, eine Vision für die Arbeit der Zukunft zu entwickeln und einen neuen gesellschaftlichen Konsens zu finden. Dramatischer stellt sich die Lage in den Entwicklungs- und Schwellenländern dar. Sie setzen weiterhin auf Wirtschaftswachstum und zusätzliche Arbeitsplätze, um Hunger und Armut zu bekämpfen, für mehr Gleichheit und für größeren Wohlstand zu sorgen. Doch die Automatisierung durchkreuzt ihre Pläne. Die neuen Fabriken und Jobs, von denen die ärmeren Staaten und auch die internationalen Entwicklungsorganisationen und Geberländer träumen, werden nicht entstehen. Alle Verantwortlichen müssen sich von dem Irrglauben verabschieden, dass sie die Probleme des 21. Jahrhunderts mit den überholten Konzepten des 20. Jahrhundert lösen können.

Produktivität vs. Beschäftigung

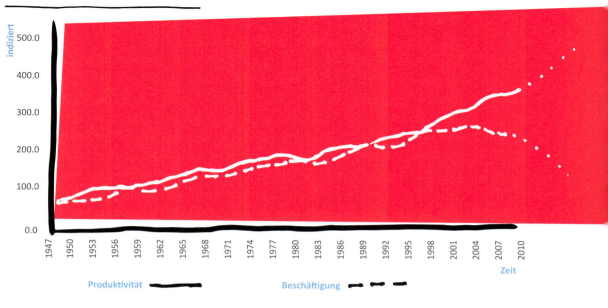

Abb. 11: Arbeitseinsatz und Wertschöpfung
In der Ära der Digitalisierung und Plattform-Ökonomie zeichnen immer weniger Mitarbeiter für Produktivität und Umsatz verantwortlich. Quelle: Karl-Heinz Land

4.5 Zwischenfazit: Die neuen Paradigmen der Digitalisierung

In der digitalisierten und dematerialisierten Welt gelten neue Regeln und Gesetzmäßigkeiten. Sie hebeln einerseits althergebrachte Strategien von Politik und Wirtschaft aus, halten andererseits aber ebenso überraschende wie effiziente Lösungen bereit. Diese Dualität kennzeichnet künftig den Kampf gegen Hunger, Armut, Umweltzerstörung und Klimawandel; sie erfordert neue Handlungsansätze und Visionen für das soziale Gefüge und wirft bohrende Fragen zum Miteinander von Mensch und Maschine auf. In den folgenden Kapiteln werden diese Themen deshalb immer unter der Prämisse diskutiert, dass die digitale Transformation gleichzeitig Zerstörung und Neubeginn bedeutet.

Und zusammengefasst sind dies die Paradigmen der fünften industriellen Revolution:

> **Die Infrastruktur des Wohlstands ist digital.**
> *Die neue Infrastruktur des Wohlstands besteht aus Sensoren, aus Funkverbindungen und breitbandigem Internet. Sie verbindet im „Internet der Dinge" die physische mit der virtuellen Welt. Sie schafft Verbindungen und dient dazu, Daten zu erzeugen und in Software, Services und damit in Werte zu übersetzen. Die Blockchain bildet ihr Betriebssystem und sorgt für Sicherheit. Auf dieser Infrastruktur wird künftig der Wettbewerb zwischen Unternehmen und Volkswirtschaften ausgetragen. Sie ist entscheidend für die Frage, ob Entwicklungsländer ihre wirtschaftliche Situation optimieren können, und ob Menschen, die bisher vom Wohlstandszug abgehängt sind, ihr Leben verbessern können.*

> **Künstliche Intelligenz ist die zentrale Instanz.**
> *Die Infrastruktur des Wohlstands wird durch Künstliche Intelligenz gesteuert. Sie sorgt dafür, dass die Effizienz des Systems beständig steigt. Die Entwicklung läuft auf „KI for everything" zu. Es entstehen Systemkreisläufe und Wertschöpfungsmechanismen, in die der Mensch nur noch am Rande – wenn überhaupt – eingebunden ist.*

> **Dematerialisierung lässt die Wirtschaft schrumpfen.**
> *Digitalisierung führt zu Dematerialisierung. Physische Produkte verwandeln sich in Apps, ganze Wertschöpfungsketten mit Fabriken, Maschinen und Arbeitsplätzen verschwinden. Die Wirtschaft schrumpft. Dieser Effekt führt zwangsläufig dazu, dass der Ressourceneinsatz sinkt und die Ökosysteme entlastet werden. Der Trend zur Sharing Economy verstärkt die Auswirkungen der Dematerialisierung.*

> **Die Grenzkosten sinken gegen null.**
> *Grenzkosten stehen für den Aufwand, den ein Unternehmen treiben muss, um einem zusätzlichen Kunden ein Produkt zur Verfügung zu stellen. In der digitalisierten Welt laufen die Grenzkosten gegen null.*

Das hat zur Folge, dass neue Produkte und Services mit geringem finanziellen Aufwand einer Vielzahl von Menschen zugänglich gemacht werden können, zum Beispiel als App auf einem Smartphone.

> **Die Automatisierung vernichtet Arbeit.**
Die Automatisierung bringt die Arbeit in Gefahr. Rund 50 Prozent der Jobs in der industrialisierten Welt stehen in den nächsten 15 bis 20 Jahren im Risiko. Neue, durch die Digitalisierung hervorgebrachte Jobs führen zu keiner Verbesserung auf den Arbeitsmärkten. Die Entwicklungsländer werden nicht auf Arbeit setzen können, um die Armut zu besiegen.

> **Digitalisierung kann zu neuer Ungleichheit führen.**
Potenziell zementiert die neue Infrastruktur des Wohlstands die Ungleichheit auf der Welt und die wachsende Kluft zwischen arm und reich. Ihr Aufbau folgt bislang rein wirtschaftlichen Interessen und der Absicht, ohnehin wohlhabenden Menschen zusätzliche Services zu verkaufen. Es besteht kein Anreiz für die Unternehmen, die Infrastruktur auch dort zu entwickeln, wo noch kein Geschäft damit zu machen ist.

> **Die Exponentialität und die Kombinatorik eröffnen neue Chancenräume.**
Die exponentielle Leistungszunahme der Computer vervielfacht das Innovationspotenzial und führt zu immer mehr Erfindungen in immer kürzeren Zeiträumen. Damit steigt die Chance, die Digitalisierung in den Dienst von Mensch, Planet und Umwelt stellen zu können – und zwar rapide. Gleichzeitig erfolgt eine Zeitschmelze – die Zeiträume, in denen Wirtschaft, Gesellschaft und Politik auf die fünfte industrielle Revolution reagieren können, verkürzen sich zusehends.

Das heißt: Die Zeit ist jetzt.

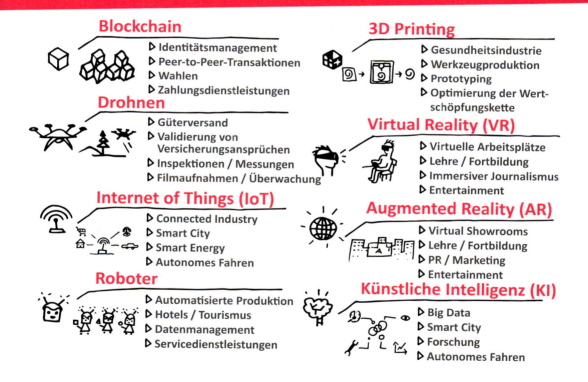

Abb. 12: Übersicht der acht essentiellen neuen Technologien
Quelle: PwC 2016/Karl-Heinz Land

5 Der zweite Planet ist digital

Die Menschen sind weder blind noch taub gegenüber den Problemen der Welt, aber sie agieren und reagieren langsam. Sie wissen um Hunger, Armut und Krieg, um Ungleichheit und Ungerechtigkeit, Ressourcenraubbau und Klimawandel. Aber sie brauchen Jahre, um Ziele und Programme zu entwickeln, die dem entgegenwirken. Und nicht selten entpuppen sich Absichtserklärungen als bloße Lippenbekenntnisse, als leere Versprechen.

Bereits 1997 verabschiedete die Weltgemeinschaft das „Kyotoprotokoll". Damit verpflichtete sie sich, elf Jahre später, also ab dem Jahr 2008 damit zu beginnen, den Ausstoß klimaschädlicher Gase zu reduzieren. Und obwohl sich die teilnehmenden Staaten gegenseitig Ende 2016 beim Klimagipfel in Paris versprochen haben, den Temperaturanstieg auf der Erde auf zwei Grad und weniger zu beschränken, laufen diese Absichtsbekundungen ins Leere. Selbst Deutschland, das den CO_2-Ausstoß zwischen 1990 und 2014 um immerhin 27 Prozent verringerte[105], immer mehr auf nachhaltige Energie setzte und als Musterbeispiel für eine neue Klimapolitik gilt, erreicht die selbstgesteckten Ziele nicht. Staaten, ihre Interessenvertretungen und Organisationen kommen nicht im notwendigen Tempo an dieses überlebensnotwendige Ziel heran. Die gute Absicht versinkt im Widerstreit partikularer Interessen von Staaten, Regionen, Wirtschaftszweigen und Unternehmen. Zu recht bezieht US-Präsident Donald Trump Kritik aus aller Welt, weil er einen der schlimmsten Klimakiller, die Steinkohleindustrie, wieder fördern will. Würde Deutschland die Klimaziele ernst nehmen, müsste das Land nicht nur aus der Steinkohle sondern auch aus der Braunkohle aussteigen. Indien müsste seinen Plan aufgeben, hunderte Millionen Menschen ausgerechnet mit Kohlestrom aus der Armut zu führen.

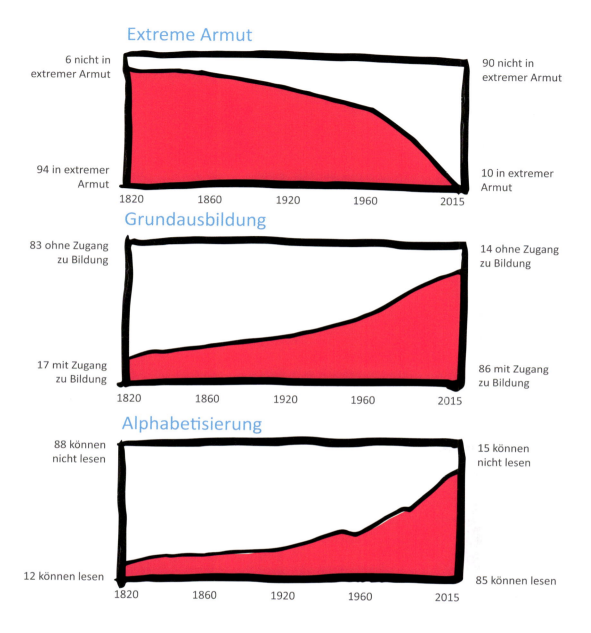

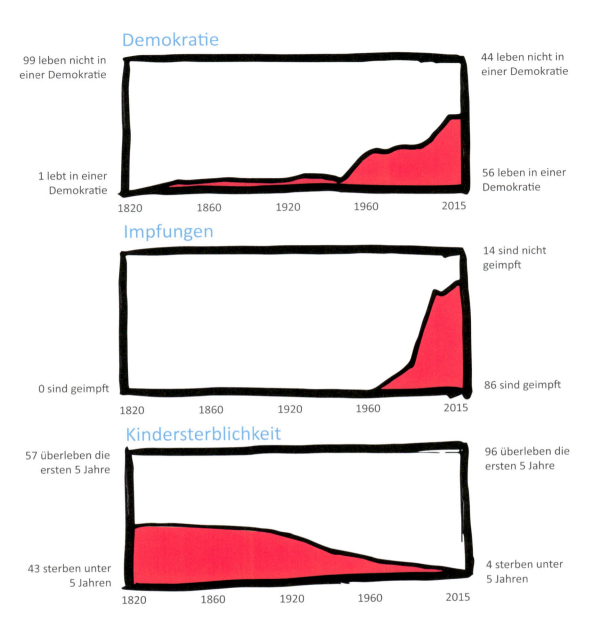

Abb. 13: Nicht alles ist schlecht: was sich auf der Welt verbessert hat.
*Die Grafik zeigt den Vergleich, wenn 100 Menschen auf der Erde leben würden.
Quelle: The World as Hundred People/Our World in Data/Karl-Heinz Land*

Es vergeht zu viel Zeit bei dem Vorhaben, die Welt zu retten. Es dauert viele Jahre, bis in den Vereinten Nationen ein Konsens gefunden ist, bis ein Plan abgesegnet wird und die Umsetzung beginnt. Vier Jahre nach dem Welternährungsgipfel verabschiedeten die UN im Jahre 2000 die „Millennium-Ziele". Sie sollten dazu beitragen, die Situation in den Entwicklungsländern bis ins Jahr 2015 zu verbessern. In konzertierten Aktionen sollten die extreme Armut und der Hunger zurückgedrängt werden. Grundbildung für alle und mehr Gleichberechtigung für die Frauen standen auf der Agenda. Die Kindersterblichkeit sollte gesenkt, die gesundheitliche Versorgung für Mütter verbessert werden. Der Kampf gegen AIDS und andere Epidemien gehörte ebenso zu den Zielen wie eine ökologisch-nachhaltige Entwicklung. Trotz gewisser Fortschritte bleibt die Schlussbilanz der Millennium-Initiative ein Protokoll über unendliches Leid und tiefe Not.

Um einige Beispiele zu nennen:[106]

> 767 Millionen Menschen leben unter der Armutsgrenze von 1,9 US-Dollar pro Tag, vor allem in Südostasien und Subsahara-Afrika.
> An jedem Tag (gemessen im Jahr 2014) steigt die Zahl der Flüchtlinge um 42.000.
> 795 Millionen Menschen sind unterernährt; also einer von neun Erdenbürgern ist unterernährt.
> Hunger ist die häufigste Todesursache bei Kindern: 3,1 Millionen Mädchen und Jungen sterben jedes Jahr an Unterernährung.
> Sechs Millionen Kinder sterben vor dem fünften Geburtstag.
> 57 Millionen Kinder, vor allem in Afrika, haben keinen Zugang zu Schulbildung; 103 Millionen Kindern weltweit fehlen jedwede Grundkenntnisse, 60 Prozent von ihnen sind Mädchen.
> 663 Millionen Menschen leben ohne Zugang zu Wasser. 1,8 Milliarden können nur verschmutztes Wasser trinken. Wasserknappheit ist für 40 Prozent der Weltbevölkerung ein Problem.
> Ein Fünftel der Menschen haben keinen Zugang zu Elektrizität. Drei Milliarden greifen zum Kochen und Heizen auf Holz, Kohle und Tierabfälle zurück.
> Die Zahl der Arbeitslosen wächst: die globale Arbeitslosigkeit stieg im Zeitraum von 2007 bis 2012 von 170 auf 202 Millionen.

5.1 Sustainable Development Goals der UN: zum Scheitern verurteilt

Diese und weitere, erschreckende Fakten bilden sozusagen gleichzeitig die Eröffnungsbilanz für die neue Weltrettungsinitiative, die unter dem Dach der Vereinten Nationen gestartet worden ist und am 1.1.2016 in Kraft trat: die „Sustainable Development Goals" (SDGs). Im Unterschied zu den Millenniums-Entwicklungszielen, die insbesondere Entwicklungsländern galten, gelten die SDGs für alle Staaten. Bis 2030 soll weltweit die Armut und damit auch der Hunger besiegt sein. Weltweit soll die Wirtschaft nachhaltig wachsen. Ungleichheit und Diskriminierung sollen reduziert werden und Umweltprobleme endgültig gelöst sein. Arbeitslosigkeit soll globaler Vollbeschäftigung weichen. Das Gesundheitsniveau soll weltweit deutlich angehoben werden.

Die Sustainable Development Goals der UN bis 2030

1. **Armut** beenden – Armut in all ihren Formen und überall beenden
2. Ernährung sichern – den Hunger beenden, Ernährungssicherheit und eine bessere Ernährung erreichen und eine nachhaltige Landwirtschaft fördern
3. Gesundes Leben für alle – ein gesundes Leben für alle Menschen jeden Alters gewährleisten und ihr Wohlergehen fördern
4. Bildung für alle – inklusive, gerechte und hochwertige Bildung gewährleisten und Möglichkeiten des lebenslangen Lernens für alle fördern
5. **Gleichstellung der Geschlechter** – Geschlechtergleichstellung erreichen und alle Frauen und Mädchen zur Selbstbestimmung befähigen
6. Wasser und Sanitärversorgung für alle – Verfügbarkeit und nachhaltige Bewirtschaftung von Wasser und Sanitärversorgung für alle gewährleisten
7. **Nachhaltige und moderne Energie** für alle – Zugang zu bezahlbarer, verlässlicher, nachhaltiger und zeitgemäßer Energie für alle sichern

8. Nachhaltiges Wirtschaftswachstum und menschenwürdige Arbeit für alle – dauerhaftes, breitenwirksames und nachhaltiges Wirtschaftswachstum, produktive Vollbeschäftigung und menschenwürdige Arbeit für alle fördern
9. Widerstandsfähige Infrastruktur und nachhaltige Industrialisierung – eine widerstandsfähige Infrastruktur aufbauen, breitenwirksame und nachhaltige Industrialisierung fördern und **Innovationen** unterstützen
10. Ungleichheit verringern – Ungleichheit in und zwischen Ländern verringern
11. Nachhaltige Städte und Siedlungen – Städte und Siedlungen inklusiv, sicher, widerstandsfähig und nachhaltig gestalten
12. Nachhaltige Konsum- und Produktionsweisen – nachhaltige Konsum- und Produktionsmuster sicherstellen
13. Bekämpfung des **Klimawandels** und seiner Auswirkungen – umgehend Maßnahmen zur Bekämpfung des Klimawandels und seiner Auswirkungen ergreifen
14. **Ozeane** erhalten – Ozeane, Meere und Meeresressourcen im Sinne einer nachhaltigen Entwicklung erhalten und nachhaltig nutzen
15. Landökosysteme schützen – Landökosysteme schützen, wiederherstellen und ihre nachhaltige Nutzung fördern, Wälder nachhaltig bewirtschaften, **Wüstenbildung** bekämpfen, **Bodendegradation** beenden und umkehren und dem Verlust der **biologischen Vielfalt** ein Ende setzen
16. Frieden, Gerechtigkeit und starke Institutionen. Friedliche und inklusive Gesellschaften für eine nachhaltige Entwicklung fördern, allen Menschen Zugang zur Justiz ermöglichen und leistungsfähige, rechenschaftspflichtige und inklusive Institutionen auf allen Ebenen aufbauen
17. Umsetzungsmittel und globale Partnerschaft stärken – Umsetzungsmittel stärken und die globale Partnerschaft für nachhaltige Entwicklung mit neuem Leben füllen

(*www.un.org*)

Die Sustainable Development Goals haben viele Kritiker auf den Plan gerufen. Sie fragen zu recht, wie die Menschheit im Laufe von 14 Jahren die Agenda 2030 für nachhaltige Entwicklung, wie die SDGs auch genannt werden, umsetzen soll. Wie will die Staatengemeinschaft die massiven sozialen, ökonomischen und ökologischen Probleme lösen, die sie über Jahrhunderte durch Kolonialisierung, Imperialismus und rücksichtslose Industrialisierung geschaffen hat? Nicht von der Hand zu weisen ist auch der Vorwurf, dass sich die Ziele widersprechen. Im Zentrum der SDG-Strategie steht zügiges Wirtschaftswachstum, um vor allem die Entwicklungsländer voranzubringen und für mehr Gleichheit zu sorgen. Parallel dazu sollen alle Menschen Zugang zu elektrischem Strom erhalten. Es ist offenkundig, dass es damit unmöglich wird, gleichzeitig den Klimawandel aufzuhalten. Außerdem verbergen sich hinter manchen Zielen allenfalls schale Kompromisse, kleinste gemeinsame Nenner. Zum Beispiel soll sich die Ungleichheit in der Welt nicht bis 2030 verringern, sondern erst ab 2030 verringert werden. Mit anderen Worten: Die Schere zwischen Arm und Reich darf sich also noch über ein Jahrzehnt lang weiter öffnen. Offenbar war es ein mühsames Unterfangen, das Ziel, die Ungleichheit abzubauen, überhaupt in die SDGs aufnehmen zu lassen. Der Philosoph Thomas Pogge hat für eine Nichtregierungsorganisation an den Verhandlungen teilgenommen und schildert gegenüber der Wochenzeitung „Die Zeit", wie die Aufnahme dieses Ziels in „New York in einer langen Nachtsitzung zäh verteidigt" werden musste.[107]

Der größte Makel der Sustainable Development Goals ist jedoch, dass sie die disruptive Energie der Digitalisierung völlig außer Acht lassen. Den SDGs fehlt die Perspektive auf den exponentiellen Leistungszuwachs der Informationstechnologien, für die entstehende Weltmaschine, den Siegeszug der Künstlichen Intelligenz und die Folgen einer weitreichenden Automatisierung. Wenn man diese Faktoren jedoch ins Kalkül zieht – und dies muss in nachhaltige Entwicklungskonzepte integriert werden – eröffnen sich vielschichtige Wechselwirkungen, die somit zwar einige SDGs ad absurdum führen, aber letztlich eben doch zur Lösung der Probleme der Menschen und des Planeten Erde beitragen.

Um es klar zu sagen: „Nachhaltiges Wirtschaftswachstum und menschenwürdige Arbeit für alle", so wird es in den SDGs postuliert, kann und wird es in der fünften industriellen Revolution nicht geben. Im Gegenteil:

> Die mit der Digitalisierung einhergehende Dematerialisierung ganzer Wertschöpfungsketten wird nicht zu Wachstum, sondern zu schrumpfenden Ökonomien führen.
> Die Produktion geht in der Sharing und Service Economy zurück. Produkte und Ressourcen werden somit im großen Stile geteilt werden, von Fahrzeugen bis hin zu Produktionskapazitäten.
> Damit führt die Digitalisierung fast automatisch dazu, dass der Verbrauch an natürlichen Ressourcen sinkt und weniger klimaschädliche Gase produziert werden.
> Digitalisierung schafft keine Arbeit, sondern macht sie überflüssig.

Das heißt, an Wirtschaftswachstumsversprechen und damit an der Utopie, es könnte Arbeit für alle geben, festzuhalten, ist nicht nur naiv, sondern ein Spiel mit dem Feuer. Denn wer den blitzschnellen, radikalen Wandel sowie die systemischen Zusammenhänge der digitalen Transformation ignoriert, muss zu falschen Schlussfolgerungen kommen. Er unterschätzt Risiken und Chancen gleichermaßen.

Einspruch! Die Digitalisierung ist unsere silberne Kugel.

Im Englischen bezeichnet man mit der „silbernen Kugel" (Silver Bullet) den einen, entscheidenden Versuch, den man hat, um selbst komplexeste Probleme zu lösen. Die Phrase geht auf den mystischen Glauben zurück, dass man mit silbernen Waffen selbst Gestalten aus der Geisterwelt, wie Werwölfe, besiegen kann. Berühmt wurde die silberne Kugel durch den US-Comic „Lone Ranger", der von einem Westernhelden handelt, der immer eine Kugel als Erkennungszeichen zurückließ, wenn er einen Bösewicht überwältigt hatte. Was dieser Exkurs in den Aberglauben und in die Popkultur hier zu suchen hat? Als sich das Wirtschafts- und Finanzkomitee der UN-Generalversammlung sowie der Wirtschafts- und Sozialrat der UN, ECOSOC, im Oktober 2017 trafen, um über „Die Zukunft von allem – nach-

haltige Entwicklung in der Ära schnellen technologischen Wandels"[108] *zu sprechen, erklärte die stellvertretende UN-Generalsekretärin Amina J. Mohammed, Technologie solle in diesem Zusammenhang nicht als „silberne Kugel" behandelt werden.*

Doch, die Digitalisierung ist die „silberne Kugel". Sie ist die eine Option, die der Menschheit nach über 200 Jahren Raubbau an der Natur und Ignoranz gegenüber den lebensbedrohlichen Herausforderungen für Milliarden Menschen geblieben ist. Der Investor und Zukunftsdenker Stephen Ibaraki hat auf der Sitzung der beiden UN-Gremien am Beispiel der Künstlichen Intelligenz treffend beschrieben, wie digitale Technologie die SDGs disruptiert:[109]

> *Die Automatisierung wird exponentiell beschleunigt.*
> *Die Zeit wird komprimiert.*
> *Die Grenzen der Wirtschaftsbranchen lösen sich auf.*
> *KI fördert eine universelle Hyperkonnektivität, es entsteht weniger ein Netz, sondern eher ein feines digitales Gewebe.*

Entscheidend ist deshalb, den Schalter im Kopf umzulegen. Weg vom reinen Denken an die Risiken von Technologie und Künstlicher Intelligenz, hin zu den Chancen und Verbesserungspotenzialen. Vor uns öffnet sich ein Chancenraum, in den wir mutig und entschieden, aber nicht blauäugig hineinmarschieren müssen, wenn wir die Zukunft unserer Kinder und Enkel nicht weiter verspielen wollen. Sophia, ein KI-gesteuerter, humanoider Roboter von Hanson Robotics, hatte für die Teilnehmer der Sitzung ein passendes Zitat des Science-Fiction-Autors William Gibson parat: „Die Zukunft ist bereits hier. Sie ist nur nicht gleich verteilt." Und: Sie ist auch noch nicht gerecht verteilt.

Grundsätzlich gilt: Je mehr Menschen Zugang zur digital-vernetzten Welt erhalten, desto effizienter lassen sich die Herausforderungen bewältigen. Doch derzeit haben 60 Prozent der Menschen keinen Zugang zum Internet. Die flächendeckende Entwicklung einer digitalen Infrastruktur gehört deshalb zu den vordringlichen, strategischen Aufgaben der internationalen Entwicklungsarbeit.

5.2 Den „Digital Devide" überwinden

Wenn „Digitalisierung und Vernetzung für alle" kein belastbares Entwicklungsziel wird, erzeugt die Weltgemeinschaft nur eine neue strukturelle Ungleichheit. Sie steuert auf eine neue Zwei-Klassen-Welt zu, mit Digitalregionen und Analogregionen. Insbesondere ländliche Gebiete in den Entwicklungsländern werden erneut benachteiligt. Gleichzeitig wird den Entwicklungsländern die Chance genommen, die exponentielle Kraft der Digitalisierung zu nutzen. Denn mit ihrer Hilfe können sie mehrere Stadien wirtschaftlichen, industriellen und technologischen Fortschritts, die die Industrieländer durchlaufen haben, einfach überspringen. Diesen Effekt nennt man „Leapfrogging".

Kurzum: Die Staatengemeinschaft muss die Digitalisierung in einer hohen Leistungsstufe in alle Winkel der Erde und damit zu allen Menschen bringen. Die Digitalisierung ist der Katalysator, der Turbo und der Träger positiver Veränderungen. Nur sie erzeugt positive Veränderung in der notwendigen Geschwindigkeit und Größenordnung.

Derzeit investieren die Staaten weltweit gut 145 Milliarden US-Dollar in die Entwicklungshilfe, wovon 18,2 Prozent in Infrastruktur fließen.[110] Das ist zu wenig, um das „Internet für alle" realisieren zu können. Es gibt zwei Wege, um das Defizit zu beheben: Entweder wird der Etat erhöht oder auf Public-Private-Partnerships gesetzt. Solche Kooperationen zwischen öffentlicher Hand und Unternehmen sind vielversprechend, aber noch Zukunftsmusik.

Rein technologisch erscheinen derzeit die Projekte der Digitalkonzerne Facebook und Google vielversprechend. Sie suchen nach Lösungen, um das Internet weltweit zu verbreiten. Beide Konzerne planen, den Zugang zum „Internet für alle" aus der Luft zu gewährleisten. Google setzt dafür Stratosphären-Ballons ein, die doppelt so hoch wie Verkehrsflugzeuge fliegen und ein LTE-fähiges Netz aufbauen. Die Ballons des Projekts „Loon" können durch Windströmungen in 20 Kilometern Höhe gezielt in Position gebracht und je nach Bedarf gruppiert werden. Google verweist auf 25 Millionen geflogene Testkilometer. Bei den Tests seien Daten zwischen

Ballons übertragen worden, die hundert Kilometer voneinander entfernt flogen.[111] Diese Leistung zeigt, dass mit wenigen Ballons große Gebiete auf der Erde mit dem Internet versorgt werden können. Facebook führt die Initiative internet.org an. Ihr Ziel ist es, in mehr als 18 Kilometern Höhe ein Netz mit unbemannten Flugzeugen aufzubauen.[112]

Eine Herausforderung für mögliche Public-Private-Partnerships bleibt das Geschäftsmodell der Internetkonzerne. In Indien hat sich gezeigt, dass Facebooks Engagement fürs Gemeinwohl nur halbherzig war, weil die wirtschaftlichen Interessen des Unternehmens dominierten:

Nur ein Viertel der 1,3 Milliarden Inder hat Zugang zum Internet. In Kooperation mit der Telefongesellschaft Reliance Communications wollte Facebook diese Menschen kostenlos ins Internet bringen. Facebook gewährte jedoch über sein „Free Basics"-Programm nur einen begrenzten Zugang zu ausgewählten Seiten. „Will Facebook uns alle versklaven?", fragte die „Frankfurter Allgemeine Zeitung" (FAZ) im Februar 2016.[113] Dies sei „ein armes Internet für arme Leute", kritisierte der indische Investor Mahesh Murthy und bezichtigte Facebook des „ökonomischen Rassismus".[114]

Kurzum: Die Technologie für das Internet für alle ist im Prinzip vorhanden. Zu welchen monetären und sozialen Preisen sie eingesetzt wird, steht jedoch auf einem anderen Blatt, wie das Beispiel von Facebook in Indien gezeigt hat. Zugang zum Internet ist kein Selbstzweck, sondern maßgeblich für den Kampf gegen Armut, Hunger und Umweltzerstörung. Das muss die Prämisse aller Digitalisierungsinitiativen sein. Dazu gehört auch, die Grundbedürfnisse der Menschen gegenüber den ökonomischen Interessen beteiligter Unternehmen zu verteidigen.

Anders formuliert:

Der Zugang zum Internet ist zum Menschenrecht zu erklären. „Internet für alle" als Menschenrecht entspricht der realen Bedeutung von Digitalisierung.

5.3 Armut beenden – durch Wertschöpfung und Grundeinkommen

Wer die Armut wirklich beenden will, noch dazu bis 2030, muss sich im Zeitalter der fünften industriellen Revolution fragen, welche Hebel ihm tatsächlich noch zur Verfügung stehen und welche Wirkung sie realistisch entfalten können. Es ist kontraproduktiv, Heilsversprechen von Wirtschaftswachstum und weltweiter Vollbeschäftigung der vierten industriellen Ära auf die Zukunft zu übertragen. Im Zuge der digitalen Transformation werden sich ganze Industriezweige auflösen. Arbeit und Arbeitsplätze werden nicht geschaffen; sie gehen für immer verloren. Im Kampf gegen die Armut benötigt die Welt dringend einen Plan B.

> *Der Export der Arbeitslosigkeit*
>
> *Einfache, manuelle Tätigkeiten werden immer dort erledigt, wo Arbeit am billigsten zu haben ist. In Fernost, zunehmend in Afrika und auch in Teilen Südeuropas. Doch in Zukunft werden durchautomatisierte Fertigungsstätten noch günstiger produzieren, als es in Niedriglohnregionen, den sogenannten „Sweatshops" der Welt möglich ist. Was hat das für Konsequenzen? Die Menschen in Billiglohnländern kommen vom Regen in die Traufe. Sie leiden jetzt schon unter unwürdigen Arbeitsbedingungen, niedrigsten Löhnen, mangelnden Sicherheitsstandards und fehlender sozialer Absicherung. Ihr kleines Auskommen wird ihnen durch die vollautomatisierte Fertigung durch Roboter genommen. Die Produktion wandert damit zurück in die Industriestaaten. Adidas produziert wieder eine Million Sportschuhe in Deutschland und in den USA. Der Schweizer „Tagesanzeiger" schreibt in diesem Kontext zu recht über einen „Umbruch historischen Ausmaßes".[115] Bisher exportierten die Industrieländer billige Arbeit, jetzt exportieren sie Arbeitslosigkeit.*

Um Armut zu bekämpfen, müssen möglichst viele Menschen in den Entwicklungs- und Schwellenländern in die digitale Wertschöpfung eingebunden werden. Das Internet verbindet die Menschen untereinander, eröffnet Zugang zu Information, Bildung und Märkten. Wenn das „Internet der Dinge" als weltumspannendes, digitales Gewebe installiert ist, verliert der Ort, an dem eine Leistung erarbeitet oder ein Produkt erzeugt wird, seine Bedeutung. Die neue Infrastruktur des Wohlstands ist supranational: Ob ein Produkt oder ein Service in New York oder in Addis Abeba, der Hauptstadt von Äthiopien, erdacht wird, ist damit grundsätzlich egal. Dieses Prinzip der Gleichgültigkeit birgt damit die Chance gleichwertiger Arbeit in Industrie- und Entwicklungsland. Viele Produkte werden in Zukunft eben nur immaterielle Datensätze sein, die von 3D-Druckern oder über geteilte Maschinenlaufzeiten jederzeit und überall auf der Welt in eine materielle Form gebracht werden. Die gesamte Logistik entfällt. Die Wertschöpfungshöhe der Anbieter aus den Entwicklungsländern steigt.

Das Netz gibt außerdem Kleinstunternehmen die Option, sich als Gruppe zu organisieren, günstiger einzukaufen und bessere Angebote am Markt zu platzieren. Zum Beispiel in Form von Genossenschaften, die mithilfe der Blockchain auch über große Entfernungen hinweg gebildet werden können. Im Sinne der Sharing Economy können sich die Mitglieder Dienstleistungen teilen und damit Kosten senken. Digitalisierung wird so zu einem „Enabler", einem „Ermöglicher", der die Menschen aus ihrem direkten geografischen, sozialen und ökonomischen Umfeld heraustreten lässt. In der Folge wird der Zugriff auf Kapital, Technologie und Infrastruktur leichter.

Das mag abstrakt klingen, ist aber de facto die Chance für Entwicklungsländer, sich von übermächtigen Handelspartnern zu emanzipieren. Die Industriestaaten verhindern eine nachhaltige Entwicklung, indem sie die Entwicklungsländer auf reine Rohstofflieferanten reduzieren – mit fatalen Folgen. Sie trimmen die Landwirtschaften der Entwicklungsländer weiterhin darauf, ihre pflanzlichen Rohstoffe für die Lebensmittelproduktion der entwickelten Welt zu exportieren. Das führt dazu, dass die Dritte-Welt-Länder die Lebensmittel aus den Industriestaaten wiederum für ihre eigene Bevölkerung importieren müssen. Minerale Rohstoffe, bis hin zu den in der IT-Industrie dringend benötigten Seltenen Erden, werden in der Dritten Welt gewonnen und von Unternehmen der Ersten Welt weiterverarbeitet. Die Veredlung, die eigentliche Wertschöpfung, findet also außerhalb des Landes statt, das diese wertvollen Stoffe besitzt. Die Weltwirtschaft behandelt diese Nationen wie Sandlieferanten, und für Sand gibt es bekanntlich nicht viel Geld. Anders ausgedrückt: Rohstofflieferant zu sein ist keine kompetitive Position. Sie lässt sich aber durch digitale Technologien immens aufwerten. Der Wandel muss darüber hinaus von fairen Wirtschafts- und Handelsabkommen begleitet werden.

Drei digitale Kräfte können 10–45 % der Brancheneinnahmenpools bis 2030 verschieben oder schaffen

Disintermediation	Disaggregation	Dematerialisierung
Wegfall des Mittelsmannes	Share Economy Neue Produkte und Angebote	Wertschöpfung durch Software und Services 3D-Druck

Abb. 14: Die wahren Effekte der Digitalisierung
Leapfrogging für die Wirtschaft in der Dritten Welt: Wenn die Mittelsmänner wegfallen, Produkte in kleinere Einheiten und digitale Services zerfallen und physikalische Produkte virtualisiert werden, können sich kleine Anbieter leichter in die internationalen Wertschöpfungsprozesse einklinken.
Quelle: Karl-Heinz Land

Selbst wenn die Entwicklungsländer an der Infrastruktur des Wohlstands teilhaben und sich ihre Wertschöpfungsposition verbessert, führt das zwar zu steigenden Gewinnen der Unternehmen, aber noch lange nicht zu mehr Arbeit. Noch einmal: In den Industrieländern wird die Digitalisierung im Extremfall die Hälfte der Arbeitsplätze kosten; in den Entwicklungsländern werden sie somit erst gar nicht entstehen. Das heißt, es braucht hier definitiv einen alternativen Verteilungsmechanismus zu Lohn und Gehalt: das bedingungslose Grundeinkommen – finanziert aus Steuereinnahmen und aus den Töpfen der bisherigen Entwicklungshilfe.

Ein beeindruckendes Pilotprojekt mit 21.000 Menschen läuft zurzeit in Kenia. Dieser Großversuch der Hilfsorganisation Givedirectly leistet einen wertvollen Beitrag, um das bedingungslose Grundeinkommen künftig in weitaus größerer Dimension nicht nur zu denken, sondern auch adaptieren zu können.[116]

Grundeinkommen: das Kenia-Projekt

Wenn sich die Menschen nicht mehr darum sorgen müssen, wie sie ihre Kinder ernähren und die Existenz ihrer Familien sichern können, dann werden sie sich persönlich, sozial und wirtschaftlich weiterentwickeln, vielleicht kleine Landwirtschaften oder Manufakturen führen, und vom Überlebenskampf auf eine menschenwürdige Existenz umschwenken. Das ist die Grundthese, die mit einem bedingungslosen Grundeinkommen (BGE) in den Entwicklungsländern verknüpft ist.

In der ostafrikanischen Republik Kenia läuft dazu ein riesiges soziales Projekt, das über 21.000 Menschen einbezieht und mit 25 Millionen US-Dollar budgetiert ist. 5.000 Teilnehmer bekommen dabei den Gegenwert von 75 US-Cent pro Tag über den gesamten Zeitraum von zwölf Jahren ausbezahlt. Eine weitere Gruppe erhält tägliche Zahlungen von 75 US-Cent über zwei Jahre, während eine dritte Gruppe den Gegenwert zweier Jahressummen als Einmalzahlung bekommt. Eine Kontrollgruppe erhält keine Geldleistungen.[117]

Die Teilnehmer beziehen damit ein Grundeinkommen von 22 US-Dollar pro Monat. Das ist eine geringfügig höhere Summe, als die, die Kenianer in ländlichen Regionen benötigen, um das Nötigste für ihr Leben damit zu bestreiten. Das Massachusetts Institute of Technology (MIT), die Princeton University und die University of California in San Diego begleiten diesen weltweit größten und längsten Feldversuch zum Thema Grundeinkommen. Die Begleitforschung zurückliegender und kleinerer Test des Grundeinkommens durch Givedirectly signalisiert, wie sehr das Grundeinkommen die ökonomische und psychische Situation seiner Bezieher entspannt:[118]

Sie wenden den größten Teil des Geldes für den täglichen Bedarf, Medikamente und Schulgebühren auf. Viele sparen für Anschaffungen. Andere tätigen unternehmerische Investitionen. Das Beste am bedingungslosen Grundeinkommen aber ist: Die Bezieher leiden keinen Hunger mehr. Sollte die Ernte ausfallen oder zu wenig abwerfen, was aufgrund anhaltender Dürre viel zu oft passiert, bleibt die Ernährung der Familien gesichert. Sie können sich Nahrungsmittel kaufen und bekommen sogar Kredit, falls die monatliche Zahlung einmal nicht ausreichen sollte. Was die Kosteneffizienz betrifft, ist es eine Sensation: Wie das Münsteraner Journalismusprojekt in „Perspective Daily"[119] *vorrechnet, verursacht das Grundeinkommen pro Bezieher in Kenia nur die Hälfte der Kosten, die die Weltgesundheitsorganisation (WHO) für jeden unterernährten Menschen aufwendet. Und davon gibt es nach wie vor viel zu viele: 500 Millionen weltweit, darunter 68 Millionen Kinder.*

Menschen und Märkte vernetzen, die Wertschöpfungshöhe in den Entwicklungsländern anheben und ein bedingungsloses Grundeinkommen etablieren – mit diesem Maßnahmenbündel lässt sich der Mechanismus von Armut, Not und Abhängigkeit durchbrechen. Zudem wird ein Grundeinkommen in den Entwicklungsländern den ökologisch und sozial bedingten Fluchtursachen der Menschen entgegenwirken. Es ist längst überfällig, bei diesen Themen systemisch zu denken: Bis 2050 wird sich die Bevölkerung Afrikas verdoppeln. Wenn sich die Lebensbedingungen dort nicht verbessern, werden die Menschen aus reinem Überlebenswillen das Einzige tun, was ihnen bleibt: sich in Bewegung setzen. Kurzum: Den Menschen vor Ort mittels BGE zu helfen ist nicht nur menschenwürdig, sondern effektiv kostengünstiger. Anders formuliert: Pro geflüchtetem

Menschen in Deutschland gibt der Staat jährlich 12.000 Euro aus. Ein Grundeinkommen in Afrika liegt um den Faktor 500 niedriger.

Unmenschliche Arbeitsbedingungen

Ein weiterer Aspekt der Armut: Sie schafft Abhängigkeit und zwingt Menschen, unter unwürdigsten Bedingungen zu arbeiten. Menschen auszubeuten gelingt entweder im Verborgenen, weil zu viele Verantwortliche wegsehen oder sich bestechen lassen. Das wird sich ändern. Denn Digitalisierung und technologischer Fortschritt erzeugen Transparenz. Mit zunehmender Vernetzung, über immer leistungsfähigere soziale Medien werden Missstände mehr und mehr ans Licht kommen und sozialen Druck erzeugen. Unternehmen werden es sich in Zukunft nicht mehr leisten können, bei Zulieferern einzukaufen, die Menschen unter kriminellen Bedingungen arbeiten lassen. Seien es Rohstofffirmen, die ihre Arbeiter, sogar Kinder, unter gefährlichen und gesundheitsschädlichen Bedingungen schuften lassen, oder Fabriken, in denen Menschen für einen Hungerlohn, in unvertretbar langen Schichten und in hohem Akkordtempo arbeiten müssen.

Ein positiver Effekt der sozialen Medien wird sein, dass Täter zunehmend geächtet werden. Shitstorms, die über Unternehmen hineinbrechen, wenn sie soziale Grundregeln brechen, Raubbau an der Umwelt betreiben oder schlechte Produkte auf den Markt bringen, zeigen heute schon, dass der Mechanismus trägt. Bald erfährt jeder, wenn ein Elektronikanbieter in der dritten Welt unter schlimmen Bedingungen seine Geräte zusammenbauen lässt. Selbst Apple, eine von vielen Fans fast religiös verehrte Marke, bekommt dies immer wieder zu spüren, wenn seine Zulieferer unethisch handeln.

5.4 Ungleichheit verringern

Weltweite Ungleichheit zu verringern geht mit der Bekämpfung von Armut Hand in Hand. Das Thema steht seit dem 18. Jahrhundert auf der Tagesordnung. Als erste „Selbstverständlichkeit" schrieben die Väter der

US-amerikanischen Unabhängigkeitserklärung 1776: Alle Menschen sind gleich. Damals war das eine Sensation. Schließlich erlebten Menschenhandel, Sklaverei und Leibeigenschaft eine Hochzeit; in Europa agierten feudale Herrscher. Bis zur Französischen Revolution, dem ersten ernstzunehmenden Versuch, an der Ungleichheit etwas zu verändern, sollte es noch zwölf Jahre dauern. Bis heute ringen selbst erfolgreiche Volkswirtschaften mit der Frage, wie mit Ungleichheit umzugehen ist. Das zeigt sich zum Beispiel im wohlhabenden Deutschland an der nie endenden Diskussion über Sozial- und Transferleistungen für jene Menschen, die am Reichtum des Landes nicht partizipieren.

Dass Wohlstand und wirtschaftlicher Aufschwung nicht zwangsläufig dazu führen, die Ungleichheit zu reduzieren, zeigt sich überall auf der Welt. Indien beispielsweise zählt als aufstrebendes Land mit Brasilien, Russland und China zu den BRIC-Staaten, denen ein besonderes wirtschaftliches Potenzial bescheinigt wird. Gemessen am Bruttoinlandsprodukt ist Indien die drittgrößte Volkswirtschaft hinter den USA und China. 2017 wuchs die Wirtschaft mit über sieben Prozent, eine der höchsten Wachstumsraten weltweit. Doch parallel zum wirtschaftlichen Aufschwung in den letzten Jahrzehnten ist die Ungleichheit nicht etwa gesunken, sondern in immensem Maße gestiegen.

Der „Weltreport zur Ungleichheit"[120] zeigt, dass das obere ein Prozent der Inder im Jahre 1982 6,1 Prozent der Einkommen erzielte. Die unteren 50 Prozent der Einwohner vereinten 23,6 Prozent der Einkommen auf sich. 30 Jahre später, im Jahr 2012, stellt sich die Einkommensverteilung ganz anders dar: Das obere ein Prozent vereinnahmt 21,5 Prozent; die untere Hälfte nur noch 14,9 Prozent. Diese fatale Ungleichheit fordert ihren Tribut: Trotz wirtschaftlichen Aufschwungs bleiben Hunger und Armut an der Tagesordnung. 30 Prozent der Erwachsenen können weder lesen noch schreiben. Viele Inder haben keinen Zugang zum Internet. Diese Menschen sind von der Wertschöpfung der Zukunft abgehängt, sie haben keinen Zugang zur neuen, digitalen Infrastruktur des Wohlstands. Solange ihnen dieser Zugang verwehrt wird, befinden sie sich in einem aussichtslosen Rennen, das sie nicht gewinnen können.

Zugang zur digitalen Welt und zur neuen Infrastruktur des Wohlstands ist eine notwendige, aber keine hinreichende Voraussetzung für mehr Gleichheit. Ungleichheit zu verringern muss gesellschaftlich und politisch gewollt sein, und der wichtigste Hebel dafür sind Gesetze und internationale Abkommen. Über die sozialen Medien verschaffen sich Menschen Gehör, betreiben Meinungsbildung und verändern die Politik. Mit fortschreitender Vernetzung werden die Unzufriedenen politische Stürme heraufbeschwören können, wie wir sie uns noch gar nicht vorstellen können.

Auch unter diesem Gesichtspunkt erscheint es dringend notwendig, dass die Staatengemeinschaft ernsthaft daran arbeitet, Ungleichheit deutlich zu verringern. Es geht um einen „fair share" für alle – und sei es durch ein bedingungsloses Grundeinkommen.

5.5 Ernährung sichern – mit intelligenter Landwirtschaft

In den entwickelten Ländern sind Landwirte heute schon in ein effizientes System eingebunden, das über Sensoren den Zustand und Nährstoffgehalt des Bodens misst, Wetterdaten aufnimmt und diese Informationen den landwirtschaftlichen Betrieben zur Verfügung stellt. Deshalb haben Hersteller von Landmaschinen, etwa der US-amerikanische Anbieter John Deere oder das deutsche Unternehmen Claas, ihre „Hardware", also Traktoren, Mähdrescher und Erntefahrzeuge, längst zu Datenstationen auf- und umgerüstet, die ihrerseits immer präzisere Informationen generieren. Diese datengetriebene Landwirtschaft wird „Precision Farming" genannt und ist in der entwickelten Welt ein großes Geschäft. Allein in den USA werden damit 13 Milliarden Dollar pro Jahr umgesetzt. Zu recht beklagen die Deutsche Gesellschaft für Internationale Zusammenarbeit (GIZ) und die NGO Betterplace Lab in einem gemeinsamen Papier[121], dass „Precision Farming" noch nicht auf kleine landwirtschaftliche Betriebe übertragen worden ist. Es ist Teil der Lösung für die Ernährungsprobleme der Welt.

Lowtech macht den Anfang

In Subsahara-Afrika beispielsweise erwirtschaften Kleinstbetriebe 80 Prozent der Lebensmittel. Dass diese Farmer spielend mit Technologie unterstützt werden können, beweist das Leuchtturmprojekt der Versicherung Kilimo Salama. Sie hat eine Police gegen Ernteausfall und den Verlust von Saatgut durch schlechtes Wetter aufgelegt, die auf dem „Internet der Dinge" basiert. Das Besondere daran: Die Versicherung zahlt automatisch, ohne administrativen Aufwand, ohne Verhandlungen und Auseinandersetzungen. Sie vertraut auf Daten. Dazu betreibt sie ein Netz von unbemannten Wetterstationen. Wann immer die Station eines Farmers extreme Wetterphänomene registriert, löst das System eine Zahlung über das mobile System M-Pesa aus. Einfacher geht es nicht.[122]

Mit solch einer „Lowtech" lässt sich viel bewegen. Bereits SMS-Nachrichten, die rechtzeitig auf Schädlingsbekämpfung hinweisen oder vor drohendem Unwetter warnen, wie sie zum Beispiel durch TTC Mobile an Farmer in Kenia versendet werden, können Leben und Existenzen retten.[123]

Intelligente Landwirtschaft für die dritte Welt

Komplexer und zukunftsweisend sind Konzepte, wie sie die Entwicklungsorganisation „Digital Green" in vielen afrikanischen und asiatischen Ländern etabliert.[124] Sie versucht, nach und nach das Potenzial der Digitalisierung für die Farmbetriebe in Entwicklungsländern zu nutzen. Mithilfe von Schulungsvideos und 12.000 trainierten Mitarbeitern von Partnern vor Ort hat „Digital Green" 750.000 Farmer befähigt, ihre Feldarbeit neu auszurichten. Die Akzeptanz war enorm, denn viele Farmer waren an der Produktion der Videos beteiligt, teilten also ihr Wissen untereinander. Mit zusätzlich 5000 Trainingsvideos in 50 Sprachen und digitalen Tools werden die Farmer weiter fortgebildet. Außerdem hat das Unternehmen eine Plattform namens „Loop" eingerichtet, die den Bauern online Zugang zu Märkten verschafft. Über „Loop" können sie ihre Produkte zum bestmöglichen Preis verkaufen, ohne stunden- oder tagelange Wege zu Märkten bewältigen zu müssen. Mit dem System

„Coco" erhalten sie Zugriff auf Echtzeitdaten und Analysen, die sich von der Länderebene bis auf jedes Dorf herunterbrechen lassen. „Coco" läuft im Internetbrowser und kann selbst mit einem Smartphone genutzt werden. Für die Farmer bedeutet dies einen Sprung in ein neues Zeitalter.

Zusammengefasst zeigt die Arbeit von „Digital Green": „Precision Farming" verbessert die Nahrungsmittelproduktion in den Entwicklungsländern. Der Entwicklungspfad führt von Low- zu Hightech. Big Data, Analytics, Künstliche Intelligenz und Roboter werden die Produktivität der Landwirtschaft wiederum erhöhen. Wie das funktionieren kann, zeigt beispielhaft das Projekt „Farmview".

Big Data: AI und Drohnen für bessere Erträge

Die Erträge der Landwirtschaft weltweit steigen nicht schnell genug. Benötigt werden Pflanzen, die dichter gesät oder gesetzt werden können und mit weniger Wasser auskommen. Ein interdisziplinäres Team der Carnegie Mellons University vertraut unter dem Namen „Farmview" auf automatisierte, daten- und KI-gesteuerte Entscheidungen. Das Ziel ist, die Erträge im Hirseanbau zu erhöhen. Das Getreide gilt als tolerant gegenüber Dürre und Hitze und gedeiht deswegen in Regionen, die von Hunger betroffen sind, besonders gut. Die Forscher sammeln mit Drohnen und stationären Sensoren Daten auf den Feldern. Ein Farmview-Roboter kann nicht nur Zustand und Form der Pflanzen erfassen, sondern gegebenenfalls auch trockene Blätter abschneiden. Der große Gewinn aber liegt in den erfassten Daten. Mittels Machine Learning – eine Form der Künstlichen Intelligenz – analysieren die Forscher, welche Bedingungen auf den Anbauflächen und welche Merkmale der Pflanzen die besten Ernten versprechen. Dabei sollen so feine Daten erhoben werden, dass die KI dabei hilft, für die Zukunft noch resistentere und ertragreichere Sorten zu entwickeln. Das Projekt befindet sich noch in einem frühen Teststadium („Proof of Concept"), aber die Vision ist klar: Das Team will einen signifikanten Beitrag zur Ernährung der Menschen leisten.[125]

Digitalisierung beugt Fehlentwicklungen vor

Die Digitalisierung erhöht aber nicht nur die Effizienz der Landwirtschaft. Sie stellt auch eine alternative Route dar, um umstrittene und gefährliche Entwicklungen zu umgehen. Die in Zukunft mögliche Präzision der Landwirtschaft kann den Bauern helfen, sich aus der Abhängigkeit von Saatgutlieferanten zu befreien. Konkret: Mehr Effizienz durch Digitalisierung ist erstrebenswerter als der Einsatz von genmanipuliertem Saatgut, dessen Folgen für die Gesundheit nach wie vor nicht erforscht sind.

Der deutsche Bayer-Konzern übernimmt den in Verruf geratenen US-amerikanischen Saatguthersteller Monsanto. Es mag ja sein, dass sein genmanipuliertes Getreide besonders resistent gegen Schädlinge ist und selbst auf kargen Böden gedeiht. Der Nachteil ist aber, dass die Bauern kein eigenes Saatgut züchten können. Für Kleinstbauern und lokale Zusammenschlüsse von Kleinbetrieben bleibt dies aber eine wichtige Option. Denn wer bei Monsanto einkaufen muss, ist gefangen: einmal Monsanto, immer Monsanto. Monsanto verpflichtet zu langfristigen Knebelverträgen. Und die Probleme beginnen spätestens, wenn eine Fehlernte eintritt, was im Zuge des Klimawandels immer häufiger der Fall ist. Dann kann sich der Bauer das neue Saatgut für die nächste Saison nicht mehr leisten; er muss einen Kredit aufnehmen und gerät in verschärfte Abhängigkeit.

In Indien hat die Verschuldung von Kleinbauern, ausgelöst durch Missernten, Preisdumping und Kosten für Saatgut zu einer schier unfassbaren Selbstmordserie geführt. Mehr als 300.000 Kleinbauern haben sich in den vergangenen zwei Jahrzehnten das Leben genommen.[126]

Plattformen statt Verschwendung

Mithilfe der Digitalisierung ertragreichere Ernten in den Entwicklungsländern einzufahren, ist Teil der Lösung im Kampf gegen den Hunger. Genauso notwendig und notwendend ist der nachhaltige, verantwortungsvolle Konsum von Lebensmitteln in den Industriestaaten. Es ist unerträglich, dass hunderte Millionen Menschen verhungern, während ein Drittel der Lebensmittelproduktion weltweit einfach weggeworfen wird oder schlichtweg verdirbt. Aber lassen sich Überfluss und Unterernährung, Wegwerfmentalität und Überlebenskampf überhaupt ausgleichen? Die Antwort ist ein klares Ja. Man muss es nur wollen und wissen, wie. Salopp formuliert: Die Welt braucht ein Airbnb gegen die Verschwendung, eine Instanz, die Angebot und Nachfrage organisiert.

Die Technologie, solche Realtime-Plattformen aufzubauen, ist vorhanden. Die Idee: Die Daten der Nachfrageseite werden von staatlichen Organisationen, der UN und NGOs eingepflegt; die Daten der Angebotsseite stellen die Lebensmittel- und Handelskonzerne zur Verfügung. Sicher ist es aufwändig und kompliziert, Lebensmittel aus den Industrieländern in die Entwicklungsländer zu transportieren. Kühlung und Logistik sind große Herausforderungen. Aber die exotischsten Früchte werden mit perfekter Logistik und Kühlkette rund um den Globus geschickt, um Luxuswünsche von Kunden in aller Welt zu befriedigen. Warum sollte die Versorgungskette nicht spielend umgedreht werden können, um Bedürftige und Hungernde mit Grundnahrungsmitteln zu retten? Wie gesagt: Man muss es nur wollen. Mehr noch als die Transportintelligenz braucht es dazu Informationsintelligenz. Big Data und KI signalisieren frühzeitig, wann und wo welche Lebensmittel auf der einen Seite benötigt werden, und auf der anderen Seite, wo Lebensmittel in den Regalen liegen bleiben oder zu verderben drohen.

5.6 Gesund leben – Medizin aus der Distanz

Die Digitalisierung und Vernetzung wird die medizinische Versorgung in den Entwicklungsländern deutlich verbessern. Ein digitales Netz hilft, die Distanzen zwischen Patienten und Ärzten zu überbrücken. Schon Mobilfunk mit 3G-Standard reicht aus, um Videokonferenzen abzuhalten oder Bilder von Wunden und Entzündungen zu übertragen.

Die Studie „Using Sensors for Good"[127] des Bundesministeriums für wirtschaftliche Zusammenarbeit und Entwicklung, der Deutschen Gesellschaft für internationale Zusammenarbeit (GIZ) und des Betterplace Lab zeigt auf, wie das „Internet der Dinge" die Menschen künftig besser unterstützen kann. Das IoT verbessert das Monitoring chronisch Kranker, von denen viele in Entwicklungsländern leben. Südlich der Sahara ("Subsahara") leben allein 28 Millionen HIV-positive Menschen, von denen viele keinen Zugang zu kontinuierlicher Betreuung haben. In solchen Fällen können Sensoren am Körper die Vitalfunktionen überwachen, Daten sammeln und diese bei nächster Gelegenheit auf ein Smartphone übertragen, beispielsweise an einer Krankenstation, an mobile Ärzteteams oder Mitarbeiter von Hilfsorganisationen. So können präzisere Diagnosen gestellt werden und gezieltere Behandlungen erfolgen.

Vor dem Hintergrund exponentieller Leistungssprünge der IT, der fortschreitenden Automatisierung und sinkender Grenzkosten wird moderne medizinische Versorgung auch in Gebieten denkbar, in denen derzeit weder Budgets noch Infrastruktur dafür gegeben sind. Bald schon werden den Menschen Sensoren injiziert, winzige IoT-Devices, die durch die Blutbahn flitzen und Daten sammeln. Ein Arzt in der nächst größeren Stadt analysiert dann die Daten. Im Prinzip können Daten an jedem Ort der Welt ausgewertet werden. Zum Beispiel sind tragbare Remote-Labore denkbar, in der Größe eines Koffers, mit dem kundiges Personal unterwegs sein kann, um Proben zu nehmen, etwa einen Abstrich. Dies wird in Daten übersetzt und schließlich über das Netz in die Cloud übertragen. Hilfsorganisationen und Ärzteteams werden auch über mobile "Operationssäle" verfügen, die remote gesteuert werden und in denen Roboter die Operationen übernehmen. Es ist nur noch eine Frage der Zeit, bis es soweit ist. Die Technologie für OP-Roboter ist weit gediehen. Bei Prostata- oder Hüftoperationen zum Beispiel überbieten die Roboter die Chirurgen bereits in der Präzision des Eingriffs.[128]

Künstliche Intelligenz mit ihrer überragenden Fähigkeit zur Analyse großer Datenmengen und zur Mustererkennung wird die Gesundheitsversorgung weiter verbessern. Mit ihrer Hilfe können Informations- und Warnsysteme aufgebaut werden, die präzise Voraussagen darüber treffen, ob eine Epidemie ausbricht und wie sie verlaufen könnte. Das US-Start-up AIME hat sich zum Ziel gesetzt, den Ausbruch des Dengue-Fiebers drei Monate im Voraus und örtlich auf einen Radius von 400 Metern genau zu prognostizieren.[129] AIME nutzt dazu die Daten der staatlichen Gesundheitsbehörden, Wetterprognosen, Vergleichsdaten bisheriger Ausbrüche und Posts aus den sozialen Medien. Mit diesem Verfahren wird wertvolle Zeit gewonnen, um die Menschen zu warnen, zu schützen und rechtzeitig Maßnahmen zu ergreifen, die das Ausmaß der Epidemie begrenzen.

5.7 Mehr Gleichberechtigung durch Zugang

Es ist ein hehres Ziel, bis zum Jahr 2030 für die Gleichstellung der Geschlechter zu sorgen. Die Diskriminierung und die Benachteiligung von Frauen und Mädchen weltweit sprechen nicht dafür, dass dieses Ziel auch nur annähernd zu erreichen wäre: Überall auf der Welt sind Frauen und Mädchen der körperlichen und sexuellen Gewalt von Männern ausgesetzt, werden ihrer Menschenrechte und -würde beraubt und von gesellschaftlicher Teilhabe ferngehalten. Das ganze Ausmaß der Unterdrückung zu beschreiben, würde den Rahmen des Kapitels sprengen, aber die folgenden Fakten skizzieren die Dimension des Machtmissbrauchs:[130]

Jede dritte Frau erleidet in ihrem Leben körperliche und/oder sexuelle Gewalt. Aber das ist nur ein Durchschnittswert. Faktisch ist die Situation der Frauen noch deutlich prekärer: Der UN liegen Zahlen vor, wonach in einigen Ländern bis zu 70 Prozent der Frauen sexuelle Übergriffe und Gewalttätigkeiten durch ihren eigenen Partner erleiden. Wie wenig das Leben einer Frau, ihre Rechte und ihr Wert in repressiven Gesellschaften zählen, zeigen weitere Studienergebnisse: Von den jetzt lebenden Frauen wurden 750 Millionen als Kinder oder Jugendliche zwangsverheiratet, insbesondere in West- und Zentralafrika. Eine Zwangsehe führt die allermeisten der betroffenen Mädchen in die soziale Isolation, unterbricht oder beendet ihre Schullaufbahn und setzt sie einer erhöhten Gefahr durch häusliche Gewalt aus. 200 Millionen Mädchen und Frauen müssen mit einer Genitalverstümmelung leben.[131] In den Entwicklungsländern können nur 52 Prozent der verheirateten oder in einer Beziehung lebenden Frauen selbst über einvernehmliche Sexualität, Verhütung und medizinische Betreuung entscheiden.[132]

Die Digitalisierung kann einen wichtigen Beitrag leisten, um die inakzeptable Lage vieler Frauen in der Welt zu verbessern. Ein Schlüssel dazu sind

Daten – auch wenn Daten selbstverständlich erst einmal nichts an der strukturellen Unterdrückung der Frau ändern können. Um den Frauen in abgelegenen Gebieten helfen zu können, muss erst einmal bekannt sein, dass es sie gibt, wer und wie viele sie sind. Solche Informationen liegen für viele Regionen überhaupt nicht vor. Die New Yorker Organisation „Population Council" hat deshalb mit dem „Girl Roster" ein Toolkit für Haushaltsbefragungen entwickelt, mit dem insbesondere Daten für Mädchen in Entwicklungsländern effektiver erhoben werden können. Zu oft fallen sie bei Datenerhebungen durch das Raster, zum Beispiel, weil viele Befragungen nur auf den „Haushaltsvorstand" abzielen. Zweiter Bestandteil des „Girl Roster" ist ein Analysetool, dass die Daten schnell und sinnvoll segmentiert, etwa nach Alter, Familienstand, potentieller Schwangerschaft und Lebensbedingungen.[133] So erhalten Hilfsorganisationen und Behörden schneller einen Überblick und können Ansatzpunkte für ihre Arbeit identifizieren. Ein weiteres Beispiel: In Kenia sammelt ein Konsortium mehrerer Institute und Universitäten gezielt Daten zur Genitalverstümmelung, um noch effektiver gegen dieses unsägliche Verbrechen vorgehen zu können.[134]

Perspektivisch wird die Blockchain eine bedeutsame Rolle spielen, um Frauen aus ihrer Isolation zu befreien. Die Blockchain gibt ihnen eine gesicherte, offizielle Identität, eine ID, in die kein Mann, keine Dorfgemeinschaft und kein Religionsführer eingreifen kann. Über diese Blockchain-ID können Behörden und Hilfsorganisationen die Frauen direkt mit Leistungen unterstützen. Niemand anderes als die Besitzerin der ID kann sie in Anspruch nehmen. Dabei kann es sich um eine finanzielle Förderung, um Bildungs- oder Gesundheitsangebote handeln. Aber das ist noch Zukunftsmusik. Im Moment, darauf weist die OECD hin, haben zwei Milliarden Menschen nicht einmal ein Bankkonto und sind damit so gut wie unfähig, Geschäfte abzuwickeln. Bei den meisten dürfte es sich um Frauen handeln. Wenn sie über ein Smartphone auf mobile Zahlungssysteme wie M-Pesa zugreifen könnten, die ohne Konto auskommen, wäre ein erster Schritt in Richtung Unabhängigkeit getan.[135]

Solchen Entwicklungen steht der „Digital Divide" in der Welt entgegen. Wie bereits ausgeführt, hat mehr als die Hälfte der Weltbevölkerung keinen Zugang zum Internet. Frauen werden dabei noch zusätzlich systematisch benachteiligt.

In weiten Teilen Afrikas arbeiten vier von fünf Frauen in der Landwirtschaft. Ihre Arbeits- und Lebensbedingungen sowie ihr niedriger gesellschaftlicher Status verhindern, dass sie sich ins Netz, und sei es über ein Smartphone, einklinken können. Den Frauen Zugang zum Netz zu verschaffen, ist damit ein unabdingbarer, erster Schritt zu mehr Gleichberechtigung. Zumindest technologisch eröffnet sich so ein Weg zu Bildung und Information, zu Kommunikation, zu Plattformen oder sozialen Netzwerken. Nicht zuletzt oder vielmehr auch gerade deshalb ist es überfällig, den Zugang zum Internet zu einem Menschenrecht zu erklären.

Welche Kräfte eine solche Entscheidung freisetzen könnte, zeigt die #MeToo-Debatte, die ohne Digitalisierung und Vernetzung nicht denkbar wäre. Weltweit protestieren Frauen gegen sexuelle Übergriffe und Gewalt und outen unzählige Männer als Täter. #MeToo ist eine Bewegung, die in der westlichen Welt ihren Anfang nahm, als die Hollywood-Schauspielerin Ashley Judd den Filmmogul Harvey Weinstein als Täter outete. Bereits 2006 verwendete die Aktivistin und Dokumentarfilmerin Tarana Burke den Hashtag #MeToo im sozialen Netzwerk MySpace. Sie unterstützte die Kampagne „Bestärkung durch Empathie" mit dem Ziel, afroamerikanische Frauen zu fördern, die Erfahrungen mit sexuellem Missbrauch gemacht hatten.

Seit letztem Jahr trauen sich Millionen Frauen weltweit, ihre Erfahrungen sexueller Übergriffe, Missbrauch und sexueller Gewalt durch Männer öffentlich zu machen. Zusammen entfalten sie eine Energie, die politisch greift und positive Veränderungen hervorbringt. #MeToo ist damit Vorbild und Beispiel, wie Frauen ihre Rechte solidarisch und grenzüberschreitend vertreten und gegen Gewalt und Diskriminierung vorgehen können.

Gleichzeitig kommt aber gerade in der #MeToo-Initiative zum Ausdruck, dass auch in entwickelten Nationen patriarchalische Willkür und Machtmissbrauch an der Tagesordnung sind. Durch alle gesellschaftlichen Institutionen hinweg zieht sich das gleiche Muster: Die Frauenquote in den Parlamenten liegt weltweit unter 25 Prozent.[136] Die überwiegende Zahl der entscheidenden Führungspositionen in Politik, Wirtschaft und Gesellschaft ist von Männern besetzt. Dagegen leisten Frauen dreimal soviel häusliche Arbeit oder engagieren sich in der Pflege wie Männer. Die Unternehmensberatung Ernst & Young hat nachgezählt: Frauen haben nur acht Prozent der Spitzenpositionen in deutschen börsennotierten Unternehmen inne.[137]

Der Blick vor die eigene Haustür zeigt: Digitalisierung hilft, um die Gleichstellung der Geschlechter voranzubringen, aber nur, wenn sie mit gesellschaftlichem Wandel einhergeht. Die Männer sind aufgerufen, ihre Rolle und ihr Verhalten so zu verändern, dass sich Frauen mit gleichen Chancen entfalten können: Warum sollte nicht per Gesetz die Quote für Frauen in Vorständen und anderen Führungsgremien festgeschrieben werden? Warum sollten Arbeitgeber nicht sanktioniert werden, wenn sie Frauen bei gleicher Leistung schlechter bezahlen als Männer? In Deutschland verdienen nach Angaben des Statistischen Bundesamts Frauen im Schnitt 22 Prozent weniger als Männer, bei ähnlicher Qualifikation und Aufgabe sind es immer noch sechs Prozent.[138]

In vielen Entwicklungsländern bedarf es hartnäckiger Aufklärungsarbeit, gesellschaftlicher Bildung und einer entschiedenen Gesetzgebung, um eine Wende zum Besseren zu ermöglichen. Das Internet vermittelt selbst in repressive Gesellschaften und Gemeinschaften hinein neue Bilder, Werte, Möglichkeiten und die grundlegende Botschaft: Es gibt de facto keinen einzigen religiösen, sozialen oder ökonomischen Grund, der rechtfertigt, Frauen – nur weil sie Frauen sind – zu benachteiligen, ihre Selbstbestimmung einzuschränken, ihnen Zugang zu Bildung oder zu Berufen zu verwehren, noch ihnen an Leib und Seele Gewalt anzutun. Und vielleicht leistet die Digitalisierung damit einen Beitrag, dass sich die Situation langsam, aber stetig von innen heraus verbessert.

5.8 Wasser für alle – durch smartes Management und Sparsamkeit

Jedes Jahr sterben weltweit allein 657.000 Kinder an Darminfektionen. Das sind 30.000 Menschen mehr als die baden-württembergische Landeshauptstadt Stuttgart Einwohner zählt. Verschmutztes Wasser spielt hierbei nicht die einzige, aber eine wesentliche Rolle. Es ist kaum zu glauben, welche Brühe viele Menschen in Entwicklungsländern trinken müssen. Der Zugang zu genügend und sauberem Wasser ist lebensnotwendig und sollte als Menschenrecht verankert werden, zumal Wasser ein Entwicklungshelfer par excellence ist. Die Unternehmensberatung neuland.digital arbeitet mit dem Unternehmen „Cup & Cino" zusammen, die Kaffeemaschinen für Unternehmen vertreibt. Pro Tasse Kaffee, die mit „Cup & Cino"-Maschinen in Unternehmen und Kantinen gebrüht werden, spendet die Firma einen kleinen Betrag für den Brunnenbau in Afrika.[139] Dabei zeigt sich – und das folgt einem uralten städtebaulichen Prinzip über die Entstehung von Dorfgemeinschaften: Überall dort, wo ein Brunnen gebaut wird, siedeln sich Menschen an. Der Grad der Bildung steigt, weil Schulen entstehen. Anders formuliert: Wasser ist essenziell für jedwedes Leben. Und überall dort, wo Wasser knapp ist, avanciert es zum Attraktor, auf den sich Menschen zubewegen, der zersiedelten Gebieten Struktur gibt und ein Stück gesellschaftlichen Fortschritts bedeutet.

Ab wann kommt die Digitalisierung beim Wasser ins Spiel? Beim Management des Wasserhaushalts und den Verteilsystemen für Menschen, Tiere und Landwirtschaft. Durch Datenanalysen, auch Auswertungen von Luft- und Satellitenbildern lässt sich beispielsweise der Bedarf an Wasser in bestimmten Regionen besser berechnen und überwachen. Es ist ja nicht so, dass überall ein Flächenkataster vorliegt wie in Deutschland, das Auskunft gibt, wie Flächen genutzt werden. In vielen Regionen wissen weder Behörden noch NGOs, zu welchem Zweck Flächen genutzt werden, welche versteppen, auf welchen Flächen legal oder illegal Wald gerodet wird und schließlich, welche Folgen sich für den Wasserhaushalt daraus ergeben.

Die Digitalisierung wirkt sich auf vielen Ebenen positiv auf das Management des Wasserhaushalts aus. Immer leistungsfähigere Analyse- und Prognosemodelle garantieren präzisere lokale Wettervorhersagen. Dazu gehört auch, Wasserknappheit und Dürreperioden zu antizipieren. Auf den landwirtschaftlich genutzten Flächen helfen Sensoren, den Feuchtigkeitsgehalt zu überwachen und die Bewässerung zu steuern. Schließlich hilft die Digitalisierung als Schlüsseltechnologie auch bei analogen Systemen, wie beispielsweise bei Anlagen zur Tröpfchenbewässerung. Hierbei handelt es sich um Systeme, die Felder nicht im großen Stil berieseln oder wässern, sondern ganz gezielt exakt bemessene Wassermengen an die Pflanzen abgeben. Sie lassen sich spielend digital exakt aussteuern und verhindern, dass Wasser unnötig verbraucht wird. Kurzum: In Gegenden mit großer oder gar steigender Wasserknappheit ist jeder Liter, der mithilfe digitaler Lösungen eingespart und effizienter genutzt werden kann, ein lebensrettender Gewinn.

5.9 Energie für alle – ein New Energy Deal

Das Ziel der UN, alle Menschen mit bezahlbarer, verlässlicher, nachhaltiger und zeitgemäßer Energie zu versorgen, ist ohne Alternative. Gleichzeitig stellt es eine der größten technologischen Herausforderungen dar, die die Menschheit zu bewältigen hat. Der stockende Kampf gegen den Klimawandel legt davon ein beredtes Zeugnis ab. Kraftwerke, die Strom aus fossilen Brennstoffen einsetzen und damit klimaschädliche Gase erzeugen, spielen weltweit immer noch eine große Rolle. Wenn man die Ökobilanz der Energieversorgung verbessern will, kann das Ziel nur sein, schnellstmöglich von Atomenergie und fossilen Brennstoffen auf erneuerbare Energien umzuschwenken.

Die Digitalisierung verschärft erst einmal das Problem: Mit zunehmender Digitalisierung – an dieser Erkenntnis führt kein Weg vorbei – steigt erst einmal der Bedarf an Energie. Laut einem Bericht der Internationalen Energiebehörde IAE[140] verbrauchten im Jahr 2013 alle Geräte im „Internet der Dinge" (IoT) rund 616 Terawattstunden (TWh), von denen 400 TWh ohne jeden Nutzen verschwendet wurden. Das liegt unter anderem daran, dass die IoT-Geräte ständig mit dem Internet verbunden sind und nicht in einen Schlafmodus umschalten können. So geht pro Jahr Energie in Höhe von 80 Milliarden US-Dollar verloren, ein Wert, der sich parallel zum IoT-Boom schon in wenigen Jahren auf 120 Milliarden US-Dollar erhöhen soll. Die Serverfarmen und Datencenter weltweit verbrauchen pro Jahr über 460 Terawattstunden – ein Drittel mehr als der jährliche Energieverbrauch Großbritanniens. Die schlechteste Nachricht ist, dass sich der Verbrauch dieser Knotenpunkte der digitalen Welt derzeit noch ungefähr alle vier Jahre verdoppelt. Und es ist eben nicht nur der reine Energiehunger der Informations- und Telekommunikationstechnologien, der Probleme bereitet, sondern auch der damit verbundene Ausstoß an klimaschädlichen Gasen.

Alle Menschen mit elektrischem Strom zu versorgen und gleichzeitig eine weltumspannende digitale Infrastruktur aufzubauen, ist ein kaum zu lösender Widerspruch. Ihn aufzulösen ist aber zentral. Der Digitalphilosoph Luciano Floridi spricht in diesem Kontext von einem „Gambit"[141], einer Taktik im Schachspiel, bei der ein Spieler einen Bauern opfert, um langfristig einen Vorteil zu erreichen: Die Digitalisierung wird die globale Energie- und Schadstoffbilanz erst einmal deutlich verschlechtern, bevor sie sie langfristig verbessert. Das Kalkül wird aufgehen. Dabei helfen smarte Netze, ein durch Künstliche Intelligenz optimierter Verbrauch sowie der Einsatz alternativer Energieformen, insbesondere die Sonnenenergie.

Smarter Verbrauch
Durch die Digitalisierung und Vernetzung werden die Stromnetze immer intelligenter. Im „Smart Grid" werden Nutzungsdaten digital erfasst und ausgewertet. Verbrauchsstellen, zum Beispiel Kühltruhen, werden aus der Ferne überwacht und so gesteuert, dass sie keine Energie verschwenden. In Gebäuden und Städten der Zukunft wird effektives Energiemanagement das zentrale Thema sein. Baustoffe und Baukomponenten werden zunehmend klimaintelligent und selbstregulierend. Zudem wird Künstliche Intelligenz dazu führen, den Verbrauch an Energie deutlich zu senken.

Google berichtet beispielsweise, dass es einen Weg gefunden hat, den Verbrauch in seinen Datencentern mithilfe der Künstlichen Intelligenz seines Tochterunternehmens Deepmind um 40 Prozent zu mindern. Die KI sorgt dafür, dass die Server nicht rund um die Uhr voll gekühlt werden, sondern nur gemäß ihrer zu erwartenden Auslastung. Dahinter steckt eine Analyse- und Prognoseleistung, die nur Künstliche Intelligenzen sichern können. Solche smarten Lösungen werden sich über das gesamte Netz verteilen und zu einem effektiveren Energiemanagement beitragen.

Sonnenenergie in großem Stil
Genauso unabdingbar ist es, bei der Energieerzeugung groß zu denken, im internationalen Maßstab, über die lokalen und regionalen Märkte hinaus. Nationale Energiepolitik kann die Herausforderungen in diesem Sektor nicht lösen. Globale „New Energy Deals" sind gefragt.

Nirgendwo lässt sich nachhaltige Energie so einfach und in so großem Stil produzieren wie in Afrika und im Nahen Osten. Der Nachteil von Hitze und Trockenheit in diesen Ländern lässt sich mithilfe von Sonnenenergie-Kraftwerken in einen Vorteil verwandeln. Auch wenn der erste, großangelegte Versuch, das Wüstenkraftwerk „Desertec" in der Sahara zu bauen, aufgrund unausgereifter Technologie, zu teurer Solarstrom- und Photovoltaikkomponenten und mangelnder Integration von Akteuren vor Ort in die Planung gescheitert ist: Die von einem internationalen Konsortium Anfang der 2000er Jahre entwickelte Absicht, Wind- und Sonnenenergie in den Wüstengebieten zu nutzen, bleibt zielführend. Verschiedene Studien, unter anderem vom Deutschen Institut für Luft- und Raumfahrt sowie vom Fraunhofer-Institut ISI, zeigen ihr Potenzial:[142] Durch Solar- und Windkraftwerke im Mittelmeerraum lässt sich soviel Energie erzeugen, dass der steigende Bedarf vor Ort gedeckt und auch ein Teil des wachsenden Verbrauchs in Mittel- und Nordeuropa abgefedert werden kann. Überträgt man das Szenario auf Afrika, könnte der Kontinent mit Sonnenenergie einen neuen Exportschlager gewinnen. Das Potenzial ist enorm: Die Sonne schickt im Jahr 1,6 Milliarden Terawattstunden Energie zur Erde. Wenn wir davon ein Zehntausendstel in Strom umwandeln könnten, wäre der Strombedarf der Erde erst einmal gedeckt.

Wie die Vision in die Tat umgesetzt werden kann, zeigt ein Projekt in Marokko: Im nordafrikanischen Staat entsteht „Noor", das größte Sonnenkraftwerk der Welt und damit gleichzeitig ein Testlabor für die innovative Nutzung von Sonnenenergie. Das Land schwingt sich auf, der größte Sonnenenergieerzeuger des Planeten zu werden.[143] Marokko hat dabei durchaus auch den Export nach Europa im Blick.

Dezentrale Versorgung
Neben solchen gigantischen, zentralen und langfristig angelegten Kraftwerken braucht es jetzt gleichzeitig Finanzierungskonzepte, um die dezentrale Versorgung in den Entwicklungsländern durch Solar- und Windenergie zu gewährleisten. Es gibt ja in vielen Regionen keine flächendeckenden Stromnetze. Im Prinzip lässt sich aber jedes Gerät, ob Wasserpumpe, Tablet oder Computer, direkt über Sonnenpaneele oder Solarakkus betreiben.

Der große Umbruch
Für den „Turnaround" werden diese Innovationen immer noch nicht ausreichen. Bedeutende Energieeinsparungen und damit auch den relevanten Rückgang klimaschädlicher Gase wird erst die Dematerialisierung erzielen.

Ihr positiver Einfluss auf den Energieverbrauch lässt sich zwar nicht beziffern, wird aber schon bald zu erheblichen Energieeinsparungen führen:[144] In Zukunft werden deutlich weniger Güter produziert. Ein großer Teil industrieller Produktion entfällt. Zudem laufen Systeme, etwa der autonome Verkehr in künftigen „Smart Citys", effizienter und ressourcenschonender als heute. Im Privat- wie im Güterverkehr werden viel weniger Fahrzeuge im Einsatz sein. Allerdings gefährden fragwürdige Entscheidungen diesen Effekt: Politik und Wirtschaft sind mit ihren Lobeshymnen auf elektrisch betriebene Fahrzeuge schnell bei der Hand. Auch Strom für die E-Mobility muss produziert werden und Batterien sind alles andere als umweltfreundlich. Deshalb sollte an weiteren Antriebsalternativen, zum Beispiel an mit Wasserstoff betriebenen Motoren, intensiv weitergearbeitet werden.

5.10 Nachhaltige Städte – smart geplant und hoch intelligent

Die Urbanisierung ist ein Megatrend. Die Lebensqualität von mehr als der Hälfte der Menschen auf diesem Planeten wird davon abhängig sein, wie gut das Sozial-, Wirtschafts- und Ökosystem Stadt funktioniert. Digitalisierung, Vernetzung und Automatisierung werden die Städte völlig verändern. Sensoren und Daten bestimmen den Puls der Stadt von morgen, regeln effizient den Verkehr und optimieren den Verbrauch von Energie und Wasser.

Es gibt jetzt schon interessante Pilotprojekte, zum Beispiel in Santander. In der spanischen Stadt sorgen Sensoren unter dem Asphalt dafür, dass Autofahrer nicht mehr zeitaufwändig nach einem Parkplatz suchen müssen. Per GPS und Lichtsignal werden sie umgehend zum nächstgelegenen freien Parkplatz gelotst. Auch die Mülltonnen sind „intelligent" und melden den Stadtwerken, wann sie geleert werden müssen.[145] Die chinesische Stadt Hangzhou wird seit Herbst 2016 teilweise von Künstlicher Intelligenz „geleitet". Hunderte Kameras überwachen den Verkehr so engmaschig, dass die KI jedes Auto verfolgen kann, Zwischenfälle sofort registriert und die Polizei informiert. Das System sagt den Verkehr zehn Minuten in die Zukunft voraus, steuert die Ampeln entsprechend und kann Autofahrern Nachrichten und alternative Routen schicken.[146]

Googles Mutterkonzern Alphabet plant in Toronto ein intelligentes, vollvernetztes Stadtviertel. Für den Start stehen 50.000 Quadratmeter zur Verfügung, auf denen künftig zehntausende Menschen leben sollen.[147] Nur noch jeder fünfte Bewohner soll ein eigenes Auto besitzen. Verschiedene autonome Fahrzeuge, darunter auch Minibusse mit bis zu zwölf Sitzen, sorgen für die Mobilität. Besonders interessant ist, was sich im Untergrund des Stadtviertels Quayside abspielen wird: In einem unterirdischen System sollen Roboter die Entsorgung des Mülls übernehmen und Pakete an die Bewohner ausliefern. Parallel dazu erwägt Googles Schwesterfirma Sidewalk Labs den Einsatz von Frachtdrohnen.

Die Citys werden aber nicht nur smart, sondern sie wechseln in einen Echtzeitmodus dank IoT und Künstlicher Intelligenz. Und die Blockchain macht das urbane Leben von der Stadtverwaltung bis zur Auszahlung von Sozialleistungen transparent, vertrauenswürdig und korruptionssicher.

Theoretisch kann schon heute jede Stadt um 50 bis 70 Prozent energieeffizienter sein als noch vor 20 Jahren. In einer nachhaltigen Stadt leuchtet die Straßenlaterne nur, wenn ein Mensch in der Nähe ist. Die Gebäudefenster sind so intelligent, dass sie „wissen", wie sie die Sonneneinstrahlung regulieren müssen, um ein bestimmtes Raumklima zu erzeugen. Energiefressende Klimaanlagen springen nur in Extremsituationen an.

Vernetzte und intelligent optimierte Transportsysteme sind ein wichtiger Faktor, um Kosten und Energiebedarf zu senken. Nicht zuletzt deshalb setzen sich autonome und intelligent vernetzte Fahrsysteme durch. Für die Lebensqualität in den Städten bedeutet dies einen Quantensprung. Die Abgase verschwinden aus der Luft. Jeder Bürger ist mobil, denn jeder kann über eine Smartphone-App ein autonomes Fahrzeug bestellen. Zur gewünschten Zeit und in der gewünschten Größe.

In den Mobilitätssystemen der Zukunft geht es darum, die verbleibenden Fahrzeuge in Bewegung zu halten und damit die Anzahl der Fahrzeuge deutlich zu reduzieren. Die Folgen werden frappierend sein: Die Zahl der Stell- und Parkplätze, der Parkhäuser und Tiefgaragen sinkt enorm. Verkehrsinfrastruktur aus Stahl und Beton wird zurückgebaut. Fläche wird frei für Radwege, Baumbestand und Grünflächen, um das Mikroklima einer Stadt zu verbessern, für Urban und Vertical Gardening und damit für eine zunehmende Selbstversorgung der Stadt.

Neom – die digitale Vorzeigemetropole in der Wüste

Der ehemalige Siemens-CEO Klaus Kleinfeld leitet das ambitionierteste Städtebauprojekt der Welt: „Neom", eine von Grund auf neu geplante Stadt in Saudi-Arabien, ein Prestigeprojekt des Kronprinzen Mohammed bin Salman. Auf mehr als 26.000 Quadratkilometern – einer Fläche in der Größe Brandenburgs – soll „Neom" als komplett digitalisierte und automatisierte Megacity entstehen. Alle Services, Verwaltungsakte und Produktionen laufen über Rechner, Künstliche Intelligenz, Netze und Roboter. Die Stadt soll von Anfang an auf Elektromobilität, autonomen Verkehr und vernetzte Beförderungssysteme ausgelegt werden, bis hin zu Drohnen als Lufttaxis. Abgesehen von großen Ambitionen, einer schicken Website und kernigen Marketingsprüchen – „Unrivalled in concept, unmatched in intelligence, unconstrained in history and built on humanity´s greatest resource: imagination."[148] – ist noch nicht viel von „Neom" zu sehen. Aber das Land will bis 2025 bereits die erste Bauphase abgeschlossen haben, finanziert mithilfe internationaler Investoren. „Neom" soll 500 Milliarden Euro kosten.[149] Wenn dies gelingt, entsteht in dem autoritären Staat eine Stadt mit Modellcharakter für zukünftige digitale Megacitys.

Die Vision einer „Smart City" ist definitiv auch übertragbar auf die heutigen Armen- und Elendsviertel vieler Megametropolen. Wenn digitale Services das Wesen einer Stadt prägen, dann wird es in Zeiten sinkender Grenzkosten immer einfacher und günstiger, diese Angebote auch auf die Bewohner auszuweiten, die heute noch vom Fortschritt und den Kernsystemen einer Stadt ausgeschlossen sind. Dass die Daten im „Internet der Dinge" schon bald über Mobilfunknetze nach 5G-Standard gesendet werden können – und damit die Verlegung von Breitbandkabel überflüssig wird – erleichtert diese Aufgabe. Sollten sich Stadtverwaltungen und -planer anders entscheiden und die Stadt der Zukunft mit digital privilegierten einerseits und digital abgekoppelten Vierteln andererseits planen, werden sie soziale Unruhen provozieren. Verfolgt man hingegen den Aufbau der Infrastruktur des Wohlstands für das gesamte Stadtgebiet, ist das der Moment der Integration.

5.11 Zirkulärökonomie statt Müllproduktion

Unser Planet mutiert zur Müllkippe, und wir ersticken in unserem Abfall. Täglich produziert die Weltbevölkerung rund 3,5 Millionen Tonnen Müll; bis 2025 soll die Abfallproduktion sogar auf sechs Millionen Tonnen pro Tag ansteigen.[150] Jährlich erzeugen die Menschen 44,7 Millionen Tonnen Elektroschrott: Mobiltelefone, Computer, Peripheriegeräte, Staubsauger,

Kühlschränke. Alles, was einen Stecker oder Batterien hat, fällt in diese Kategorie. Jeder Mensch erzeugt im weltweiten Durchschnitt jährlich sechs Kilogramm Elektroschrott. Die Menge ist allein 2015 bis 2017 um acht Prozent gewachsen und wird weiter zunehmen, und zwar um ein Sechstel bis 2021.[151]

Wohin wird das führen, wenn die Digitalisierung immer weiter fortschreitet und sich tiefer im Alltag der Menschen verankert, zum Beispiel durch die vielen neuen Geräte im Smart Home? Wie lange können es sich die Menschen noch leisten, nur einen Bruchteil, nämlich 20 Prozent des Elektroschrotts, systematisch zu sammeln und zu recyceln? Wertvolle Rohstoffe wie Gold, Platin oder Palladium gehen aufgrund dieser niedrigen Recyclingquote verloren. Die Lösung für solche Probleme ist: Zirkulärökonomie. Sie hält die Materialien und Rohstoffe in einem Kreislauf.

Im Kern geht es darum, dass nur Produkte gebaut werden dürfen, die sich am Ende ihres Lebenszyklus komplett zerlegen lassen und deren Komponenten und Stoffe wiederverwertet werden können. Modulare Bauweisen sind deshalb das Gebot der Stunde. Die Zirkulärwirtschaft klärt die Frage der Entsorgung, des Recyclings und der Vollkosten, bevor sie mit der Produktion eines Gutes überhaupt beginnt. Und sie preist diesen Faktor mit ein. Wenn sich Bestandteile eines Produkts doch nicht wiederverwerten lassen, wird es mit einer Strafgebühr belegt und dadurch besonders teuer.

Wenn die Staaten diesen Weg nicht beschreiten, wird sich die unselige Geschichte der Atomindustrie in der Elektroindustrie und anderen Branchen wiederholen: Die Atomlobby hat die Mär von der „sauberen und billigen Energie" verbreitet und dabei unterschlagen, dass es für das strahlende Material kein Entsorgungs- geschweige denn Lagerungskonzept gibt. 1961 ging in Deutschland der erste Reaktor ans Netz. Fast 60 Jahre später sucht die Bundesregierung noch immer nach einem möglichen Endlager für stark strahlenden, radioaktiven Abfall. Das deutsche Gesetz schreibt eine sichere Lagerung über eine Million Jahre vor. Wären die Kosten dafür von Beginn in die Kalkulation für Atomstrom eingerechnet worden – kein einziger Meiler wäre je gebaut worden.

Schutz der Ökosysteme

Von einem bewussteren, auf den Prinzipien der Zirkulärökonomie beruhenden Konsum würden die Ökosysteme der Welt enorm profitieren. Denn nicht nur zu Land, sondern auch im Wasser verwandeln wir den Lebensraum in eine globale Müllhalde. Ein akutes Problem sind die riesigen Wirbel aus Plastikmüll im Atlantik und im Pazifik. Laut Greenpeace schwimmen mindestens 150 Millionen Tonnen Plastikmüll in den Ozeanen.[152] Es handelt sich um alte Bojen und Netze von Schiffen, vor allem aber um Verbraucherabfall, der durch die Flüsse ins Meer geschwemmt wurde – zum Beispiel Plastiktüten und Mikropartikel, die in Kosmetika und Zahnpasten zum Einsatz kommen. Plastik verrottet nicht. Es zerfällt langsam und lediglich in immer kleinere Teile. Über die Nahrungskette, also Speisefische, kommt das Plastik zum Menschen zurück. Die gesundheitlichen Folgen? Unbekannt. Für die Fische, die solche Nanopartikel mit der Nahrung in größeren Mengen aufnehmen, und für die Vögel, die auf dem Plastikmüll herumpicken und ihn für Nahrung halten, sind sie umgehend und in jedem Fall schädlich – wenn nicht gar tödlich.

Die gigantischen Müllteppiche in den Weltmeeren entstehen laut Greenpeace insbesondere durch Abfälle aus China und Indien, Indonesien, den Philippinen, Vietnam, Sri Lanka, Thailand, Malaysia, Bangladesch, Ägypten und Niger. Entwicklungspolitik, Wirtschaftskooperationen und Hilfe zur Selbsthilfe sollten immer einem ganzheitlichen Ansatz folgen. Nachhaltige Wirtschaftskonzepte müssen Teil des Pakets sein.

Und für die entwickelten, hochindustrialisierten Staaten muss wiederum gelten: ein Exportverbot für toxischen Elektroschrott und anderen Müll in die Dritte Welt. Denn jeder Exporteur weiß, dass der Müll dort unsicher gelagert wird und unter menschenunwürdigen und hoch gesundheitsgefährdenden Bedingungen – nicht selten von Kindern – zerlegt wird.

5.12 Die grüne Lunge schützen

Eine weitere ökologische und soziale Katastrophe ist die Rodung tropischer Regenwälder nördlich und südlich des Äquators. Die Menschen vergreifen sich nach wie vor an dieser „grünen Lunge" unseres Planeten und roden Jahr für Jahr etwa 5,4 Millionen Hektar Regenwald.[153] Die Folgen sind gravierend. Die Biodiversität, also die biologische Vielfalt von Flora und Fauna, ist massiv gefährdet. Indigene Völker werden ihres Lebensraums beraubt und vertrieben. Nicht zuletzt vermindert sich die natürliche Leistung der Regenwälder im Kampf gegen die CO_2-Konzentration in der Atmosphäre: Wälder speichern CO_2 aus der Luft und wandeln es mittels Photosynthese in Sauerstoff um. Dieser Effekt entfällt. 17 Prozent der gestiegenen Klimagase in der Atmosphäre sind darauf zurückzuführen, dass Regenwald gerodet wird. Darüber hinaus wird bei einer Brandrodung, dem besonders brutalen Eingriff in die Natur, besonders viel CO_2 freigesetzt.

Die Digitalisierung bietet vielfältige Ansätze, um die tropischen Wälder zu schützen. Luft- und Satellitenbilder helfen beispielsweise, die illegalen Nutzungen zu identifizieren und die kriminellen Täter dingfest zu machen. Auf eine einfachere, geradezu findige Idee ist der Forscher Topher White[154] gekommen: Er verteilt in den Regenwäldern ausgediente Smartphones, die durch Sonnenenergie betrieben werden. Über Mikrofone nehmen die Handys die Geräusche ihrer Umgebung auf. Sobald sie den Sound einer Kettensäge registrieren, melden sie den Vorfall automatisch bei den zuständigen Behörden. Diese können dann entscheiden, ob es sich um eine legale oder illegale Rodung handelt, und gegebenenfalls eingreifen.

Ohnehin ist es zielführender, nicht aus dem Raubbau der Regenwälder Kapital zu schlagen – sei es zur Gewinnung von Tropenholz oder Palmöl beim Aufbau der Monokultur von Ölpalmen –, sondern aus dem Erhalt und der Wiederaufforstung des Regenwaldes. Der natürlich gewachsene Regenwald wandelt deutlich mehr lebensnotwendigen Sauerstoff aus CO_2 um als kultivierte Palmengewächse.

Technologie bildet wieder einmal die Basis, um neue Modelle zu entwickeln, die den Geldfluss umdrehen. Warum gibt es keine Prämie dafür, wenn ein Land oder eine Region möglichst viel CO_2 aus der Luft herausfiltert? Das wäre ein Anreiz, die Wälder zu schonen. Unternehmen müssen heutzutage CO_2-Zertifikate kaufen, die ihren Emissionen entsprechen. Dies dient dazu, den Ausstoß von CO_2 einzugrenzen. Wer über kein

Zertifikat verfügt, darf nicht emittieren. Dieses Prinzip hat zwar den Charakter eines Ablasshandels, mit dem sich Christen im Mittelalter von ihren Sünden freikauften. Aber wenn man solche Systeme weiterdenkt, dann können Länder, die Tropenwälder schützen und CO_2 aus der Atmosphäre reduzieren, finanziell belohnt werden. Daraus ergäbe sich ein neuer wirtschaftlicher Anreiz, ein Pull-Effekt. Für ein solches Modell bedarf es aufwändiger Daten-, Simulations- und Analysemodelle, damit die Filterleistung einer bestimmten Fläche berechnet werden kann.

Womöglich kann die Digitalisierung zukünftig noch mehr bewirken: In Deutschland wird untersucht, ob sich ein Wald über eine Blockchain selbst verwalten und eigene wirtschaftliche Werte schaffen kann. Wenn sich dieses Experiment als erfolgreich erweist, könnten sich Tropenwälder mithilfe digitaler Technologie autonom bewirtschaften.

Der Blockchain-Wald

Die Blockchain ist als Technologie und Prinzip noch so neu, dass der Phantasie keine Grenzen gesetzt sind. Wissenschaftler des Forschungszentrums Informatik (FZI) in Berlin und des Wuppertaler Instituts für Klima, Umwelt und Energie versuchen herauszufinden, ob sich ein Wald mithilfe der Blockchain selbst verwalten kann.[155] *Die Idee ist, dass Sensoren Daten über die Vitalfunktionen des Waldes – etwa Sonneneinstrahlung, Wachstumsgeschwindigkeit, Luft- und Bodenfeuchtigkeit sowie Schädlingsbefall – in eine Blockchain einspeisen. Mit diesen Informationen könnte die Blockchain selbst entscheiden, ob und welche Pflege ein Baum benötigt, ob er gestutzt oder gefällt werden muss. In der Blockchain verankerte, smarte Verträge sollen so angelegt werden, dass der Wald Werte schafft, die später in die Kryptowährung Ether getauscht werden können. So ist es zumindest theoretisch denkbar, dass sich der Wald eines Tages selbst von einem Besitzer zurückkauft.*

Das Experiment ist revolutionär: Vielleicht können sich eines Tages ganze Ökosysteme selbstverwalten und finanzieren.

5.13 Ein neues Mindset für die Weltpolitik: Exponentiell denken!

Die UN-Mitgliedsstaaten haben die Wahl: Sie können weiterhin zaghaft an den Stellschrauben des Weltsystems herumdrehen, sich in den widersprüchlichen Zielen der Agenda 2030 und aufgrund widersprechender Nationalinteressen verlieren, ständig einen Schritt vor- und wieder zurückgehen, und hoffen, dass es irgendwie nicht so schlimm werden wird, wie es aussieht. Vielleicht landet die Menschheit dann auf dem Entwicklungsstand, den der norwegische Wissenschaftler Jorgen Randers, einer der Co-Autoren des Club-of-Rome-Berichts „Grenzen des Wachstums" von 1972, für das Jahr 2052 prognostiziert hat: Die Wirtschaft schrumpft. Die Bevölkerungszahl erreicht um 2040 ihren Höhepunkt und steigt doch nicht so dramatisch an, wie befürchtet. Jedoch sinken die CO_2-Emissionen nicht schnell genug, und es kommt Mitte des 21. Jahrhunderts zu einer Klimakrise. Armut und Hunger sind laut seiner Prognose auch in 40 Jahren noch an der Tagesordnung.[156]

Reicht das? Reicht das wirklich? Oder schaffen es die Entscheidungsträger, die Staaten und internationalen Organisationen, die vielen NGOs und Initiativen sowie jeder einzelne doch noch, grundlegend umzudenken, einen „Mindset Change" hin zu Digitalisierung, Exponentialität und Dematerialisierung vorzunehmen?

Wenn sie es schaffen, dann dürfen wir uns auf eine ganz andere, eine mit digitalen Mitteln und Künstlicher Intelligenz[157] optimierte Welt einstellen:

> Auf eine Welt, die deutlich weniger Ressourcen verbraucht, weil die Dematerialisierung und die Sharing Economy die industrielle Produktion und den Konsum deutlichen sinken lassen, den Ressourceneinsatz mindern und den Energiebedarf langfristig drosseln.
> Mit einer Infrastruktur des Wohlstands, die allen Menschen Zugang zu Bildung, Wissen und Teilhabe ermöglicht.
> Mit Technologien, die gute medizinische Services in die entlegensten Gegenden bringt, die Erträge der Landwirtschaft sowohl für unzählige Kleinbauern wie für Megafarmen optimiert.

> Mit weniger Ungleichheit, weil potenziell jeder Mensch Zugang zu Wertschöpfungssystemen hat.
> Ohne Armut und damit auch ohne Hunger, weil das Grundeinkommen das neue soziale Netz der Gesellschaften bildet.

Wir können diese Welt schaffen, wenn wir uns dazu entscheiden, sie zu wollen.

Künstliche Intelligenz

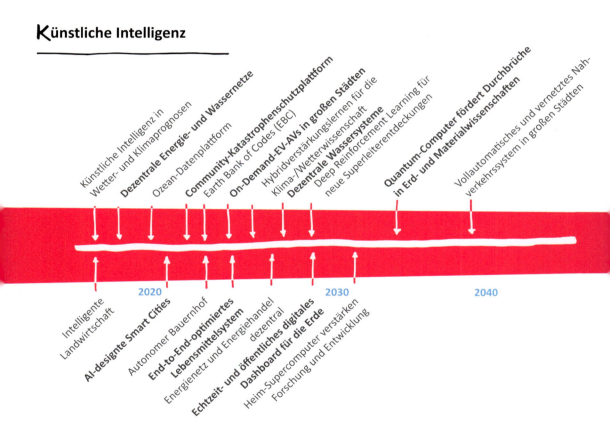

Abb. 15: Erde 5.0 – Künstliche Intelligenz verändert die Spielregeln
Künstliche Intelligenz eröffnet in den kommenden Jahren neue, disruptive Möglichkeiten, um die Sustainable Development Goals zu erreichen. Quelle: PwC-Report Fourth Industrial Revolution for the World, 2018/Karl-Heinz Land

6 Bildung — Schlüsselfaktor der digitalen Zukunft

Der entscheidende Faktor für die Zukunft von Gesellschaft und Wirtschaft ist Bildung. In Industriestaaten wie Deutschland ebenso wie in den Entwicklungsländern. Eigentlich eine Binsenweisheit, aber eben auch eine Gestaltungsaufgabe im Kontext der Digitalisierung, über die wenig Einvernehmen herrscht. Die Digitalisierungskonzepte sind uninspiriert und nicht schlüssig. Deshalb lohnt es sich, einen Schritt zurückzutreten und die Debatte mit zwei grundlegenden Fragen zu beginnen: Wie wird die Welt beschaffen sein, auf die künftige Generationen vorbereitet werden müssen? Wie sieht ihre Lebensumgebung aus?

6.1 Leben in der Matrix

Die Digitalisierung durchzieht als Matrixfunktion alle Bereiche der Gesellschaft, des Lebens und der Berufswelt. Es wird keine analoge Welt neben einer digitalen geben. Das „Internet der Dinge", die KI und die Blockchain verknüpfen die Sphären untrennbar miteinander. Der italienische Digitalphilosoph Luciano Floridi – er forscht und lehrt an der Universität Oxford – entwickelt in seinem Buch „Die vierte industrielle Revolution – wie die Infosphäre unser Leben verändert" aufschlussreiche Denkmuster, die sich zwar auf den ersten Blick etwas theoretisch lesen mögen, aber letztlich doch sehr eindeutig beschreiben, worauf junge Menschen von jetzt an vorbereitet werden müssen. Der Autor gliedert die Geschichte der Zivilisation neu, und zwar in drei Phasen:[158]

> die „Vorgeschichte", in der es keine Informations- und Telekommunikationstechnologien (ITK) gab,
> die „Geschichte", in der das Wohl des Einzelnen und der Gesellschaft mit der ITK verbunden ist,
> und die „Hypergeschichte", in der aus der Verbindung des Menschen zur ITK-Technologie eine Abhängigkeit wird.

Die entwickelte Welt hat die Epoche der „Hypergeschichte" längst erreicht. Obwohl die Digitalisierung jetzt erst an Fahrt aufnimmt und Deutschland nicht gerade zu den Spitzennationen zählt, gilt der Merksatz:

Wir sind in ein Zeitalter eingetreten, in dem das Wohl des Einzelnen und der Gesellschaft von Informations- und Telekommunikationstechnologien abhängt.

Das zweite Ordnungssystem, das Floridi anbietet, betrifft die Technologie selbst. Er unterscheidet, durchaus auch im menschheitsgeschichtlichen Sinne, Technologien erster, zweiter und dritter Ordnung. Sie werden klassifiziert durch die Frage, was die Technologie auslöst und wer sie anwendet.

> Technologie erster Ordnung: Damit ist die Technologie gemeint, die zwischen dem Menschen, also dem Anwender, und der Natur als Auslöser einer Tätigkeit steht. Beispiele: Der Mensch setzt eine Sonnenbrille auf, um seine Augen vor dem Sonnenlicht zu schützen. Er schlägt mit der Axt, um Holz zu fällen.
> Technologie zweiter Ordnung: Sie bezeichnet die Technologie, die den Menschen mit einer weiteren Technologie verbindet. Ein Motor, der Autos und Industrie- wie Haushaltsmaschinen antreibt, ist ein typisches Beispiel dafür. Der Mensch bleibt nach wie vor Anwender der Technologie.

> Technologie dritter Ordnung: Bei den Informations- und Telekommunikationstechnologien handelt es sich um Technologien, die Anwender und Auslöser zugleich sind und nur noch mit anderen Technologien interagieren.

Technologien dritter Ordnung haben laut Floridi nicht nur die Eigenschaft, exponentiell zu wachsen. Vielmehr beginnen sie, autarke Schleifen zu ziehen. Sie ticken in geschlossenen Kreisläufen, in denen der Mensch nur noch vorübergehend eine Rolle spielt. Fahrer, Piloten und Kapitäne sind solche Übergangsphänomene. Die Mobilitätssysteme der Zukunft sind autark. In besonders smarten, autonomen Fabriken ist der Mensch bereits überflüssig. Das bedeutet:

> *Technologien dritter Ordnung unterliegen einem exponentiellen Wachstum und schließen den Menschen als Anwender der Technologie tendenziell aus.*

Wenn wir Floridis Thesen zusammenfassen, ist der Mensch in seinem Wohlergehen von interagierenden, digitalen Technologien abhängig, ohne unbedingt selbst Teil des Systems zu sein. Wenn er nicht mehr Anwender dieser Technologien ist, sollte er tunlichst in der Lage sein, dieses System zu kontrollieren, um seine Rolle als Nutznießer zu sichern. Das ist der neue Bildungsauftrag im Kontext der fünften industriellen Revolution.

6.2 Authentisches Lernen

Worum geht es also? Pädagogische Konzepte und technische Infrastruktur müssen die Schüler befähigen, frühzeitig in die digitale Welt einzusteigen, das Wissen der Crowd, die Künstliche Intelligenz und die Vernetzung direkt anzuwenden und als integralen Teil menschlichen Lebens zu begreifen. Die jungen Menschen müssen darin gefördert werden, damit sie souverän und selbstbewusst die völlig neuen Anforderungen an das Leben meistern können. Sie wachsen in eine Welt hinein, in der es immer einen Computer, ein Programm oder eine KI gibt, die eine Aufgabe besser erledigen können als der Mensch. Gleichzeitig wird das Leben durch IT-Systeme geprägt sein, die nur noch mit anderen Maschinen interagieren, und das so effektiv und effizient, dass der Mensch als Arbeitskraft im klassischen Sinne nicht mehr benötigt wird. In zehn, 15 Jahren wird sich der Nachwuchs darauf einstellen müssen, seinen Lebenssinn anders zu definieren – zum Beispiel über Kreativität, über soziales oder ökologisches Engagement. Die Vorbereitung auf diese durchdigitalisierte Lebensumwelt muss also mit einer ausgeprägten Persönlichkeitsbildung korrelieren.

Diesem Anspruch werden Schulen nicht gerecht. Sie nehmen auf den einzelnen Schüler und seine individuelle Lerndisposition kaum Rücksicht. Das Schulwesen unterliegt noch dem Irrtum, dass es junge Menschen formen muss. Im Ergebnis geht die Neugier auf die Welt und der immense Ideenreichtum der Kinder verloren. Der Torrance Test of Creative Thinking zeigt, dass 98 Prozent der Kinder im Kindergarten kreative Genies sind, die spielend unzählige Ideen entwickeln, was man mit einer Büroklammer alles anfangen kann. Im Laufe der Schulzeit nimmt diese Fähigkeit ab, nur noch drei Prozent der 25-Jährigen besitzen sie.[159]

Schulen und Hochschulen reduzieren den Nachwuchs mit schnellen, engen Bildungswegen und verschulten Bachelor-Studiengängen nach dem Bologna-Prinzip auf Fähigkeiten, von denen die Wirtschaft überzeugt ist, dass sie sie unbedingt braucht. Überspitzt gesagt, wird der Mensch zu einem effizienten Produktionsfaktor ausgebildet. Wie vor über 100 Jahren: Das deutsche Schulsystem wurde nach den Anforderungen der Industrialisierung und des Obrigkeitsstaates konzipiert; viele Elemente und Charakteristika stammen aus der Zeit Preußens. „Befehl und Gehorsam" ist nach wie vor das vorherrschende Prinzip. Kinder werden gedrillt, Anweisungen zu befolgen. „Bitte Buch aufschlagen!", „Setz dich!", „Hör auf dich zu unterhalten!", „Löse Aufgabe drei!". So kommandierte man früher auch Fabrikarbeiter herum, die den bestmöglichen Output erzeugen sollten, in dem sie exakt und in steter Wiederholung das taten, was ihnen gesagt wurde.

Wie weit kommt heute ein junger Mensch, der nur gelernt hat, Anweisungen zu befolgen, wenn es um Kreativität, um Kommunikation und Teamarbeit geht? Alles ist bis ins Detail geregelt – Stundenplan, Pause, Lerninhalte. Weit und breit keine Autonomie, überall Kontrolle. Die Geschwindigkeit und die Vielfalt des modernen Lebens erfordern jedoch, dass jeder selbst bestimmt, wann, wie und in welcher Reihenfolge er eine Tätigkeit ausführt. Als Freiberufler und zunehmend immer mehr als Angestellter in 4.0-Unternehmen müssen die Menschen ihre Zeit selbst gestalten, Prioritäten festlegen und Aufgaben bestimmen. Das Schulsystem gibt den Schülern und Kindern dagegen das Gefühl, dass sie gesteuert werden und Gefangene des Systems sind und bleiben. Sie werden nicht darauf vorbereitet, selbst die Kontrolle zu übernehmen und das Beste aus ihrem Leben zu machen. Für Vorlieben, Interessen und Passion, für Mut und Kreativität gibt es keinen Raum – jeder muss alles lernen, in normierter Geschwindigkeit und normiertem Umfang wie alle anderen. In einem solchen System lernen die Schüler kaum, ihre persönlichen Begabungen und Interessen auszuprägen, noch ihre individuellen Lösungsstrategien zu entwickeln. Für die wirklich wichtigen Fragen bleibt keine Zeit: Was kann ich gut? Was möchte ich im Leben machen? Wie passe ich in diese Welt? Man denke an Albert Einstein, Steven Spielberg, Winston Churchill oder John Lennon – sie sind an diesem System gescheitert. Sie haben trotzdem Großartiges bewirkt. Doch wie hoch ist die Dunkelziffer der Menschen, die nur deshalb nicht ihren Weg ins Leben gefunden haben, weil sie in Schule untergangen sind?

Gefragt ist eine Bildung 5.0 für die Erde 5.0, also für Menschen, die sich selbständig, mutig, kompetent und mit Freude den Herausforderungen stellen, die gelöst werden müssen.

„Das Kind als Baumeister seiner selbst" – auf Basis dieser Annahme hat Maria Montessori vor mehr als hundert Jahren ein erfolgreiches pädagogisches Bildungskonzept aufgesetzt. Offener Unterricht und Freiarbeit sowie der Leitgedanke der Montessori-Pädagogik „Hilf mir, es selbst zu tun" liefern wertvolle Impulse, um Kinder heute und in die Zukunft zu begleiten.

6.3 Kompetenz schlägt Wissen

Eine der grundsätzlichen Debatten um die adäquate Pädagogik im digitalen Zeitalter dreht sich um die Frage: Ist es grundsätzlich besser, den Kindern möglichst viel Wissen zu vermitteln? Oder ist es doch eher angesagt, Kompetenzen zu entwickeln, die den Kindern ein souveränes, selbstbestimmtes Leben in einer hypervernetzten Welt, in der „Infosphäre" erlauben? Entscheidend sind die Kompetenzen. Aus mehreren Gründen, von denen ein Grund jedem Internet- und Smartphone-Nutzer sofort einleuchten dürfte: Das Netz weiß immer mehr.

Computer, Cloud und Crowd sorgen für eine neue Arbeitsteilung im Wissensmanagement der Menschheit. Bis ins späte Mittelalter konnte der Mensch nur auf Wissen zugreifen, das er entweder in sich trug oder ihm ein Mitmensch vermittelte. Nur Mönche, Philosophen und Gelehrte konnten lesen und hatten Zugang zu einer Bibliothek. Mit der Erfindung des Buchdrucks durch Johannes Gutenberg Mitte des 15. Jahrhunderts wurde das Buch zum ersten, breit verfügbaren Massenspeicher für Wissen. Die Schriften des Reformators Martin Luther und seine Bibelübersetzung sorgten im 16. Jahrhundert für einen Alphabetisierungsschub in Europa. Der Zugang zu Büchern verbesserte sich über die Jahrhunderte, ergänzt um Zeitungen und Zeitschriften, sodass es mit der Zeit immer selbstverständlicher wurde, etwas nachzulesen oder nachzuschlagen.

Längst ist der nächste Schritt erfolgt: Im Wohnzimmerregal steht nicht mehr der Große Brockhaus oder irgendein anderes Lexikon. Jeder hat stattdessen über Smartphone, Tablet oder Computer Zugriff auf das Internet und damit auf Wikipedia, kann jedes Thema googeln, in hochspezialisierte Literatur eintauchen oder Bewertungen und persönliche Meinungen anderer lesen, Videos von Wissen-Communitys wie „TED" oder Online-Universitäten anschauen oder beim Autofahren Podcasts hören. Schon jetzt bieten Smart Watches oder intelligente Brillen weitere, innovative Zugänge zu Wissen. Und losgelöst von der Frage, wie dieser Fortschritt ethisch oder ästhetisch einzuordnen ist, ist auch eine direkte Verbindung zwischen unserem Gehirn und dem Netz denkbar. Zukunftsmusik, aber technisch in absehbarer Zeit möglich.

Auf einer Zeitachse betrachtet verschieben sich zwei Parameter des Wissens: Der Mensch muss sich immer weniger Wissen aneignen, weil er immer leichter und in Echtzeit Zugriff auf Wissen bekommt. Der Computer beantwortet die Fragen, und der Mensch muss lernen, die besten und richtigen Fragen zu stellen. Das ist das neue Bildungsideal.

Kinder müssen nicht mehr Fremdsprachen und Vokabeln lernen, wenn es allzeit und überall verfügbare Simultanübersetzer gibt. Sie können ihren Kopf von nutzlosem Wissen freihalten und stattdessen ein tieferes Verständnis der Zusammenhänge, der Ursachen und Wirkungen in vernetzten Lebenswelten entwickeln. Deshalb ist die entscheidende Aufgabe von Schule, ihre methodischen, sozialen und kreativen Kompetenzen so zu fördern, dass sie aus dem Wissen der Welt und den Einsichten der anderen das Beste für sich machen können.

Lehrplan 21 in der Schweiz: der richtige Weg!

In den deutschsprachigen Kantonen der Schweiz wird seit Jahren daran gearbeitet und gleichzeitig erbittert darüber gestritten, einen kompetenzbasierten Lehrplan einzuführen. Bei diesem Konzept geht es eben nicht primär darum, etwas zu wissen, sondern darum, etwas zu können. Fähigkeiten stehen im Fokus, Wissen wird immer mit dem Ziel vermittelt, dass die Schüler es konkret anwenden können. Ein wesentliches Ziel des „Lehrplan 21" genannten Projekts ist es zudem, fächerübergreifend die persönlichen, sozialen und methodischen Kompetenzen der Schüler zu verbessern.[160]

Lehrplan 21: Fächerübergreifende Kompetenzen		
Personale Kompetenzen	**Soziale Kompetenzen**	**Methodische Kompetenzen**
Selbstreflexion	Dialog- und Kooperationsfähigkeit	Sprachfähigkeit
Selbständigkeit	Konfliktfähigkeit	Informationen nutzen
Eigenständigkeit	Umgang mit Vielfalt	Aufgaben und Probleme lösen

> *In einem Beitrag für die „Neue Züricher Zeitung" schrieb der Wissenschaftsjournalist Urs Hafner in der Frühphase des Projekts „Lehrplan 21":*
>
> *„Obwohl sie so nicht intendiert sind, lassen manche Formulierungen an die Schaffung eines Subjekts denken, das der ideale Manager seiner selbst ist, der immer weiß, was er tut, und die Welt als Maschine sieht, die er korrekt manipulieren muss, um an sein Ziel gekommen. Die Vorstellung dieses hochkompetenten Schülers, der rational und der Situation angemessen das Richtige tut, mutet fast unheimlich an."*[161]
>
> *Unheimlich? Im Gegenteil. Dies klingt eher wie eine bündige Beschreibung des neuen Bildungsziels. Der Mensch als Manager seiner selbst, immer in der Lage, die Weltmaschine in seinem Sinne zu nutzen. Und zwar nicht, wie Hafner annimmt, weil sich Politik und Wirtschaft flexible Arbeitskräfte wünschen, sondern weil er sich in einer Welt bewegen wird, die von einer Technologie geprägt ist, deren Kreisläufe ganz prima ohne den Menschen auskommen.*

6.4 Technologie in der Schule

Ein angesehener deutscher Pädagoge hat noch im Jahr 2017 behauptet, dass sich junge Menschen im Internet nicht zurechtfinden werden, sofern sie nicht in Bibliotheken oder anhand von Lexika gelernt haben, Wichtiges von Unwichtigem zu unterscheiden.[162] Wer so argumentiert, hat nicht verstanden, dass der Umgang mit dem dynamischen, vernetzten Wissen ein komplett anderer ist, als der mit dem statischen Wissen gedruckter Medien. Er kann auch nicht nachvollziehen, dass Wissen in der digitalen und vernetzten Welt fluide, weniger eindeutig ist und vom Nutzer skeptisch eingeordnet werden muss. Quelle, Relevanz und Zeitpunkt einer Veröffentlichung müssen überprüft werden. Er übersieht, wie klug eingesetzte, digitale Tools den Unterricht in allen Fächern deutlich verbessern können – mit Videos, interaktiven Grafiken, mit kommunikativen Tools wie Skype oder Chats. Er begreift die Potenziale nicht, die bereits die Videotelefonie für schulübergreifende Projekte bietet. Er verkennt, dass „Blended Learning" eine faszinierende Alternative zu dem vielfach stumpfen Frontalunterricht plus Hausaufgaben darstellt, mit dem Kinder heute noch behelligt werden – der Mix aus E-Learning mit interaktiven Medien, Präsenzunterricht und Gruppenarbeit ist deutlich spannender.

Dabei geht es primär gar nicht darum, möglichst viel Digitales in die Schule zu bringen oder gar die Bildung der Kinder an die Maschinen zu delegieren, wie es manche Unternehmen aus dem Silicon Valley propagieren. Was hilft es, eine Kreidetafel durch ein digitales „Whiteboard" zu ersetzen, das geschriebene Inhalte sofort digitalisiert oder auch Videos abspielt, wenn die Arbeit mit solchen Tools nicht mit einem pädagogischen Konzept hinterlegt ist? Eine bloße digitale Aufrüstung in den Klassenräumen bewirkt gar nichts bis wenig, wie die PISA-Studie von 2012 gezeigt hat.

Digitalisierung aus den falschen Gründen

Das „Programme for International Student Assessment" PISA ist ein internationaler Vergleich schulischer Leistungen durch die Organisation für wirtschaftliche Zusammenarbeit und Entwicklung (OECD). PISA untersucht nicht nur die Leistungen der Schüler, sondern auch die Strukturen des Bildungswesens. Und deshalb sollte die 2012er-Studie auch Aufschluss darüber geben, wie sich die Digitalisierung auf die Leistungen der Schüler auswirkt. Das laut OECD „ernüchternde" Ergebnis: Digitalisierung wirkt sich kaum auf die Leistung aus. Aber Wasser auf die Mühlen der Digitalisierungsskeptiker sind diese empirischen Befunde trotzdem nicht. Zu recht argumentiert die OECD, dass die dürftigen Effekte der Digitalisierung vor allem darauf zurückzuführen sind, dass sie aus den „falschen Gründen" vorangetrieben wurde:[163] dem Mantra der „Modernisierung" folgend, aber ohne eine Strategie entwickelt zu haben, ohne entsprechende pädagogische Konzepte und ohne speziell fortgebildete Lehrkräfte.

Der „Monitor Digitale Bildung"[164] der Bertelsmann-Stiftung führt das Ausmaß des Scheiterns im deutschen Schulwesen eindrucksvoll vor Augen: Nur 15 Prozent der Lehrer sind versierte Nutzer digitaler Medien. Nicht einmal jeder vierte Lehrer und gerade einmal jeder fünfte Schulleiter glaubt daran, dass digitale Medien dazu beauftragen, den Lernerfolg von Schülern zu verbessern. Nur acht Prozent der Schulleiter messen der Digitalisierung ihrer Schule eine strategische Bedeutung zu. Gleichzeitig fühlen sich Lehrer und Schulleiter von den übergeordneten Schulämtern und Landesbildungsministerien in Stich gelassen: Wenn das Digitale überhaupt in die Schulen Einzug findet, dann nur auf Initiative engagierter Lehrer und Schulleiter.

Vielversprechende Ansätze, um den digitalen Fortschritt gewinnbringend für den Unterricht zu nutzen, hat zu Beginn dieses Jahrzehnts die „Hewlett-Packard Catalyst Initiative"[165] herausgearbeitet. Das Konsortium aus 50 Unternehmen empfiehlt beispielsweise „Educational Gaming", um Wissen und Kompetenzen in Computerspielen zu erwerben. Spielerisch lassen sich Themen vertiefen, der Unterricht wird abwechslungsreicher und mithilfe der „Gamification" wird der Lernerfolg durch die Freude am Spielen gesteigert. Auch Online-Laboratorien, mit deren Hilfe Schüler wissenschaftliche Versuche im Web simulieren können, ergänzen den Unterricht sinnvoll. Jedoch sind nicht alle Empfehlungen der HP Catalyst Initiative positiv zu bewerten, sondern durchaus kritisch zu betrachten: nämlich Echtzeit-Assessments, die den Lernerfolg der Schüler permanent messen und damit Stress auslösen werden.

Einen überzeugenden, pädagogischen Ansatz, digitale Technologien konzeptionell in den Unterricht einzubinden, bietet das Modell des sogenannten „flipped classroom" (Schule) oder „inverted classroom" (Hochschule).

Unterricht anders herum
Mit dem „flipped classroom"[166] wird der Unterricht quasi auf den Kopf stellt. Traditionell wird der „Stoff" in der Schule vermittelt und später durch die Hausaufgaben vertieft. Der „flipped classroom" funktioniert genau umgekehrt. Die Schüler erarbeiten sich mithilfe digitaler Inhalte, die im besten Falle von ihren Lehrern zur Verfügung gestellt werden, Wissen und Methoden für eine bestimmte Fragestellung. Und zwar zuerst zuhause, in autonom gebildeten Gruppen, im eigenen Tempo und mit eigener In-

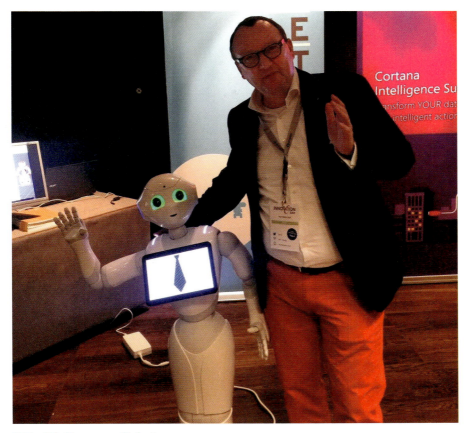

Abb. 16: Pepper mit Autor
Der KI-gesteuerte Roboter Pepper wird bereits in Schule und Universität getestet.
Foto: Karl-Heinz Land privat

tensität. In der Schule wiederum werden die Arbeitsergebnisse diskutiert und vertieft. So entsteht eine völlig neue Lernsituation. Alle Schüler lernen zwar auf dasselbe Ziel hin, jedoch jeder auf seine eigene Art und Weise. Der eine möchte sich vielleicht zügig und effizient den Stoff „draufschaffen", der nächste ist neugierig, lässt sich Zeit und zieht weitere Quellen hinzu. Wieder andere treffen, unterstützen und inspirieren sich gegenseitig.

Interessant ist in diesem Zusammenhang, dass jeder Schüler seinem eigenen Anspruch an sich selbst folgen kann. Es ist beispielsweise in Ordnung, wenn die einen Schüler nur das digitale Material bearbeiten, welches ein

Lehrer zur Verfügung gestellt hat. Andere Schüler mögen vielleicht einen Schritt weitergehen, indem sie zusätzliche Quellen recherchieren und lesen oder weiterführende Videos anschauen. Die österreichische Plattform „Yoovis", die auch als App fürs Smartphone verfügbar ist, selektiert und bündelt geeignete Youtube-Videos für Schüler in verschiedenen Fächern und über mehrere Jahrgangsstufen. Der Service unterstützt Schüler und Lehrer darin, digitalen Content gewinnbringend in die Lehre und ins Lernen zu integrieren.

KI individualisiert den Lehrplan
Welchen Beitrag kann die Künstliche Intelligenz als Partner der Lehrer zu einem moderneren, digitalisierten Schulwesen leisten? Insbesondere IBM, das durch „Watson" von allen IT-Unternehmen am besten im Markt für Künstliche Intelligenz positioniert ist, engagiert sich im Bildungswesen. So bietet die IBM International Foundation in den USA eine kostenlose Plattform „Teacher Advisor"[167] an, die Lehrer darin unterstützt, digitale Lehrinhalte zügig und zielgerichtet für ihre Klasse zusammenzustellen. Gleichzeitig liefert der „Teacher Advisor" didaktische Hinweise und Pläne mit, die die Effizienz der Lehre weiter erhöhen. Die Lehrer werden dadurch entlastet und gewinnen Freiraum, um stärker auf die jeweiligen Bedürfnisse ihrer Schüler eingehen zu können. Entwickelt wurde die Plattform, die in ihrer ersten Version alle Jahrgänge der Elementarschule in den USA abdeckt, als Public-Private-Partnership. Der US-amerikanische Lehrerverband, staatliche Stellen und Non-Profit-Organisationen sind in das Projekt eingebunden.

Aber das Spannendste, was die KI zur Schulausbildung beitragen kann, ist die Individualisierung der Lehrpläne. Es wäre ein bedeutsamer Schritt vorwärts, wenn jedes Kind auf einer Basis, die objektiver ist als die Einschätzung des Lehrers, gezielt gefördert werden könnte. Auch hier ist IBM Vorreiter. Auf Basis von „Watson" liefert die App „Elements" objektivierte Erkenntnisse zu jedem Schüler – basierend auf dem demografischen Hintergrund, auf Stärken und Schwächen, noch zu meisternden Herausforderungen und je nach Lernstil. Auf Knopfdruck erstellt das System individualisierte Lehrpläne. Damit kommen die Lehrer mithilfe der

Maschinen dem pädagogischen Ziel näher, jeden Schüler seinem Wissen, seinen Fähigkeiten und seinen Potenzialen entsprechend zu fördern. Es gibt dazu einen augenzwinkernden Werbespot von IBM: „Watson" prahlt vor einer jungen Lehrerin, dass er individuelle Lehrpläne für jeden Schüler erstellen kann. Die Lehrerin hat aber eigentlich nur eine Frage: „Wie halte ich sie ruhig?" „Watson" überlegt eine Weile und antwortet: „Dafür gibt es keine bekannte Lösung."

Neben IBM drängen auch andere IT-Unternehmen auf den Bildungssektor. Google hat unter dem Label „Google Classroom" eine Handvoll Werkzeuge versammelt, um den Unterricht kollaborativ und interaktiv zu gestalten. Man kann die Offerten zum Programmbündel „G-Suite", zur Google Cloud und zu den Chromebook-Laptops, die nur mit Google-Software funktionieren, durchaus kritisch sehen. Denn Google bindet die Schulen damit jahrelang an sein digitales Ökosystem. Andererseits sind Services wie „Google Earth" und die virtuelle Museums- und Kunstplattform „Google Arts & Culture" wie prädestiniert für einen lebendigen, spannenden Unterricht.

Grundsätzlich verfestigt sich der Eindruck, dass die IT-Branche die Digitalisierung des Bildungswesens mit mehr Nachdruck verfolgt als die Pädagogik oder die Bildungspolitik. Die Unternehmen verfolgen dabei einen Mix durchaus generell zukunftweisender Absichten und geschäftsfördernder Ziele. Dazu gehört natürlich, nicht nur eine neue Generation von „digital natives" auszubilden, sondern sie möglichst früh an die eigene Marke zu binden. Das bedingt das Geschäftsinteresse, verpflichtet aber auch Politik und Schulbehörden, die Unabhängigkeit der Schulen in solchen Projekten zu gewährleisten. Derzeit sieht es aber eher so aus, als könnte die öffentliche Hand dem Innovationstempo der Industrie bloß folgen.

6.5 Moocs und die Demokratisierung der Bildung

Theoretisch kann jeder Mensch mit Zugang zum Netz heutzutage Universitätskurse aus aller Welt belegen. Sogenannte „Massive Open Online Courses" (MOOCs) haben sich binnen weniger Jahre zum Bildungsrenner entwickelt. Der erste MOOC wurde 2011 von der Stanford University gestartet; mittlerweile gehen Marktbeobachter von über 35 Millionen Teilnehmern weltweit aus.

MOOCs sind videobasierte Onlinekurse. Bei den einfachen Versionen handelt es sich um gefilmte Vorlesungen, die mit Prüfungsmodulen kombiniert werden. Andere sind eher als Arbeitsgruppen- oder Workshop-Formate angelegt. Viele Angebote überlassen es dem Lernenden, sein Lerntempo selbst zu bestimmen („self paced"). Mithilfe von MOOCs lassen sich anerkannte Bildungsabschlüsse erwerben – häufig als „blended learning" mit Präsenzphasen. Anhand von MOOCS kann man darüber hinaus Spezialgebiete vertiefen und sogenannte „nano degrees" erlangen. Diese Nanoabschlüsse mit Zertifikat stehen für diverse Berufszweige, für die innerbetriebliche Fortbildung als auch für die Weiterbildung privater Hobbys oder persönlicher Kompetenzen zur Verfügung.

Udacity, eine auf Technikberufe spezialisierte Plattform für MOOCs und einer der weltweit führenden Anbieter, rühmt sich, fünf Millionen Teilnehmer zu haben. Das Unternehmen aus dem Silicon Valley wirbt unter anderem damit, dass es die Kursgebühren erstattet, wenn ein Absolvent keine entsprechende Anstellung findet – eine selbstbewusste Erfolgskontrolle.[168] Die Konkurrenz von Edx trägt Onlinekurse solch renommierter Hochschulen wie Harvard und Berkeley, des Massachusetts Institute of Technology (MIT), der Sorbonne, Paris, oder der RWTH Aachen in die Welt. Viele Kurse sind kostenlos, andere gebührenpflichtig. Durch ihr Prinzip „one to many" sind die kostenpflichtigen durchaus bezahlbar.

Eine Studie der Plattform „Class Central", an dem sich 2500 Nutzer beteiligten, weist auf ein wachsendes Interesse an MOOCs in den Entwicklungsländern hin. Jeweils elf Prozent der Antworten kamen aus Indien und aus Afrika. „Class Central" geht davon aus, dass die Nachfrage weiter steigt.[169]

MOOCs stehen exemplarisch für den Demokratisierungseffekt von Bildung. Vernetzung, Plattformen, zunehmend breitbandigere Netze für Videostreaming machen Bildung potenziell für jeden zugänglich und erschwinglich.

7 Die Zukunft provozieren

Ein Vierteljahrhundert ist vergangen, seit das Internet zu einem Massenphänomen wurde. Mit analogen Modems, die quietschten und zirpten, bis sie Computer endlich mit dem „World Wide Web" verbunden hatten. Und es ist schon fast 20 Jahre her, seit Tennisstar Boris Becker im Spot für den damaligen Branchenprimus AOL die legendären Worte fand: „Bin ich da schon drin?" Seither hat sich das Leben gewandelt. Die Netztechnologie wurde und wird immer schneller, Smartphones und Tablets ermöglichen den Zugang in nahezu jeder Lebenssituation. Viele Menschen sind über Technologie und Netze in neue Kommunikationsstrukturen eingebunden, die Welt der Wirtschaft ist auf den Kopf gestellt. Die wertvollsten Marken der Welt sind im Digitalen groß geworden: Apple, Alphabet/Google, Microsoft, Amazon, Facebook – das sind die „Big Five" der Weltwirtschaft. Doch so omnipräsent die digitale Sphäre auch ist, wir stehen erst am Anfang der Transformation einer analogen Lebensumwelt in ein hybrides Öko- und Infosystem. Wir erleben jetzt, wie das exponentielle Wachstum der IT-Technologie greift. Ein riesiger Chancenraum öffnet sich, der uns in einen Geschwindigkeitsrausch versetzen wird. Angetrieben durch die Digitalisierung und die Kombinatorik verschiedener Technologien und Wissenschaften kommen Schlag auf Schlag bahnbrechende Innovationen auf den Markt.

Digitalisierung und Vernetzung demokratisieren den Zugang zu Bildung, zu Wissen und Künstlicher Intelligenz, zu Daten und Services, zu Märkten und Produktionskapazitäten. Gleichzeitig bringen sie Transparenz und Verlässlichkeit in das Wirtschaftsgeschehen, in die gesellschaftliche Willensbildung sowie in administrative Systeme.

Nur die Digitalisierung ermöglicht und bewirkt rasche Veränderungen in einer Größenordnung, die notwendig ist, um die Menschen, das Klima und die Ressourcen annähernd zu retten. Dematerialisierung und Sharing Economy werden unsere wachstumsorientierten Wirtschaftssysteme grundlegend verändern. Der Kapitalismus des 20. Jahrhunderts hat ausgedient. Es werden viel weniger physische Produkte erzeugt werden. Dadurch sinkt der Verbrauch an Rohstoffen. Weil die industrielle Produktion stark zurückgeht und der Individualverkehr mehr und mehr durch effiziente, autonome Transportsysteme abgelöst wird, rückt das Ziel, die CO_2-Belastung der Atmosphäre zu begrenzen und den Klimawandel zu verlangsamen, wieder in Reichweite. Künstliche Intelligenz macht nicht nur alle Versorgungssysteme effizienter, sondern wird auch dafür sorgen, dass sich die vernetzte und digitale Welt selbst optimiert. Der Bedarf an Arbeit wird so dramatisch sinken, dass viele Menschen nicht mehr arbeiten müssen.

Vor diesem Hintergrund müssen die Menschen in einer Art und Weise auf die Welt schauen, wie sie es noch nie getan haben. Sie können die Vergangenheit nicht mehr einfach in die Zukunft fortschreiben. Es bedarf vielmehr des Muts und der Weitsicht, das kapitalistische Wirtschaftssystem in Frage zu stellen.

7.1 Kapitalismus hinterfragen

Der Kapitalismus prägt die Weltwirtschaft seit 250 Jahren. Die erste industrielle Revolution, die in England mit Erfindung der Dampfmaschine begann, markiert seinen unaufhaltsamen Aufstieg als Wirtschafts- und Gesellschaftsordnung, „die auf Privateigentum an den Produktionsmitteln und einer Steuerung von Produktion und Konsum über den Markt" basiert.[170] In dieser Form hat der Kapitalismus in vielen Gesellschaften enormen Wohlstand und technologischen Fortschritt gebracht. Von Europa aus hat sich der Kapitalismus über den Erdball verbreitet. Seit dem 19. Jahrhundert stand er in Konkurrenz zur kommunistischen Planwirtschaft, die sich aber erst mit der Oktoberrevolution 1917 in Russland als Wirtschaftssystem eines Staates etablieren konnte. Der Widerstreit der Systeme, im Westen verknüpft mit der Demokratie und im Ostblock mit dem Sozialismus, ist kennzeichnend für die Geschichte des 20. Jahrhunderts nach Ende des Zweiten Weltkriegs. Am Ende setzte sich der Kapitalismus durch. Er hatte, trotz aller Ausbeutung, Ungleichheit und existenzbedrohender Wirtschaftskrisen den Lebensstandard vieler Menschen, auch der Arbeiter, angehoben. Man erinnere sich an das deutsche Wirtschaftswunder: Ein Häuschen, ein Auto, Urlaub – für viele wurde solcher Luxus erschwinglich. Auf dem Rücken des industriellen Fortschritts bildete sich eine neue, starke Mittelschicht heraus.

Dagegen platzte in den 1990er Jahren der Traum einer sozialistischen, marxistisch-leninistisch geprägten Alternative zum Kapitalismus. Die Sowjetunion und der Ostblock lösten sich auf; die Deutsche Demokratische Republik (DDR) wurde mit der Bundesrepublik vereint; ihr real existierender Sozialismus verschwand. Der Untergang dieser Gesellschaftsform war gleichzeitig das Fanal, um neue, radikal marktliberale Energien freizusetzen. Die Globalisierung nahm an Fahrt auf, und es entstand der Eindruck, dass sich damit das bessere, gerechtere und leistungsfähigere Wirtschaftssystem durchgesetzt hat. Der Politikwissenschaftler Francis Fukuyama proklamierte vor diesem Hintergrund bereits das „Ende der Geschichte"[171], doch wie viele andere Experten sollte er sich irren.

Zum einen wurde damals geflissentlich übersehen, dass sich die Volksrepublik China mit ihrem langfristigen Konzept der Supraplanung aufmachte, ihr sozialistisches Staats- und Wirtschaftswesen mit marktwirtschaftlichen Elementen zu modernisieren. Mit großem Erfolg. Es ist nur noch eine Frage der Zeit, bis China zur Wirtschaftsmacht Nummer eins aufsteigt. Zum anderen rechnete niemand damit, dass der Neoliberalismus so heiß laufen würde, wie es – gleichsam aus heiterem Himmel – in der zweiten Hälfte der 2000er Jahre offenkundig wurde: 2008 brach das Finanzsystem unter dem Druck undurchsichtig verschachtelter Anlageprodukte und Massen fauler Immobilienkredite zusammen. Die Pleite der Bank Lehmann Brothers wurde zum Symbol der Krise. Die Finanzmärkte hatten sich verselbständigt; getrieben vom Shareholder Value huldigten sie einzig der Gier, verstanden ihre eigenen Produkte nicht mehr und verloren die Menschen und deren Wohl endgültig aus dem Blick. Doch die Erschütterung hielt sich zunächst noch in Grenzen. Die Wirtschaft wurde schnell wieder hochgefahren und prosperiert seither stärker als vor der Krise. Doch gleichzeitig ist die Ungleichheit immens gestiegen, und viele Menschen der Arbeiterschaft und Mittelschicht, vor allem in den USA, leiden bis heute an den gestiegenen Kosten für ihre Kredite, an verlorenem Anlagevermögen und versenkten Pensionsfonds. Ihnen ist endgültig bewusst geworden, dass sie im kapitalistischen System auf die Verliererstraße geraten sind und eine Lösung für sie nicht in Sicht ist.

Der Ausgang der US-Präsidentschaftswahlen von 2016 legt ein beredtes Zeugnis davon ab. Emotional und wirtschaftlich abgehängte Weiße im Hinterland der USA stimmten für Donald Trump. Es ist aberwitzig: Ausgerechnet ein radikaler Kapitalist soll sie vor den Folgen der Globalisierung retten. Viele junge Wähler – die sogenannte Generation Y – hätten lieber den „demokratischen Sozialisten" Bernie Sanders im Präsidentenamt gesehen. Ein Drittel der Amerikaner unter 30 Jahren favorisiert den Sozialismus gegenüber dem Kapitalismus.[172]

Jetzt, im heraufziehenden digitalen Zeitalter, laufen dem Kapitalismus die Unterstützer davon. Laut einer Umfrage des Marktforschungsinstituts Yougov glauben drei Viertel der Deutschen, zwei Drittel der Briten und die Hälfte der US-Amerikaner, dass der Kapitalismus die Reichen reicher und die Armen ärmer macht.[173] In Deutschland ist der Begriff „Kapitalismus" für 52 Prozent der Menschen negativ besetzt; 41 Prozent verbinden mit Kapitalismus die Ausbeutung der Schwächeren.[174] Das ist die Quittung für eine durch und durch wirtschaftsorientierte Politik, für die Selbstbedienungsmentalität von Teilen des deutschen Top-Managements und für den anhaltenden Trend zu prekären Arbeitsverhältnissen, von denen Arbeitnehmer nur schlecht oder gar nicht leben können. Diese desaströsen Umfrageergebnisse spiegeln ein wachsendes Gefühl der Unsicherheit bei vielen Menschen wider.

Wenn man nun die Auswirkungen der Digitalisierung und der Dematerialisierung ins Kalkül zieht, darf einem für die Zukunft des Gemeinwesens angst und bange werden. Wie werden die Menschen erst reagieren, wenn die Wirtschaft schrumpft und die Arbeit verschwindet, wenn derzeit prosperierende Ökonomien in eine Abwärtsspirale geraten und unterentwickelte Länder nicht das ersehnte Wirtschaftswachstum realisieren können? Viele Menschen scheinen jetzt schon instinktiv zu spüren, dass sich ihr Status und ihre Bedeutung in der digitalen Welt deutlich verändern wird. Das birgt ein zusätzliches Momentum der Unsicherheit, das durch die Unfähigkeit der Politik, eine Vision für die Zukunft des Landes, der EU und auch der Welt zu entwickeln, weiter verstärkt wird. Es sammelt sich eine Menge sozialen Sprengstoffs an, und er wird explodieren, wenn die Entscheidungsträger in Politik und Gesellschaft den digitalen Wandel nicht proaktiv gestalten. Um es klar zu sagen: Ihre Lethargie ist das Problem, nicht der digitale Fortschritt.

Wohin steuern also die Gesellschaften? Auffallend ist, wie gerne Journalisten und Ökonomen in jüngerer Zeit den Philosophen, Journalisten und Kommunisten Karl Marx (1818–1883) in die Diskussion bringen. Regelmäßig erscheinen Artikel und Kommentare mit dem Tenor: „Hatte Marx doch recht?" Es steht außer Frage, dass Marx ein herausragender Denker, ein großer Humanist mit bestechenden Ideen und Analysen war und bis heute relevant ist. Kaum hatte die Industrialisierung richtig begonnen, sprach er schon über die Entfremdung des Arbeiters von der Ware, und man muss nur einmal an den Ladenfronten der Städte vorbeistreifen, um zu verstehen, was er mit dem „Fetischcharakter der Ware" gemeint hat: Wie viele Käufer denken wirklich an die Menschen, die die Produkte gefertigt haben, an ihre Arbeitsbedingungen, den Billiglohn, den sie wohl erhalten haben, an ihre soziale Lage? Doch seine klugen Gedanken mündeten in der Schlussfolgerung, dass sich das Proletariat im Klassenkampf gegen das Kapital erheben würde. Ein grandioser Irrtum, denn Kommunismus und Sozialismus führten im 20. Jahrhunderts in die Diktatur einer Elite, meist verbunden mit Gewalt und der massenhaften Ermordung Andersdenkender.

Gleichwohl bleibt es faszinierend, wie nah Marx in seinem sogenannten „Maschinen-Fragment"[175] schon im 19. Jahrhundert der künftigen, digitalen Wirklichkeit gekommen ist. Er sagte voraus, dass der Mensch, im Marxschen Sinne der Arbeiter, nur noch „lebendiges Zubehör" der Maschinen sein wird. Die Hauptaufgabe des Menschen bestehe jedoch darin, die Maschinen durch Wissenschaft zu erfinden und sie schließlich zu kontrollieren. Wissen wird zum entscheidenden Produktionsfaktor. Die visionäre Kraft des Fragments ist bemerkenswert, und dieser Geniestreich aus der Feder Karl Marx inspiriert linke Ökonomen, sozialistische Wirtschaftssysteme für das 21. Jahrhundert zu denken.

Der Ökonom und Journalist Paul Mason macht beispielweise mit seiner Analyse „Postkapitalismus – Grundrisse einer modernen Ökonomie"[176] Furore. Er nimmt seine Leser mit auf eine aufregende Reise durch die Ideen- und Wirtschaftsgeschichte. Und in vielen Punkten hat Mason recht. Wir brauchen ein Projekt „Zero". Wir müssen uns, da die Grenzkosten gegen null sinken und Wissen zunehmend immer mehr zu „opensource" tendiert, das heißt für alle immer und überall verfügbar ist, Gedanken über die Wertschöpfung machen. Wir brauchen den Geist, die Innovationskraft und die Wertevorstellungen der Jugend, um eine neue Agenda für die digitale Zeit zu formulieren und Veränderungen herbeizuführen. Aber wir dürfen die Infrastruktur des Wohlstands nicht in einen „Supercomputer" verwandeln, über den der postkapitalistische Staat die Folgen unternehmerischer Entscheidungen berechnen und in Produktion, Preisgestaltung oder ins Marketing eingreifen kann. Genau das schwebt Mason vor. Er übersieht aber, dass dieser Interventionsmechanismus den Motor des Fortschritts abwürgen würde.

Seit Marx unterschätzen die Sozialisten die Anpassungsfähigkeit des Kapitalismus. Man mag es bedauern, aber es gibt nur zwei essentielle Treiber der Innovation: Ungleichheit, die Menschen veranlasst, ihre Position zu verbessern, sowie das Streben nach Gewinn und Reichtum. Deshalb wird der Kapitalismus seine aktuelle Sinnkrise nicht nur überwinden, sondern auch die Lösung des Problems sein. Doch der Kapitalismus muss und wird sich unter dem Druck der Digitalisierung und Dematerialisierung, die er selbst hervorgebracht hat, einer Metamorphose unterziehen. Und nachdem er summa summarum – über den Tellerrand der industrialisierten Welt mit ihrem Wohlstand geschaut – 200 Jahre lang die Menschen und den Planeten ausgebeutet hat, wird er zu einer Kehrtwende gezwungen. Die Menschen wissen mittlerweile, dass ein „Weiter so" in den Untergang der Zivilisation führen wird. Und Milliarden von ihnen kämpfen täglich ums Überleben. Sie werden ihren Anteil, ihren „fair share" einfordern.

In der fünften industriellen Revolution erlaubt die hochvernetzte Infrastruktur des Wohlstands jedem Einzelnen die Teilhabe, sowohl als Konsument und als Anbieter, sowohl als Individuum als auch als Teil einer Gruppe. Es entstehen amorphe Mikromärkte, auf der Angebot und Nachfrage, Preise und Konditionen sowie der Einsatz und der Gegenwert von Daten in Echtzeit austariert werden. Bei diesem System wird es sich wiederum um eine kapitalistisch geprägte Marktwirtschaft handeln, aber eben nicht mit klar umrissenen Marktsegmenten, sondern mit wechselnden Austauschmechanismen, Anbietern und Nachfragern, getrieben von Daten und Wissen.

Die Aufgabe der Kapitalseite, also der Investoren, Banken und Unternehmer, wird es nicht nur sein, die Produktionsmittel und das Netz zu finanzieren und stetig zu verbessern. Sie muss sich einem neuen Anreizsystem zuwenden, in dem nicht finanzieller Gewinn das eigentliche Ziel einer Unternehmung sein wird, sondern sozialer und ethischer Fortschritt. Um dabei nicht missverstanden zu werden: Die Unternehmen der Zukunft müssen hochproduktiv und wirtschaftlich erfolgreich sein. Die Rettung des Planeten, ein Stopp des Klimawandels und das Ende von Hunger und Armut gibt es nicht zum Nulltarif. Zudem werden es die Gesellschaften weltweit mit einer wachsenden Menge an Menschen zu tun haben, für die einfach keine Arbeit mehr vorhanden sein wird. Die Leistungskraft der Wirtschaft muss die Grundlage dafür legen, diesen Menschen eine wirtschaftliche und lebensbejahende Perspektive zu bieten. Und zwar nicht im Sinne staatlicher Almosen, sondern durchaus mit der Bereitstellung von Entwicklungschancen.

Das Mittel der Wahl ist das bedingungslose Grundeinkommen. Da sich alle Phantasien von wirtschaftlichem Wachstum und neuen Arbeitsplätzen im Zuge der Digitalisierung in Luft auflösen werden, bleibt es der einzig gangbare Weg, um die Ungleichheit in der Welt abzufedern, Fluchtbewegungen und Aufstände abzuwenden. Das bedingungslose Grundeinkommen ist alternativlos, um Menschen einen inklusiven Weg in ein grundsätzlich gesichertes Leben zu ebnen, statt sie zu stigmatisieren und auszugrenzen. Der bereits geschilderte Großversuch der NGO Givedirectly wird den Beweis erbringen, dass das Grundeinkommen die Lösung für die von Hunger und Armut geplagten Menschen in den Entwicklungsländern sein wird. Gleichzeitig ist es das zentrale sozialpolitische Instrument für die Industrienationen. Jede Wette: Das bedingungslose Grundeinkommen wird innerhalb der nächsten zehn bis 15 Jahre Hartz IV und andere Sozialleistungen ablösen.

7.2 Grundeinkommen statt „Brot und Spiele"

Obwohl die deutsche Wirtschaft glänzend dasteht, hat sich das soziale Klima im Land aufgeheizt. Mit der „Alternative für Deutschland" (AfD) zog bei der Bundestagswahl 2017 zum ersten Mal in der Geschichte der Republik eine rechtspopulistische, in Teilen offen rechtsradikale Partei in den Bundestag ein. Das Internet wird von „Fake News" sowie von herabwürdigenden Beleidigungen und Anfeindungen vor allem aus der rechten Ecke überschwemmt. Die Hemmschwelle sinkt immer weiter. Duckten sich die Pöbler, Hetzer und Mobber lange in die Anonymität des Netzes, gehen sie jetzt immer mehr dazu über, mit ihren Klarnamen zu stänkern, zu diffamieren und zu drohen. Pegida ist auf den Straßen, Hooligans werden nicht nur bei den Spielen ihrer Clubmannschaft aggressiv und ausfallend, sondern auch bei den Spielen der deutschen Fußballnationalmannschaft.

Sorgen und Ängste treiben viele Menschen in die Arme populistischer Organisationen und rechtsnationaler Parteien, die sich und ihre Anhänger als Opfer eines Systems stilisieren und viel zu simple sowie mitunter schlichtweg falsche Antworten auf überaus komplexe Probleme anbieten. Zudem fühlen sich viele durch den Wirtschaftsliberalismus und die Globalisierung emotional entkoppelt, nicht mehr einer Gemeinschaft zugehörig, nicht mehr ernst- und wahrgenommen. Politik und Gesellschaft fehlen die Konzepte und Ideen, um diese Menschen wieder um die

Lagerfeuer des Gemeinwesens und der Demokratie zu versammeln, die Ressentiments und Vorurteile abzubauen, von denen sich viele Bürger leiten lassen.

Was wird erst passieren, wenn die Arbeitsmärkte im Zuge der digitalen Transformation kippen, wenn Vollbeschäftigung nur noch eine sehnsüchtige Reminiszenz an längst vergangene Zeiten ist? Geht das Volk auf die Barrikaden? Oder wird es ruhiggestellt wie im alten Rom, mit „panem et circenses", „Brot und Spiele", wie der Satiriker Juvenal einst spottete? Die römischen Kaiser hielten den Plebs ruhig, indem sie immer mehr und immer größere Massenevents organisierten. Mit Wagenrennen und brutalen Kämpfen zwischen Gladiatoren sowie zwischen Mensch und Tier – eine Perversion. Mit dem Colosseum in Rom schufen sie dafür eine Arena mit über 85.000 Plätzen. Und es gab für die Armen tatsächlich Brot, denn ein satter Bauch begehrt nicht auf. Der Historiker Livius registrierte entgeistert, „wie sich die Sache von einem gesunden Anfang zu diesem (…) kaum noch erträglichen Wahnsinn entwickelt hat".[177] Wäre es nicht eine schreckliche Vorstellung, wenn die Digitale Transformation Gesellschaften hervorbringt, in der Millionen Menschen nach dem Prinzip „panem et circenses" oder Trash-TV á la RTL II bei Laune gehalten werden? Mit Almosen (panem) und Massenunterhaltung in Medien und bei Events (circenses)? Die Gefahr, dass die deutsche Gesellschaft auf solche Abwege gerät, ist real. Vor allem, weil ein realistischer Masterplan für die Zeit, in der die Arbeit verschwindet, nach wie vor fehlt.

Das bedingungslose Grundeinkommen für eine künftige Gesellschaft ohne Vollbeschäftigung stellt eine ebenso bestechende wie einfache Idee dar. In seiner radikalsten Form ersetzt das bedingungslose Grundeinkommen alle sozialen Transferleistungen und sichert die Existenz des Menschen. Aller Menschen und das ihr Leben lang. Der Ökonom Thomas Straubhaar spricht vom Grundeinkommen als einer „fundamentale(n) Steuerreform", die „alle sozialpolitischen Maßnahmen in einem einzigen Instrument" bündelt.[178] Das Grundeinkommen sollte hoch genug sein, um die Existenz der Menschen zu sichern. Das heißt: Er braucht nicht zu arbeiten, um zu überleben und am gesellschaftlichen Leben teilzuhaben.

Finanziert wird das Grundeinkommen durch Steuern, die alle bezahlen müssen, die Einkommen erzielen:

1. Von dem Teil der Bevölkerung, der arbeitet und über das Grundeinkommen hinaus Geld verdient.
2. Von Anlegern und Investoren, die Kapitaleinkünfte haben.
3. Von jedem Unternehmen, das die Maschinen und Roboter betreibt, die anstelle des Menschen für Wertschöpfung sorgen, in Form einer Maschinensteuer.

Aber das Grundeinkommen sichert nicht nur die Lebensgrundlage der Menschen; es führt zu gesellschaftlichem Fortschritt. Der Anthroposoph und Gründer der Drogeriemarktkette dm, Professor Götz W. Werner, leitet das Anrecht auf ein Grundeinkommen aus Artikel 1 des Grundgesetzes und damit aus einem Menschenrecht ab: „Die Würde des Menschen ist unantastbar. Ein Grundeinkommen lässt den Menschen in Würde leben. Er sollte keine Tätigkeiten ausführen müssen, die er nicht ausführen möchte. Nein sagen zu können, das ist Freiheit im Sinne Rousseaus."[179] Damit bezieht sich Werner auf ein Zitat des Philosophen Jean-Jacques Rousseau (1712–1778), der erklärte: „Die Freiheit des Menschen liegt nicht darin, dass er tun kann, was er will, sondern, dass er nicht tun muss, was er nicht will."[180]

Ein Stück dieser Freiheit ist bereits gegeben, wenn wir über die Verbindung von Einkommen und Arbeit anders denken: Götz W. Werner hält es für grundlegend falsch zu meinen, dass Menschen mit einem Gehalt oder einem Honorar für getane Arbeit belohnt werden. Es sei de facto genau umgekehrt: Erst das Einkommen macht Arbeit überhaupt erst möglich. Einkommen ist nämlich die Investition in künftige Wertschöpfung.[181]

Wenn der Mensch sich nicht mehr um seinen Lebensunterhalt kümmern muss, weil er durch ein Grundeinkommen abgesichert ist, kann er die Dinge tun, die er möchte, die für ihn Sinn ergeben. Diese neue Lebenssituation wird dazu führen, dass er sein Verhalten ändert, den Konsum kritischer betrachtet und sich für die Umwelt, für das Klima oder sozial und in der Pflege engagieren wird. Das Grundeinkommen kann helfen, Notstände in unterfinanzierten Bereichen zu beseitigen. Pflegekräfte verdienen viel zu wenig, und die Situation pflegender Angehöriger ist oftmals prekär. Sie wenden viel Zeit und Energie auf, ohne in gleichem Maße steuerlich entlastet oder für den Ruhestand entlohnt zu werden. Objektiv betrachtet ist es überhaupt nicht einzusehen, dass eine Krankenschwester oder Kindererzieherin weniger Geld als ein Mechatroniker im Autoservice verdient.

Kurzum: Wer bekommt, wird auch geben wollen. Zumindest bei vielen Menschen wird es so sein. Der Mensch, sagt Götz W. Werner, ist ein Entwicklungswesen. Er wird die Freiheit und die Sorglosigkeit, die das Grundeinkommen mit sich bringt, gut nutzen. Kritiker führen an, dass sich die Menschen in die soziale Hängematte legen, sobald das Grundeinkommen fließt. Solche Fälle wird es geben. Aber es wird sich definitiv um eine Minderheit handeln.

7.3 Die digitale Latenz verkürzen

Um mit der digitalen Umgestaltung des Lebens mitzuhalten, müssen Gesellschaft, Wirtschaft und Politik ihre Reaktionsgeschwindigkeit erhöhen. Institutionen, Willensbildungs- und Entscheidungprozesse sind noch auf eine Zeit ausgelegt, in der Veränderung Jahre, ja Jahrzehnte dauerte. Fast alle, ob Politiker oder Unternehmen, befinden sich im Reaktions- statt im Gestaltungsmodus.

Die Erfahrung zeigt: Auf Innovationen reagiert zuerst die Gesellschaft, also die Bürger respektive die Kunden, dann die Wirtschaft und erst zuletzt die Politik. Diese „Latenzzeiten" werden durch die exponentielle Entwicklung digitaler Technologien immer länger. Während die Menschen das Neue schon längst adaptiert haben, fragen sich Unternehmen und Politik jahrelang, wie sie damit umgehen sollen. Facebook ist dafür ein gutes Beispiel. Obwohl schon hunderte Millionen Menschen das soziale Netzwerk nutzten, dauerte es Jahre, bis die Wirtschaft es produktiv einsetzte. Die Politik ist noch später aufgewacht, und zwar erst, als in sozialen Netzwerken massenweise gefälschte Nachrichten in Umlauf kamen, in manipulativer Absicht programmierte Bots zu twittern begannen und eine Hass- und Beleidigungskultur um sich griff. Bis heute sind alle Versuche, die sozialen Netzwerke in die Verantwortung zu nehmen, unzulänglich. Die digitale Sphäre ist der Politik längst entglitten.

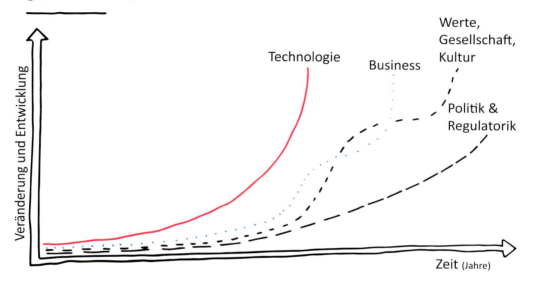

Abb. 17: Das Digital Latency Modell
Politik und Verwaltungen antizipieren technologische Entwicklungen am langsamsten. Durch die steigende Geschwindigkeit des technologischen Fortschritts verlängern sich die Reaktionszeiten. Quelle: Karl-Heinz Land

Das Phänomen des Immer-zu-spät-Kommens illustriert das „Digital Latency Modell". Es zeigt, wann und wie Gesellschaft, Wirtschaft und Politik auf neue Technologien reagieren.

Politiker müssen ihr Bewusstsein dafür schärfen, dass wir in ein Echtzeit-Zeitalter eintreten. Persönliche Überzeugungen verlieren gegenüber KI-basierten Analysen und Empfehlungen an Gewicht. Die Meinungsbilder, die eine Künstliche Intelligenz aus den unstrukturierten Posts des Social Web herausfiltert, werden wahrscheinlich präziser sein als die empirische Marktforschung. Willensbildung muss deutlich schneller erfolgen. Politik wird in kurzer Taktung immer neue Mandate brauchen, um gemeinsam mit den Menschen entscheiden zu können, was gewollt und was unerwünscht ist. Anders sind die Entwicklungssprünge im exponentiellen Raum nicht gesellschaftspolitisch aufzufangen.

Das internetbasierte Beteiligungsforum „Campact" der gleichnamigen NGO ist ein gutes Beispiel für gebündelte und gezielte Online-Petitionen. Zudem artikuliert sich politischer Wille generell über die sozialen Netzwerke – und zwar blitzschnell, amorph und global. Wie lassen sich diese neuen gesellschaftspolitischen Initiativen in den politischen Prozess integrieren? Dies ist eine entscheidende Frage, damit sich die Menschen wieder stärker als Teil eines gesellschaftlichen Gefüges begreifen, das sie ernst nimmt und für sie arbeitet. Die bekannte Kehrseite dieser Medaille ist, dass auch der Populismus seinen Resonanzraum findet und durch solche „social politics" zu realer Politik werden kann. Aber mit solchen Unsicherheiten und Ambivalenzen müssen Gesellschaften umzugehen lernen. Soziale Netzwerke heute sind ein „laues Lüftchen" im Vergleich zu dem, was wir bereits in bis zu fünf Jahren erleben werden. Politik wird es sich definitiv nicht mehr leisten können, dies zu ignorieren. Ignoranz führt im geringsten Fall zu weiterem Glaubwürdigkeitsverlust; im schlimmsten Fall öffnet Ignoranz Tür und Tor für zügellose Wut, noch mehr Diskriminierung und Rassismus, noch mehr geistiger Brandstiftung und schamlosen Aufrufen zu Gewalt.

Der Kommunikationswissenschaftler Norbert Bolz hat recht, wenn er in seiner Reflektion über den Systemtheoretiker Niklas Luhmann schreibt:

> „Weil die Welt komplex ist, fehlen uns immer Informationen. Weil Informationen fehlen, sind wir immer unsicher. Weil wir unsicher sind, gibt es für uns keine wahre Antwort, sondern nur den Konflikt der Meinungen. Zwietracht, Widerstreit, Dissens. Deshalb müssen wir ohne Grundlagen

leben und Abschied vom Prinzipiellen nehmen. Unsere Gesellschaft stabilisiert sich durch Variation. Dazu trägt der Einzelne auf ganz prosaische Weise bei, indem er frei zwischen dem wählt, was der Markt ihm bietet. Dass wir Zukunft haben, aber kein Wissen von der Zukunft, ist Vorder- und Rückseite derselben Freiheit. Wir bewegen uns auf ein Ziel zu, das sich selbst bewegt. So gilt, dass man die Zukunft nicht prognostizieren, sondern nur provozieren kann." [182]

Die „Digital Latency" zu überwinden heißt deshalb auch, nicht nur das gerade Machbare zu denken und die Technologiefolgen für die Jetztzeit und die nahe Zukunft abzuschätzen, sondern auch das gerade noch Vorstellbare, das Visionäre zu denken.

Nur so entgehen Gesellschaften der Falle, in die schon viele Unternehmen getappt sind: Sie unterschätzen den technologischen Wandel und die damit verbundenen Veränderungen im Verhalten der Menschen. Sie werden Opfer des „Digitalen Darwinismus", eines evolutionären Prozesses, der im Wirtschaftsgefüge nur diejenigen überleben lässt, die sich den Lebensbedingungen der digitalen Sphäre am besten anpassen.[183] Diese Auslese ist jedoch nicht auf Firmen und Marken beschränkt, sondern erstreckt sich in der vollvernetzten Welt auch auf Gesellschaften und Nationen.

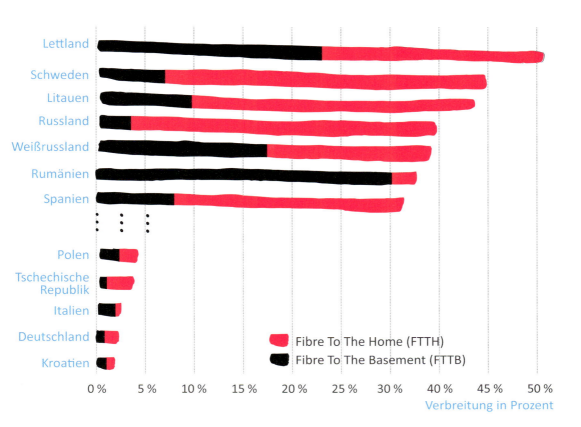

Abb. 18: Deutschland verschläft die Digitalisierung

Glasfaserausbau in Europa: Deutschland gehört zu den Schlusslichtern; nur 2,3 Prozent der Haushalte verfügen über einen Glasfaseranschluss. Beim Aufbau der neuen „Infrastruktur des Wohlstands" erweist sich das Land als nicht wettbewerbsfähig. Quelle: IDATE/FTTH Council Europe 2017/Karl-Heinz Land

7.4 Die Sinnwirtschaft

Sinnhaftigkeit ist ein entscheidendes Gesellschaftsthema. Die Menschen sehnen sich nach Sinn. Sie möchten nicht nur konsumieren, sondern sie fragen zunehmend nach, ob Produkte und Services auch einen Beitrag für ein besseres Leben leisten. Das ist eine sehr westliche Perspektive, vielleicht auch ein Phänomen von Überflussgesellschaften, aber ein notwendiger Perspektivwechsel von Gewinn und Profit hin zu einem positiven und nachhaltigen Effekt für die Gesellschaft. Gründe dafür gibt es einige:

> Die Menschen erkennen, dass die ökologischen und sozialen Folgekosten des profitorientierten Wirtschaftens nicht länger der Gemeinschaft aufgebürdet werden dürfen, während die Gewinne als Shareholder Value nur Wenigen zufallen.
> Den Menschen wird immer deutlicher, dass die weltweiten, ökologischen und sozialen Krisen oft eine direkte Folge der Gewinnmaximierung sind. Dieser Bewusstseinswandel ist übrigens ein Ergebnis der Digitalisierung, die für ein großes Maß an Transparenz sorgt und investigativen Journalisten die Aufdeckung von Skandalen erleichtert. (Stichwort: Panama Papers)
> Durch die fortschreitende Automatisierung werden viele Bürger nicht mehr in die klassische Reihenfolge „Arbeiten – Geld verdienen – konsumieren" eingebunden sein, sondern müssen ihrem Leben auch ohne Arbeit einen sinnstiftenden Inhalt geben. Sie werden nach Angeboten Ausschau halten, die sie dabei unterstützen.
> Beschäftigte, insbesondere die „Millennials", erwarten von ihren Arbeitgebern ein adäquates soziales, ethisches und ökologisches Verhalten. Eine Studie der Unternehmensberatung Deloitte zeigt, dass sie das Engagement der Unternehmen und der Politik als deutlich zu gering einschätzen.[184]

In einem bemerkenswerten, offenen Brief wandte sich im Januar 2018 der größte Investor der Welt, die Anlagefirma Blackrock, an die Wirtschaft. Blackrock forderte die Unternehmen auf, nicht nur auf Profit hinzuarbeiten, sondern darüber hinaus einen relevanten Beitrag für die Gesellschaft zu leisten und einem sozialen Zweck zu dienen. Viele Regierungen scheiterten bei der Vorbereitung auf die Zukunft, schreibt Blackrock-CEO Laurence D. Fink, und er benennt stellvertretend dafür Themen wie Altersvorsorge, Infrastruktur, Automatisierung und Qualifizierung: „Als Ergebnis wendet sich die Gesellschaft verstärkt dem privaten Sektor zu und verlangt von den Unternehmen, auf die sozialen Herausforderungen zu reagieren."[185] Fink nimmt die Unternehmen in die Pflicht: Wer als Unternehmen diesem Anspruch nicht genügt und keinen gesellschaftlichen Beitrag leistet, riskiert die Unterstützung von Blackrock zu verlieren. Und diese Ansage hat Gewicht: Blackrock verwaltet ein Vermögen von über sechs Billionen US-Dollar.

Kurzum: Der Erfolg von Unternehmen wird künftig zunehmend daran gemessen, welchen positiven Beitrag sie für die Gesellschaft leisten. Dabei sind mitnichten mehr Maßnahmen gemeint, mit denen Unternehmen außerhalb ihres Geschäftsmodells Gutes tun, etwa mit der Gründung einer Stiftung oder Corporate Social Responsibility-Aktivitäten (CSR). Vielmehr geht es nun darum, im Kerngeschäft einen möglichst hohen „Total Societal Impact" (TSI) zu erzeugen.

Der TSI kann auf verschiedene Arten gesteigert werden. Als erstes sind Produkte und Services zu nennen, die gesellschaftliche Themen direkt adressieren, weil sie beispielsweise die Gesundheitsversorgung oder die Pflegesituation der Menschen konkret und nachweislich verbessern, weil sie besonders nachhaltig oder gesund sind. Die Idee des TSI geht aber grundsätzlich über diese intrinsische Qualität eines Produkts oder Services hinaus. Ethische Richtlinien und Unternehmenskultur sollten nicht nur auf dem Papier im Einklang mit den Werten einer Gesellschaft stehen. Der TSI zeigt sich also in der Qualität der Arbeitsplätze, die ein Unternehmen schafft, und welche Führungsprinzipien gelebt werden. Er spiegelt sich in der Art und Weise, wie ein Unternehmen Daten behandelt, wie schonend es mit natürlichen Ressourcen umgeht. Der TSI zeigt sich in der Transparenz und in einer fairen Preisgestaltung.

Die Boston Consulting Group hat mit ihrer Studie „Total Societal Impact: A Newe Lense for Strategy"[186] herausgefunden, dass verantwortungsvolle Unternehmen schon jetzt besser performen als andere. Investoren bewerten sie deutlich – bis zu 19 Prozent – besser als den Durchschnitt. Auch die Gewinnmargen dieser Unternehmen liegen 12,4 Prozent über dem Durschnitt. Dies sind klare Indikatoren dafür, dass es sich auszahlt, Gutes mit seinem Kerngeschäft zu bewirken.

Die Unternehmen werden diesen strategischen Wandel vollziehen müssen, um die Unterstützung der Politik sowie die Kunden und Märkte von morgen nicht zu verlieren. Dieser „Sinn(es)wandel" muss sich auch auf die Geschäfte der Unternehmen der Industriestaaten mit den Entwicklungsländern erstrecken. Die Boston Consulting Group verweist in diesem Kontext explizit auf die Rolle der Unternehmen bei der Umsetzung der Sustainable Development Goals (SDGs) der UN. Ohne ein Engagement der hochentwickelten Wirtschaft seien sie nicht zu erreichen. Denn zwischen den öffentlichen Mitteln, für die Finanzierungszusagen vorliegen, und dem realen Bedarf klafft jährlich eine Lücke von 2,5 Billionen US-Dollar.

Es ist nur konsequent und unabdingbar, die Unternehmen nach dem Prinzip der Sinnökonomie für die Rettung der Welt in die Pflicht zu nehmen. Da die Agenda 2030 der Vereinten Nationen nur durch eine weltumspannende Digitalisierungs- und Vernetzungsinitiative zu erreichen ist, wird die Rechnung nämlich noch höher ausfallen. Die UN hat weder Plan und Budget zur globalen Digitalisierung aufgestellt, noch deren tatsächliche Auswirkung integriert. Zur Erinnerung: Anders als es die UN erwarten, wird es mitnichten ein Wirtschaftswachstum und Vollbeschäftigung in der Welt 5.0 geben.

7.5 Ein Update für die Ethik

Die ethischen Fragen, die sich im Zuge der digitalen Transformation stellen, stehen wie ein unsichtbarer Elefant im Raum. Wie lebt es sich, wenn sich alles mit allem vernetzt, wenn Daten das Leben kontinuierlich immer mehr bestimmen und im besten Fall optimieren, wenn Künstliche Intelligenzen Entscheidungen darüber treffen, was effizient ist und was nicht? Grundsätzlicher gefragt: Wie wollen wir leben? Was bedeutet es, Mensch zu sein in einer durchdigitalisierten Welt?

Wir können und müssen dringend gesellschaftliche Debatten darüber führen, welche Nutzungsarten und Verfahren der Digitalisierung mit den Zielen und Werten unserer Gesellschaft, mit unserer Idee von Zusammenleben, in Einklang stehen und welche nicht. Grundsätzlich ist dabei folgende Spannung zu bedenken: Mit jeder ethisch begründeten Einschränkung sinkt auch die Effizienz der Digitalisierung – für das Leben des Einzelnen, als Treiber neuer Geschäftsmodelle und als *die eine* Technologie, die diesen Planeten retten kann. Gleichzeitig hat Digitalisierung ihren Preis. Wer die Infrastruktur des Wohlstands will, setzt dafür einen Teil seiner Privatsphäre und wahrscheinlich auch seiner Autonomie ein. Die Diskussion über diese Fragen kann gar nicht intensiv genug sein.

Sie entzündet sich derzeit vor allem am autonomen Fahren und damit an der Künstlichen Intelligenz, die diese Fahrzeuge steuern wird. Die KI wird den kontinuierlichen Datenstrom von Sensoren und Kameras verarbeiten, mit denen die Autos bestückt sein werden, um Verkehrssituationen immer neu zu erfassen, zu analysieren und dem Fahrzeug geeignete Befehle geben zu können. Folglich wird es deutlich weniger Unfälle geben. Autonome Fahrzeuge halten automatisch genügend Abstand, fahren angemessen schnell, lassen sich nicht durch Handys oder Mitfahrer ablenken und vieles mehr. Die Fehlerquelle Mensch wird ausgeschaltet. Diese Nachricht klingt erst einmal gut, aber sie reicht nicht aus.

Autonomes Fahren – Testfall für eine digitale Ethik

Das System wird nicht so perfekt sein, dass es keine brenzligen Situationen mehr gibt. Menschen machen weiter Fehler im Straßenverkehr, und Technologien können versagen. Es wird weiter Unfallsituationen geben. Die Fragen, die sich anschließen, lauten: Wie entscheiden Maschinen bei Gefahr? Wen schützen sie? Wessen Gesundheit setzen sie aufs Spiel? Wessen Tod nehmen sie in Kauf? Es sind diese existenziellen Fragen, die sich anhand des autonomen Fahrens durchexerzieren lassen.

Es entsteht eine völlig neue ethische Situation. Menschen reagieren in Gefahrensituationen in der Regel so gut, wie sie können. Ihr Verhalten wird bestimmt durch ihren Überlebensinstinkt und durch ihre Reaktionsfähigkeit; es ist geleitet von ihren Moralvorstellungen, und es basiert auf ihrem Wissen – zum Beispiel über die Länge von Bremswegen. Inwieweit sie ethisch verantwortungsvoll gehandelt haben, wird im Zweifel vor Gericht verhandelt. Beim autonomen Fahren stellt sich die Lage anders dar: Die KI muss auf Basis von Daten und Algorithmen entscheiden, was sie tut. In Extremsituationen wird sie aufrechnen müssen, welches Leben mehr wert ist als ein anderes, und ob es besser ist, ein Leben für das Leben mehrerer Personen zu opfern.

Die Moral-Maschine

Das Massachusetts Institute of Technology (MIT) hat mit der Internetplattform „Moral Machine"[187] einen Test online gestellt, bei dem jeder Nutzer bei diversen Szenarios abstimmen kann, wie das führerlose Auto entscheiden soll. Anschließend kann der Nutzer seine Wahl mit der Meinung anderer Teilnehmer vergleichen. Das heißt, hier werden nicht nur die moralischen Dilemmata gezeigt, sondern jeder Nutzer spürt hautnah, in was für hochgradig schwerwiegende Entscheidungssituationen die Systeme selbstfahrender Autos und ihre Betreiber geraten können. Angenommen, bei einem Fahrzeug versagen die Bremsen, es kann nicht ausweichen und nicht mehr so reagieren, dass niemand zu Schaden kommt. Wessen Gesundheit und Leben riskiert es? Wen schützt es? Soll der Wagen mit drei Insassen an die Wand fahren und damit riskieren, seine Insassen zu opfern? Oder soll das Auto sich entscheiden, doch in eine Fußgängergruppe mit drei Menschen zu fahren, auf die Gefahr, dass sie in dem Fall ums Leben kommen? Bevorteilt er Menschen gegenüber Tieren? Unterscheidet die KI sogar wohlmöglich zwischen Mensch und Mensch? Wenn ein Mensch in eine Gruppe von Passanten fährt, weiß er nicht, ob es sich um unbescholtene Bürger, schwangere Frauen, Todkranke oder Kriminelle handelt. Eine KI kann das wiederum wissen, weil sie die Gesichter identifizieren und im Hintergrund Datenbanken und das Social Web auswerten kann. Das bedeutet, eine KI kann theoretisch ihre Entscheidung auf solche Informationen stützen. Die Nutzer

> der „Moral Machine" entscheiden sich tendenziell dazu, möglichst viele Menschenleben zu schützen. Sie opfern die Insassen des Wagens, wenn sie dadurch eine größere Zahl an Leben retten können. In der Philosophie nennt man dieses Verhalten „utilitaristisch".[188]

Vereinfacht gesagt, steht in der zweckorientierten Ethik des Utilitarismus das Wohl vieler über dem Wohl des Einzelnen. Anders formuliert: Eine Handlung ist moralisch richtig, wenn sie die Summe des Wohlergehens aller Betroffenen maximiert. Ein Gedanke, der dem gesunden Menschenverstand zu entsprechen scheint. Mit dem deutschen Rechtssystem ist diese Verhaltensweise indes nicht vereinbar: Die Würde des Menschen ist unantastbar. Es darf kein Leben gegen ein anderes abgewogen werden. Folgerichtig empfahl die Ethikkommission der Bundesregierung: In Gefahrensituationen darf menschliches Leben nicht über Daten qualifiziert werden.[189] Eine Lösung des Ethik-Dilemmas ist damit noch nicht gefunden.

Die Diskussion über autonomes Fahren zeigt exemplarisch, dass sich die Position des Menschen verändert. Er wird, wie auch immer die Entscheidungswege in der automatisierten Welt sein werden, zum Gegenstand einer Berechnung, einer Bewertung. Damit sind weiterführende Fragen verbunden: Wer haftet, wer steht für Fehler und Unfälle gerade? Der Hersteller oder der Betreiber der Technologie? Aber das sind nicht die einzigen Protagonisten, die man zur Verantwortung ziehen könnte in einer smarten Stadt, die mit ihren autonomen Verkehrs- und Versorgungsnetzen ein Gewebe aus weitaus mehr ineinandergreifenden Systemen bilden wird. Vielleicht brauchen Gerichte eine KI, um zu klären, wer woran und zu welchen Anteilen beteiligt ist. Gleichzeitig stellt sich die Frage, ab wann Künstliche Intelligenzen eigene Rechtspersonen werden. Digitale Systeme werden einen Hang dazu entwickeln, sich selbst und ihre Leistung zu optimieren. Nüchtern betrachtet ist der Mensch in solchen Prozessen ein Faktor wie jeder andere. Was passiert, wenn eine KI zu dem Schluss kommt, dass der Mensch stört und selbst Teil des Problems ist, die er mithilfe der Technologie lösen möchte?

Vor diesem Hintergrund müssen Verabredungen getroffen werden, die der Wirtschaft wahrscheinlich nicht schmecken werden. Die Unternehmen müssen Assets abgeben oder offenlegen, die sie gemeinhin eher als Betriebsgeheimnis klassifizieren. Ab einem bestimmten Punkt muss transparent und einsehbar sein, wie Algorithmen automatisierte Entscheidungen über Menschen treffen. Gleichzeitig müssen die ethischen Grundlagen einer Gesellschaft den Systemen quasi eingeimpft werden, als interne Prüfinstanz, ob eine Entscheidung ethisch erwünscht oder unerwünscht ist. Erwägenswert ist es deshalb, Künstliche Intelligenzen als „Opensource" allen potenziellen Nutzern zugänglich zu machen. Dies würde ein gewisses Maß an Transparenz garantieren.

Vom Datenschutz zur Datensouveränität
Die Gesellschaften müssen diese ethischen Fragen jetzt klären, und nicht erst dann, wenn die neuen Technologien bereits im Einsatz sind. Die Menschen brauchen die Sicherheit, dass sie in der Digitalisierung nicht entsubjektiviert werden, und damit zu einem neutralen, managebaren Datenpunkt in der Matrix degenerieren. Integraler Bestandteil dieser Debatten muss das Thema Datenschutz respektive Datensouveränität sein.

Denn dass die Menschen der digitalen Welt zunehmend mehr persönliche Daten zur Verfügung stellen werden, liegt auf der Hand. Wer seine Daten in das System gibt, wird davon stark profitieren, weil er optimierte, individualisierte und verlässliche Services im Gegenzug bekommt. Wer seine Daten nicht preisgibt, wird von der rasanten Entwicklung abgehängt, aus gesellschaftlichen und wirtschaftlichen Prozessen ausgeschlossen. Es ist dringend geboten, die Diskussion über Daten in eine neue Richtung zu lenken. „Datenschutz" ist ein überholter Begriff. Es geht nämlich nicht mehr darum, persönliche Daten unbedingt zu schützen. Der Fokus muss darauf liegen, die Menschen zu befähigen, ihre Daten bewusst einzusetzen. Größtmögliche Datensouveränität tritt an die Stelle des Datenschutzes. Das ist leichter gesagt als getan, denn im „Internet der Dinge" sind die Nutzer gleichzeitig mit einer unüberschaubaren Zahl von Systemen und Accounts verbunden. Sie funktionieren nur, wenn sie Daten untereinander austauschen können. Es ist heutzutage schon schwierig, aber zukünftig wird es definitiv unmöglich sein, den Überblick zu behalten und für jeden Account anzukreuzen, welche Daten zu welchem Zweck eingesetzt werden sollen und welche nicht.

Ein Teil der Lösung wird sein, dass die Bürger ihre Daten nicht restriktiv, sondern vertrauensvoll in die Hände von Unternehmen, Behörden oder von sozialen Institutionen wie Vereine oder Kultureinrichtungen geben. Das klingt angesichts der vielen aktuellen Skandale um Datenmissbrauch vielleicht gewagt. In der Sinn- und Datenökonomie muss jedoch jede Organisation, die mit persönlichen Daten arbeiten will, ihre Vertrauenswürdigkeit unter Beweis stellen. Vertrauen und Sinn werden wie Zwillinge zu den wichtigsten Positionierungsmerkmalen jeder Unternehmung.

Gleichzeitig bedarf es besonderer Anstrengungen, den Menschen eine technische Lösung an die Hand zu geben, mit der sie ihre Datensouveränität auch tatsächlich ausüben können. Denkbar ist ein „Privacy Manager" auf Basis der Blockchain. Darin wird fälschungssicher festgeschrieben, welche Daten jemand zur Verfügung stellt, welche anonymisiert werden müssen und welche tabu sind. Gleichzeitig lässt sich über „smart contracts" garantieren, dass die Daten nur für den gewünschten Service benutzt werden – etwa für die Mobilitätssysteme einer Stadt, für optimierte Gesundheitsdienstleistungen, aber nicht für Produktwerbung. Und: Warum sollten die Menschen nicht einen persönlichen KI-Assistenten beauftragen können, der über ihre Daten wacht, der sie in ihrem Sinne freigibt oder blockiert? Die Technologie ist auch hier die Lösung für die Herausforderungen, die durch Technologie entstehen.

Autonomie im Transhumanismus
Einer der nächsten Entwicklungsschritte der Digitalisierung wird der Transhumanismus sein. In unserem Kontext beschreibt der Begriff Transhumanismus die Möglichkeit, dass sich die Menschen mit Hard- und Software „upgraden" können. Dabei kann es sich um leistungsfähige Roboterprothesen, um Ersatzorgane sowie um Gehirn-Computer-Schnittstellen handeln. Diese Mensch-Maschine-Interfaces funktionieren in zwei

Richtungen: Zum einen soll Wissen aus dem Netz direkt ins Gehirn eingespeist werden; zum anderen geht es darum, das menschliche Bewusstsein in digitale Speicher zu transferieren. Vielleicht müssen die Menschen als Cyborgs sogar auf zusätzliche Rechen- und Speicherkapazitäten zurückgreifen, um mit Künstlichen Intelligenzen mithalten können. Wie steht es dann mit den Persönlichkeitsrechten, den Selbstbestimmungsrechten des Einzelnen? Kinofilme wie „Transcendence" oder „Ghost in a Shell" haben bereits die Frage aufgeworfen, ob das „Ich" einen Körper benötigt, oder ob menschliches Bewusstsein nicht in einen Computer gespeichert werden kann.

Es wäre leichtsinnig, diese Möglichkeiten als leeres Science-Fiction-Geschwätz abzutun. Forscher können bereits seit langem Tiere über Funk und Hirnsensoren wie Spielzeugautos fernsteuern.[190] Wenn solche ersten Schritte erst einmal vollzogen sind, kann die Technologie durch das exponentielle Tempo der Digitalisierung schnell für den Menschen zur Verfügung stehen. Wahrscheinlich werden die Menschen irgendwann so viele Sensoren und Speichererweiterungen in sich tragen und so eng mit dem Netz verbunden sein, dass auch sie manipulierbar werden. Sie bilden sich ihren freien Willen ein, während in Wahrheit ein Unternehmen, eine Organisation, eine Regierung oder eine KI Entscheidungen für sie trifft. Das muss nicht unbedingt von Nachteil sein. Eine externe KI kann den Menschen ja auch vor Fehlentscheidungen bewahren. Aber der Mensch müsste unbedingt seine Erlaubnis für solche Eingriffe geben und müsste darauf hingewiesen werden, wie und von wem sein Verhalten fremdgesteuert wird. Mit solchen Fragen müssen sich die Menschen jetzt auseinandersetzen. Wollen wir das? Wollen wir alles umsetzen, was wir technologisch schon bald leisten können? Oder sollten wir bestimmte Risiken vermeiden respektive gewisses technisches Potenzial unter ethischen, menschlichen sozialen Aspekten von vornherein ausschließen?

Freiheit versus Sicherheit
„Wie viel Freiheit bin ich bereit aufzugeben?" Das ist eine essentielle Grundsatzfrage, nicht nur beim Transhumanismus, sondern auch bei aktuellen Themen wie Gesichtserkennung, Videoüberwachung, Schleierfahndung,

Vorratsdatenspeicherung oder Erfassung biometrischer Daten, also bei allen digitalen Technologien, die mehr Sicherheit versprechen. Es lohnt ein Blick nach Großbritannien. Die britische Hauptstadt London hatte sich zu einer engmaschigen Videoüberwachung entschieden. Mittlerweile überwiegen die Zweifel, ob diese Kontrolle wirklich mehr Sicherheit bringt.[191] Ein Aspekt: Es werden so viele Bilder gesammelt, dass sie überhaupt nicht mehr ausgewertet werden können. Jetzt könnte man natürlich sagen, die nächste Generation Computer mit Bild- und Gesichtserkennung wird gemeinsam mit Künstlicher Intelligenz das Problem schon lösen. Aber letztendlich scheint sich das Konzept lückenloser Beobachtung nicht auszuzahlen. Die südenglische Stadt Havant hat deshalb ihre 49 Überwachungskameras wieder abbauen lassen.[192] Wer zu viel sieht, verliert auch den Überblick. Das Beispiel zeigt: Nicht alles, was technologisch möglich ist, ist gleichzeitig sinnvoll. Der Zweck muss das Maß bestimmen, gerade weil die zukünftigen, potenziellen Überwachungssysteme durch Künstliche Intelligenz immer effizienter werden. Aber schon jetzt sind wir herausgefordert. Der Spielzeughersteller Vivid brachte 2017 eine Puppe auf den Markt, die mit den Kindern reden konnte; sie hörte aber auch unentwegt mit und übertrug das Geschehen in die Cloud. Die Konsequenz: Die Bundesnetzagentur forderte die Eltern auf, die Puppe zu zerstören.[193] Die Behörde war besorgt, die Puppe könnte den Kindern Suggestivfragen stellen und deren Konsumwünsche anheizen. Das verletzt selbstverständlich die Persönlichkeitsrechte; außerdem wäre es nötig gewesen, die Kinder keine Sekunde aus den Augen zu lassen, um die Aufsichts- und Erziehungspflicht zu wahren. Aufsehen erregte zudem ein Mordfall im US-Bundesstaat Arkansas, bei dem die Behörden hofften, den Täter mit den Aufzeichnungsdaten eines digitalen Sprachassistenten (Alexa) überführen zu können.[194]

Geostrategischer Kontext
Die westlichen Staaten diskutieren ethische Fragen der Digitalisierung auf Basis ihrer Werte, ihrer Sozialisation und ihres eigenen Menschen- und Weltbilds. Aber das Potenzial der Manipulation wächst und die Machtverhältnisse auf unserem Planeten verschieben sich; die Infrastruktur des Wohlstands kennt keine Grenzen. Die westliche Welt muss akzeptieren,

dass es autoritäre Staatsformen und Gesellschaften gibt, die keine Skrupel haben, ungefragt persönliche Daten zu erheben und die Menschen total zu überwachen. Allen voran China. Die Volksrepublik wird die digitale Sphäre in Zukunft maßgeblich prägen.

Unter Experten gilt es als ausgemacht, dass nur noch die USA und die Volksrepublik um die Vorherrschaft bei der Entwicklung Künstlicher Intelligenz streiten. China wird auch die Wirtschaftsnation sein, die den nächsten Mobilfunkstandard 5G maßgeblich vorantreiben und durchsetzen wird. Die kommunistische Führungselite des Landes zögert keine Sekunde, technologische Innovationen primär für ihr Begehren einzusetzen, die Gesellschaft unter Kontrolle zu halten und auf Effizienz zu trimmen. Die chinesischen Bürger werden so gläsern, dass China sich nun anschickt, ein soziales Punktesystem für jeden einzuführen. Wer sich anerkennend verhält, etwa Blut spendet oder sich ehrenamtlich engagiert, bekommt Pluspunkte. Wer hingegen auffällig wird, weil er seinen Müll nicht sortiert, schwarzfährt oder Straftaten begeht, verliert Punkte. Je nach Punktestand verbessert oder verschlechtert sich sein Leben; so polarisiert China systematisch Menschen zu Privilegierten und Benachteiligten. Wer unter einen bestimmten Wert rutscht, erhält beispielsweise keinen Kredit oder verliert seine Berechtigung, staatliche Leistungen beantragen zu können.

Der Testlauf in der 800.000-Einwohner zählenden Stadt Rongcheng erregte weltweites Aufsehen. Die „Welt am Sonntag" zitiert Wissenschaftler der Universität Peking mit den Worten, das Projekt sei ein Mittel zum Aufbau einer „moralisch geordneten, in Harmonie lebenden" Gesellschaft.[195] Mit der westlichen Vorstellung von Demokratie, Freiheit und Individualität sind solche Praktiken definitiv nicht vereinbar.

Gleichwohl werden Europa und Amerika mit totalitären Regimen, die die grundlegenden Menschenrechte verletzen, konkurrieren müssen; zumal sie durch die digitalen Netze noch engmaschiger mit ihnen verbunden sein werden. Es liegt auf der Hand, dass hier eine Asymmetrie entsteht, für die der Westen unbedingt eine Lösung braucht.

8 Mut zum Träumen

Die Menschheit steht am Beginn einer neuen Ära technologischen Fortschritts, getrieben von der Exponentialität, von Künstlicher Intelligenz und der Kombination verschiedener wissenschaftlicher Disziplinen. Bisher Unmögliches wird möglich. Jede Erfindung folgt umgehend der vorangegangenen Erfindung; jede Innovation beschleunigt die nächste Innovation. Die damit verbundene Herausforderung liegt nicht in der Technologie, sondern in der Geschwindigkeit. Anders formuliert: Wir befinden uns in einer Zeitschmelze. Gesellschaft, Politik und Wirtschaft müssen rasch und klar entscheiden, welche Innovation sozial und ethisch erwünscht ist und wie sie zum Wohl der Menschheit eingesetzt werden kann. Es bedarf daher eines „Digital Latency Models", starker Thesen zur künftigen Entwicklung und realistischer Szenarien. Doch es geht nicht nur darum, den Wandel zu antizipieren und zu gestalten. Wir müssen die Zukunft, die wir uns wünschen, provozieren – mit Offenheit und Fokus, auf Augenhöhe und mit Respekt, mit Mut und Entschiedenheit.

Wir müssen jetzt entscheiden, wie wir als Menschheit leben möchten. Wir müssen den Kapitalismus neu denken – mit bedingungslosem Grundeinkommen, Zirkulär- und Sinnökonomie, um eben nicht nur unsere Generation, sondern vor allem die unserer Kinder und Enkelkinder im Blick zu haben. Wie sagte ein veganer Freund beim Grillen auf einem Sommerfest im letzten Jahr: „Wir grillen da vielleicht auch gerade die Zukunft unserer Kinder." Mit Blick auf Fleischproduktion und -konsum sowie den damit verbundenen Verbrauch von Ressourcen und Energie hat er recht.

Bei allen Überlegungen sollten die Menschenwürde, das Recht auf Freiheit, auf Bildung und Grundsicherung sowie das universelle Recht auf Glück die tragende Rolle spielen. Der kleine Himalaya-Staat Bhutan hat vor rund zwanzig Jahren ein wundervolles Grundrecht in seiner Verfassung verankert: das Grundrecht auf Glück. Dr. Ha Vinh Tho, Leiter des Gross National Happiness (GNH) Centres in Bhutan, beschreibt in seinem gleichnamigen Buch den Weg, wie Bhutan das Bruttosozialprodukt durch das Bruttonationalglück ersetzt. Der zugrundeliegende Glücksbegriff verpflichtet den Staat nicht nur dazu, die Lebensgrundlagen wie Nahrung, Wohnen, soziale Einbindung und Sicherheit seiner Bürger zu garantieren; er ist darüber hinaus angehalten, Konzepte zu entwickeln, die die persönliche Fähigkeit jedes einzelnen Menschen erhöht, Glück zu erleben.

Die Crux mit dem Bruttoinlandsprodukt

Ha Vinh Tho zitiert in seinem Buch eine Rede, die Robert F. Kennedy, Bruder des ermordeten US-Präsidenten John F. Kennedy, bereits im Jahre 1968 hielt:

„Mir scheint, wir Amerikaner trachten schon lange nicht mehr nach persönlicher Vollkommenheit und haben auch unsere Gemeinschaftswerte längst zugunsten der schieren Anhäufung materieller Werte aufgegeben. Unser Bruttoinlandsprodukt (BIP) beträgt mehr als 800 Milliarden Dollar pro Jahr. Es rechnet aber die Luftverschmutzung und die Zigarettenwerbung mit und zählt den Wert der Krankenwagen, deren Sanitäter das Blutbad auf unseren Autobahnen aufräumen. Es rechnet Spezialschlösser für unsere Türen ein und Gefängnisse für all jene Menschen, die unsere Türen aufbrechen. Es rechnet die Zerstörung des Mammutbaums ein und den Verlust unserer Naturwunder durch eine chaotische Zersiedelung unserer Landschaft. Es rechnet das Napalm und die Atomsprengköpfe sowie die gepanzerten Wagen für unsere Polizei, die unsere Beamten schützen sollen, wenn sie gegen Krawalle in unseren Städten vorgehen. Es rechnet Gewehre und Messer. Und die Fernsehprogramme, die Gewalt verherrlichen, damit wir mehr Spielzeug für unsere Kinder kaufen. Unser Bruttosozialprodukt findet in seiner Rechnung keinen Platz für die Gesundheit unserer Kinder, die Qualität ihrer Erziehung oder ihre Freude am Spiel. Es berechnet weder die Schönheit unserer Poesie noch die Integrität und Würde unserer Amtsträger. Es misst auch nicht unsere Schlagfertig-

*keit noch unseren Mut, weder unsere Weisheit noch unser Lernen, weder unser Mitgefühl noch unsere Hingabe an unsere Nation. **Das Bruttosozialprodukt misst alles – nur nicht das, was das Leben lebenswert macht.**"*

Im aktuellen Politikgeschehen kommen solche Gedanken nicht vor. Wir erleben eine Führungskrise. Echte Visionen und Strategien für Politik, Gesellschaft und Wirtschaft fehlen. Dabei sind sie notwendiger denn je – als Kompass für die Menschen, die mehr und mehr Halt suchen in den Turbulenzen der Gegenwart. Ansätze gibt es durchaus. Der Deutsch-Französische Ministerrat hat nach der Wirtschaftskrise 2008 die Wirtschaftsweisen beider Länder beauftragt, ein neues, umfassendes System zu entwickeln, um Wirtschaftsleistung und gleichzeitig Lebensqualität und Nachhaltigkeit messen zu können.[196] Zu den Indikatoren sollten der Wohlstand einer Volkswirtschaft, der gesellschaftliche Fortschritt, die Finanzkraft und die Wirtschaftsleistung zählen, aber auch Umweltbedingungen, Nachhaltigkeit, Bildung und Gesundheit.

Bedauerlicherweise ist diese Initiative verebbt, aber die Idee lebt weiter. Die Notwendigkeit einer nachhaltigeren, sozial verträglichen Form des Wirtschaftens hat das World Economic Forum (WEF) veranlasst, ein neues Messsystem für die Leistung einer Volkswirtschaft in die Debatte einzubringen. Als Alternative zum Bruttoinlandsprodukt (BIP) schlägt das WEF einen „Inclusive Development Index" (IDI) vor, der neben der Wirtschaftsleistung auch die Lebensbedingungen der Menschen und die Zukunftsfähigkeit misst.[197] Der IDI 2018 bestätigt, dass ein starkes Bruttoinlandsprodukt in den meisten Staaten nicht zu generationenübergreifender Gerechtigkeit, sozialer Inklusion, Abbau der Ungleichheit oder nachhaltigem Wirtschaften führt. Vielmehr, so das WEF, setzen die Volkswirtschaften auf kurzfristiges Wachstum: In den vergangenen fünf Jahren habe sich die soziale Integration in 20 von 29 untersuchten fortgeschrittenen Volkswirtschaften verschlechtert. In 56 von 74 aufstrebenden Volkswirtschaften habe die Generationengerechtigkeit im selben Zeitraum zudem abgenommen. Sowohl in den Industrie- wie in den Entwicklungsländern sind Wirtschaftswachstum und gesellschaftlicher Fortschritt entkoppelt.

Das WEF zieht folgenden Schluss: Politiker und Manager sollten nicht erwarten, dass höheres Wachstum ein Allheilmittel gegen die sozialen Frustrationen sein wird, die in den letzten Jahren die Politik vieler Länder erschüttert haben. Richard Samans, Leiter der Globalen Agenda des WEF, erklärt:

> „Das am BIP gemessene Wirtschaftswachstum wird am besten als Top-Linie verstanden, als Maß für die nationale Wirtschaftsleistung. Ein breiter, nachhaltiger Fortschritt im Lebensstandard ist das Ergebnis, das die Gesellschaft erwartet. Die politischen Entscheidungsträger benötigen ein neues Dashboard, das speziell auf diesen Zweck ausgerichtet ist. Es könnte ihnen helfen, den strukturellen und institutionellen Aspekten der Wirtschaftspolitik größere Aufmerksamkeit zu schenken, die wichtig sind, um Wohlstand und Chancen zu verbreiten und sicherzustellen, dass diese für jüngere und künftige Generationen erhalten bleiben."[198]

Ein umfassendes Verantwortungsbewusstsein muss in den Mittelpunkt volkswirtschaftlicher Betrachtungen rücken. Nur so kann ein Bewertungs- und Steuerungssystem entstehen, das den vielfältigen Auswirkungen der Digitalisierung gerecht wird. Als Inspiration für solch neue Denkmodelle könnten die vier Säulen des Bruttonationalglücks von Bhutan dienen:

> eine gerechte und nachhaltige wirtschaftliche Entwicklung der Gesellschaft
> der Schutz der natürlichen Umwelt und die Stärkung ihrer Widerstandsfähigkeit
> die Bewahrung und Förderung traditioneller, kultureller Werte der Menschen
> die Förderung einer guten Regierungsführung beziehungsweise Leitung eines Unternehmens

Von einem „Bruttonationalglück" sind wir noch weit entfernt. Wir dürfen dem „Bruttonationalglück" aber sehr wohl näher rücken. Jetzt ist jeder Entscheidungsträger in Politik, Gesellschaft und Wirtschaft sowie jeder einzelne Bürger gefragt, Verantwortung zu übernehmen, Prioritäten zu setzen, sein Verhalten zu ändern und auf eine nachhaltige, gerechtere Zukunft hinzuarbeiten.

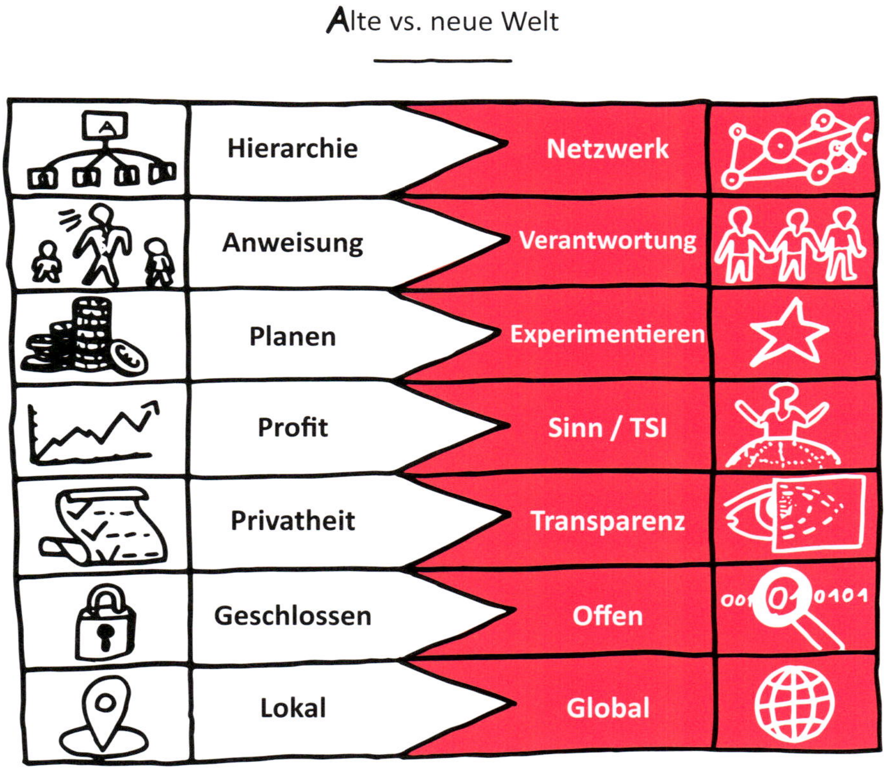

Alte vs. neue Welt

Alte Welt	Neue Welt
Hierarchie	Netzwerk
Anweisung	Verantwortung
Planen	Experimentieren
Profit	Sinn / TSI
Privatheit	Transparenz
Geschlossen	Offen
Lokal	Global

Abb. 19: Alte Welt – Neue Welt
Paradigmenwechsel in der Wirtschaft: In der Digitalisierung müssen Unternehmen umdenken, um erfolgreich zu sein. Quelle: Karl-Heinz Land

In dieser Situation muss sich die Wirtschaft der tiefgreifendsten Transformation seit der ersten industriellen Revolution und der Erfindung der Dampfmaschine stellen. Es gilt, die Paradigmenwechsel der Digitalisierung und den gesellschaftlichen Wertewandel zu antizipieren und in unternehmerisches Handeln zu übersetzen. Dies gelingt nur mit einem neuen Mindset und einer fehlertoleranten Unternehmenskultur, in der tradierte Strukturen mit Hierarchien und Silos keinen Platz mehr haben. Die Zukunft gehört den Netzwerkorganisationen – mit flexiblen Teams und eigenverantwortlich agierenden Mitarbeitern. An die Stelle der Planung tritt das Experiment.

Die positive Wirkung auf die Gesellschaft rückt im Sinne des „Total Societal Impact" in den Mittelpunkt der unternehmerischen Zielsysteme. Um in der vernetzten und digitalisierten Welt zu überleben, müssen die Unternehmen Sinn stiften, das Vertrauen der Menschen gewinnen und diese Kundenbeziehungen achtsam schützen. Dies gelingt nur mit Transparenz und Offenheit statt mit Geheimniskrämerei und taktischen Spielchen mit der Öffentlichkeit, wie sie bei Unternehmenskrisen und -skandalen nur allzu oft zu beobachten sind. Last but not least fordert die Globalisierung längst ihren überfälligen Preis.

In einer Welt 5.0 erstreckt sich verantwortungsbewusstes Handeln auf die komplette Lieferkette, von den Herkunftsregionen der Rohstoffe, über die Fertigungsstätten bis in die Märkte. Die Zeit, in der die Dritte-Welt-Länder ökologisch, sozial und ökonomisch die Kosten für exorbitante Unternehmensgewinne und billige Konsumartikel in der Ersten Welt tragen, läuft unweigerlich aus.

Aus dem rasenden Stillstand befreien
Die Welt von morgen lässt sich nur mit Mut und Neugier, einer klaren Reflexion und ehrlichen Einschätzung eigener Interessen bewältigen; sie muss mit Empathie für die Mitmenschen, mit Liebe für die Natur und den Planeten aufgebaut werden. Diese Zuwendung zu sich und anderen ist keine leichte Aufgabe; nicht zuletzt hält die Digitalisierung mit ihren Verlockungen viele Menschen davon ab, sich ihrer Gestaltungsrolle in dieser Welt bewusst zu werden. „Fremdbestimmt und gehetzt jagen wir durch den Alltag, drehen ständig auf und kommen doch nicht vom Fleck. Unsere hektische Betriebsamkeit verdeckt, dass wir im Inneren eine tief erschöpfte Gesellschaft sind", schreibt der Literaturkritiker Denis Scheck

über das Buch „Die erschöpfte Gesellschaft" von Stephan Grünewald, laut FAZ der „Psychologe der Nation". Grünewalds Credo ist ohne Abstriche zuzustimmen: „Nur der Mut zum Träumen kann uns aus dem rasenden Stillstand befreien."

Lassen wir uns also nicht von Gimmicks und Gadgets der Digitalisierung ablenken, nicht vom endlosen Strom der Posts in den sozialen Netzwerken gefangen nehmen und von virtueller Realität nicht zu eskapistischen Fluchten verleiten. Lassen Sie uns die Digitalisierung bewusst nutzen und gestalten.

Provozieren wir die Zukunft!

> Lassen Sie uns mithilfe der Dematerialisierung den Ressourcenverbrauch dramatisch senken.

> Lassen Sie uns über Plattform-Ökonomie den Überfluss verwalten und die Welt gerechter verteilen.

> Lassen Sie uns Big Data strategisch in den Dienst von Umweltschutz und Gesundheit, von effizienter Wasser- und nachhaltiger Energieversorgung stellen.

> Lassen Sie uns mit der Infrastruktur des Wohlstands die Ungleichheit überwinden.

> Lassen Sie uns über Sharing-Ökonomie die Ressourcen des Planeten schützen.

> Lassen Sie uns über Zirkulär-Ökonomie die Vermeidung von Abfall sicherstellen.

> Lassen Sie uns mit Service-Ökonomie die Welt zur Nachhaltigkeit erziehen.

> Lassen Sie uns den Shareholder Value gegen eine Sinn-Ökonomie eintauschen.

> Lassen Sie uns den Digital Divide – zwischen arm und reich, zwischen Frau und Mann – überwinden und dafür den Zugang zum Internet als Menschenrecht etablieren.

> Lassen Sie uns über das „Internet der Dinge" die Bildung für alle demokratisieren.

> Lassen Sie uns weltweit für ein bedingungsloses Grundeinkommen eintreten.

> Lassen Sie uns mithilfe Künstlicher Intelligenz und Blockchain die Welt smarter und sicherer machen!

> … und, wie eingangs angemerkt:

Lassen Sie uns bei all dem die Liebe nicht vergessen.

Rede vor Studentinnen und Studenten im Jahr 2060

Guten Tag allerseits,

für mich ist es ein kleines Wunder, und ich bin zutiefst dankbar, dass ich topfit im Alter von bald hundert Jahren heute zu Ihnen, den Erstsemestern der Steve-Jobs-University, sprechen darf.

Wie viele andere Menschen auch habe ich mir damals, in den Anfangstagen der Digitalisierung zu Beginn unseres Jahrhunderts, ausgemalt, wie die Zukunft aussehen könnte. Science-Fiction-Romane und -Filme wie „Raumschiff Enterprise" oder „Das fünfte Element" hatten uns Bilder, Ideen und Konzepte in den Kopf gesetzt, von denen wir träumten, aber die uns dann doch zu abwegig erschienen, als dass sie wahr werden könnten. Fliegende Autos, Beamen, Reisen um die Welt in Minutenschnelle; Künstliche Intelligenzen, die Krankheiten und Krisen so früh voraussagen, dass die Menschen rechtzeitig reagieren können. Filme wie „Transcendence" oder „Ghost in the Shell" erzählten zwar vom Transhumanismus, aber es als baldige Realität zu denken, das taten nur eine Handvoll Menschen. Nun, all das ist wahr geworden. Für Sie ist es eine Selbstverständlichkeit, die Menschen meiner Generation staunen nach wie vor.

Es waren Vordenker wie Ray Kurzweil, die uns damals diese Zukunft prophezeiten und dabei auf einem schmalen Grat zwischen Genie und Wahnsinn zu wandeln schienen. Mir hat ihr Verständnis der exponentiellen Entwicklung der IT sofort eingeleuchtet. Rückblickend glaube ich, dass Kurzweil auch nicht wusste, was genau passieren würde. Aber er war davon überzeugt, dass der Raum für Großes begonnen hatte, und wagte einige mutige Thesen, um die Menschen überhaupt für dieses Universum neuer Chancen zu sensibilisieren. Auch wenn er sich hier und da um ein paar Jahre, auch ein paar Jahrzehnte verschätzt hat, hat er substantiell recht behalten.

Wenn ich mein altes Leben mit meinem Leben heute und der aktuellen Lebensumgebung vergleiche, dann bin ich immer wieder erstaunt darüber, wie tiefgreifend sich mein Verhalten, meine Haltung und Werte verändert haben. In meiner Garage steht noch ein Cabrio, das ich vor vierzig Jahren gekauft hatte. Ein Traum von einem Automobil. Damals. Aber kurz nachdem ich ihn erworben hatte, stellte ich den Sinn schon wieder in Frage. Meine Gedanken richteten sich auf das autonome Fahren, nicht im Sinne des Individualverkehrs, sondern mit Blick auf effiziente Mobilitätssysteme, die allen Menschen zugutekommen, den Bedarf viel effizienter verwalten und die Städte weitgehend von Straßen befreien würden. Mein Cabrio habe ich noch immer, und es freut mich schon, dass ich mir damit wie ein paar andere Nostalgiker auf speziellen Strecken den Wind um die Nase wehen lassen darf. Auch wenn es ökologisch eine Sünde bedeutet und der Preis für ein paar Liter Benzin heute astronomisch hoch ist.

Heute genieße ich die autonom fahrenden Fahrgastzellen. Entschuldigung, wer wie ich in der Blütezeit des Automobils großgeworden ist, mag die neuen Vehikel einfach nicht mehr Auto nennen! Wie sie geräuschlos durch unsere Innenstädte gleiten! Kürzlich habe ich erstmals einen Drohnenservice genutzt und bin von einem Ende der Stadt zum anderen geflogen. Großartig! Unsere Städte sind so ruhig, so leise geworden. Überhaupt haben sie sich so radikal verändert. Sie glauben gar nicht, wieviel Platz früher für Parkhäuser, Parkplätze und Garagen verschwendet wurde, und wieviel Ressourcen wir darauf verwendet haben, dieses Gewusel mittels komplizierter Regeln und Ampelanlagen am Laufen zu halten. Damit jeder durch die Welt kutschieren konnte, haben wir schwere, tödliche Unfälle in Kauf genommen, einen unverantwortlichen Verbrauch an fossilen Brennstoffen betrieben und damit die Luft durch Feinstaub verpestet. Schlimm!

Manchmal kann ich es immer noch nicht glauben, in welcher Umwelt ich lebe, wenn ich aus meinem Haus gehe. Die Menschen haben die Städte zurückerobert. Wo früher Asphalt, Beton und Stein vorherrschten, sind jetzt Parks, wird „Urban Gardening" betrieben, ist es grün statt grau. Sind die Bilder von Los Angeles oder Peking aus Ende des 20. Jahrhunderts, die Sie jetzt als Augmented Reality sehen, nicht der Ausdruck eines kaum mehr vorstellbaren Irrsinns? Diese monströsen Highways und Interstates in LA! Und so dichter Smog in Peking, dass die Bürger die Hand vor ihren Augen nicht mehr sehen konnten!

Heute gibt es Hochhäuser in den Innenstädten, die auf einer Grundfläche von 80 mal 80 Metern und in knapp 40 Stockwerken mehr als tausend Bäume beherbergen. Viele Stadtviertel sind „grüner" als so mancher Wald. Die Tiere sind ebenfalls in die Innenstädte eingekehrt. In unseren Breitengraden sind es der Fuchs, das Rotkehlchen, die Bienen und jede Menge Insekten, der Waschbär und der Specht. Inzwischen leben mehr als 65 Prozent aller Menschen in diesen Oasen, die wir Städte nennen. Ökonomisch wie ökologisch betrachtet sind die Städte, wie sie sich in den letzten Jahrzehnten entwickelt haben, ein Riesengewinn. Die Angebote an Freizeit und Kultur sowie medizinischer Versorgung sind einfach zu attraktiv, als dass das Landleben hier mithalten könnte.

Inzwischen gibt es weltweit – vor allem in Asien und Afrika – mehr als 40 Megastädte mit mehr als 30 und sogar über 50 Millionen Einwohnern. Die Ökobilanz dieser Städte, sowohl beim Energieverbrauch als auch beim Abfall, ist mehr als 70 Prozent besser als zu Beginn des 21. Jahrhunderts. Das liegt auch daran, dass sich die Zirkulärwirtschaft durchgesetzt hat. Wir haben Recyclingquoten von über 90 Prozent quer über alle Materialien. Eine ziemlich saubere Sache, wenn ich das mal so lapidar ausdrücken darf, im Vergleich zu den Deponien, Sortierfabriken und Müllverbrennungsanlagen von früher, und natürlich ethisch und ökologisch ein großer Fortschritt. Die Zirkulärökonomie hat sich letztlich durchgesetzt. Heute ist es selbstverständlich, dass nur das produziert wird, was sich auch komplett in wiederverwertbare Einzelteile zerlegen lässt. Können Sie sich überhaupt vorstellen, dass es einmal anders war? Die Verschwendung von Ressourcen führte zu unvorstellbaren Müllbergen. Wir haben nur allzu gerne weggesehen. Es dauerte Jahrzehnte, bis wir uns der Tatsache wirklich stellten, wieviel Plastik wir bereits in die Ozeane gekippt haben. Eine von vielen Beleidigungen des menschlichen Geistes, die wir uns damals noch leisteten.

Heute ist kaum noch jemand krank; selbst defekte Zellen oder Gene können repariert werden. Sollte ein Organ zerstört sein, drucken wir mit einem 3D Drucker ein neues aus oder lassen es aus eigenen Stammzellen züchten. Selbst eine abgeklemmte Fingerkuppe oder einen erfrorenen Zeh können wir aus den eigenen Stammzellen wieder nachwachsen lassen. Für Sie ist das eine Selbstverständlichkeit. Für mich ist unser Gesundheitswesen noch immer Grund für unbändiges Staunen. Damals, als wir zu begreifen begannen, in welche Welt uns die Exponentialität tragen würde, hatten die Forscher die menschliche DNA gerade dekodiert. Mittlerweile können wir den Alterungsprozess durch Eingriffe in die DNA deutlich verlangsamen. Jetzt arbeiten Wissenschaftler sogar daran, das Alter über DNA-Manipulationen wieder zurückstellen zu können. Es wird aber noch fünf oder zehn Jahre dauern, bis es soweit ist.

Wir sollten jetzt die Zeit nutzen, um die ethische Frage zu beantworten, ob wir das als Menschen wollen. Ob ich mir solch einen gentechnischen Jungbrunnen für mich wünsche, kann ich Ihnen gar nicht sagen. Als Mensch, der noch vor der großen Transformation aufgewachsen und alt geworden ist, war ich schon froh, dass ich irgendwann nicht mehr bei jeder Krankheit zum Arzt marschieren musste. Es war ein großer Schritt, die Realtime-Überwachung meiner Vitaldaten zuzulassen. Mittlerweile denke ich überhaupt nicht mehr darüber nach, dass der Spiegel meinen Gesichtsausdruck, meine Haltung, die Farbe meiner Haut kontrolliert, Urin und Stuhl automatisch analysiert werden und mein Blut durch Nanoroboter smart geworden ist. Was haben wir gelacht, als in einem James-Bond-Film – die Kinofilme um den Geheimagenten 007 waren viele Jahrzehnte wahnsinnig populär – „smart blood" zum Einsatz kam. Und ehrlich gesagt, möchte ich die Ernährungs- und Bewegungstipps, die ich heute jeden Morgen bekomme, nicht mehr missen. Wie so vieles.

Der Tag, als ich mein letztes Smartphone ins Recycling gab, war für mich sehr berührend. Als Steve Jobs, nach dem völlig zu Recht die Universität dieser Stadt benannt worden ist, 2007 das erste iPhone vorstellte, begann eine neue Zeitrechnung. Die fünfte industrielle Revolution, deren Blütezeit wir jetzt erleben. Ob noch eine sechste, eine siebte folgen werden? Ich weiß es nicht, aber viele von uns, selbst kluge Menschen, konnten sich schon die fünfte industrielle Revolution nicht vorstellen. Na, jedenfalls in dem Moment fühlte ich mich wie ein neuer Mensch. Größer, kompetenter, fähiger als je zuvor, seit ich das Smartphone und alle anderen Wearables abgegeben habe. Das war vor 30 Jahren. Ich hatte also viel Zeit, mich an das Implantat hinter der Netzhaut zu gewöhnen. Sie merken, mich begeistert es immer noch, dass mir „Augmented Content" direkt ins Auge projiziert wird. Und dass ein Chip Geräusche und Töne direkt im Ohr produziert – super! Das Größte für mich sind die Hologramme. Ich meine, als in den 2010er Jahren die ersten virtuellen Künstler auftraten und, vor allem in Asien, ungemein populär wurden, da war ich schon verwundert. Ein Hologramm als Superstar? Wo bleibt da das Echte, das Authentische in der Kunst? Aber schnell begriff ich, dass sich die Kunst nur demokratisiert hatte. Tausende Menschen komponierten Musik für diese virtuellen Künstler und freuten sich, wenn sie in Konzerten gespielt wurde. Gestern habe ich einige Songs komponiert, naja, den Großteil hat meine persönliche KI geschrieben; und abends habe ich mir die Hologramme von Pink Floyd ins Wohnzimmer gestellt und die Lieder spielen lassen. Großartig! Sie merken, ich gerate schon wieder ins Schwärmen.

Früher, als ich noch Unternehmensberater war, arbeitete ich bis zu sechzig, siebzig Stunden in der Woche. Können Sie sich das vorstellen? Heute arbeiten Sie vermutlich zwanzig Stunden maximal in der Woche, wenn überhaupt. Was für ein Gewinn an Lebensqualität! Es hat damals bis in die 2030er Jahre gedauert, bis Politiker und andere Entscheidungsträger endlich verstanden haben, worum es in der fünften industriellen Revolution wirklich geht: nicht darum, wie wir möglichst viel Arbeit schaffen oder erhalten, sondern darum, wie wir die Menschen von der Arbeit befreien. Ich bin damals von Bühne zu Bühne und Podium zu Podium gezogen mit der Frage: Wer sagt denn, dass der Mensch überhaupt arbeiten muss? Es befriedigt mich sehr, dass ich und andere, die sich für

Modelle wie das bedingungslose Grundeinkommen einsetzten, am Ende recht behalten haben. Ganz sicher war ich mir ja auch nicht, ob die These stimmte, dass die Menschen sich stattdessen für die Gesellschaft, für das Soziale, in den Krankenhäusern und Pflegestationen, in den Schulen und Kindergärten engagieren würden. Aber genauso ist es gekommen. Unser Gemeinwesen ist multikulturell, lebendig und funktioniert prima, obwohl die Hälfte der Menschen nach der alten Definition ja gar nicht mehr „arbeitet". Der technologische Fortschritt, die Digitalisierung und die Automatisierung haben letztlich die Produktivität so enorm ansteigen lassen, dass das Grundeinkommen in den einstigen Industrieländern, aber auch in den Entwicklungsländern problemlos finanziert werden konnte.

In der Folge haben wir Bildung und Ausbildung einen ganz neuen Stellenwert in unserem Leben eingeräumt. In Kindergärten gibt es Gruppen mit zwanzig Kindern, die von vier „Begleitern", wie wir die Erzieher und Kindergärtner heute nennen, betreut werden. Die Klassen der Grundschulen haben nur acht bis zehn Schüler, aber ebenfalls zwei bis drei Lehrkräfte. Welch ein Fortschritt! Wir haben endlich erkannt, wie wichtig es ist, dass Kinder frühzeitig zu selbstständigen und sozial kompetenten Menschen erzogen werden, die ihre Stärken, ihre Persönlichkeit schon früh erkennen und herausbilden können und mit ihren Schwächen umzugehen wissen. Wir haben das sture Pauken und den Frontalunterricht von einst aufgelöst. Musik, Kunst, Philosophie, Ernährung, Theater und Sport bestimmen heute den halben Lehrplan. Als meine Kinder und Enkel zur Schule gingen, waren diese Fächer lediglich Beiwerk. Heute, und das ist fantastisch, entscheiden die Kinder mehr oder weniger selbst über ihren „Stoff" und womit sie sich beschäftigen. Jetzt schaue ich in die Runde und sehe wieder einmal, wie gut und richtig es war, für diese neue Bildung zu kämpfen. Museen, Theateraufführungen und Kunstaustellungen zu besuchen, das ist integraler Bestandteil von Schule geworden. Das ist ein Wert an sich, aber vor allem schafft der musische Aspekt Anreize, dass junge Menschen ihre verborgenen Talente und Interessen entwickeln, die ihrem Leben in unserer neuen Welt ohne Arbeit Sinn verleihen. In einer Gesellschaft, in der wir uns selbst finden, entwickeln und beschäftigen müssen. Deshalb lehren wir mehr Methodenwissen als Inhalte.

Stellen Sie sich vor, zu meiner Schulzeit mussten wir ein Gedicht wie „Die Bürgschaft" von Friedrich Schiller auswendig lernen. Heute können Sie es wie zigtausende andere Lyrikwerke auch per Brainline rezitieren und haben den Kopf dafür frei, die Schönheit und Bedeutung der Worte auf sich wirken zu lassen. Wir stellen kluge Fragen, die Maschine gibt die Antworten. Das Miteinander zwischen Mensch und Maschine musste sich erst etwas rütteln, und die ersten Technologien waren umständlich und nicht so toll, aber jetzt sind wir, wenn wir es wollen, in Gedankenschnelle immer mit dem Wissen der Matrix verbunden. Seit einigen Jahren hilft uns unser „Personal AI", mit diesem Wissen noch kompetenter und mutiger umzugehen. Ich habe gestern keine Minute gebraucht, bis ich mit der neuen Generation der Desertec-Solarfarmen in der Sahara vertraut war. Ein Projekt übrigens, das mich seit den 2010er Jahren, als es noch in den Kinderschuhen steckte, fasziniert.

Der Gedanke, Afrikas Potential für Solarenergie quasi großindustriell zu nutzen, hatte von Anfang an Charme, auch wenn der erste Versuch buchstäblich in den Sand gesetzt wurde. Aber jetzt ist es soweit: Die Desertec-III-Serie an Solarkraftwerken versorgt den kompletten Kontinent. Es ist möglich geworden, das Meerwasser in großem Stil zu entsalzen. Afrika ist zum größten Exporteur nachhaltiger Energie geworden. Über eine 3000 Kilometer lange Leitung transportieren die Afrikaner den dort erzeugten Strom in unsere Wohnungen. Infolge von Projekten wie Desertec konnten wir nicht nur das „Global Warming" eindämmen und die notwendige saubere Energie für die globale Digitalisierung erzeugen, sondern gleichzeitig eine zuverlässige technologische Infrastruktur in Afrika aufbauen. Afrika kann sich mit seiner immer noch wachsenden Bevölkerung fast selbst versorgen. Die UN prognostiziert sogar, dass in fünf bis zehn Jahren alle Hilfen für Afrika eingestellt werden können. Wir haben – nicht nur in Afrika – das Vordringen der Wüste gestoppt. Das Klima verändert sich – es regnet jetzt bereits ab und zu in der Sahara. Afrika mit seinen inzwischen fast 1,8 Milliarden Einwohnern hat sich sozial, ökonomisch und ökologisch prächtig entwickelt. Und die Völkerwanderungen Richtung Europa, die sich noch 2020 abzeichneten, sind vorbei. Auch, weil die Geberländer, die internationalen Organisationen und die damals betroffenen Staaten verstanden haben, dass „Hilfe zur Selbsthilfe" bedeutet, die Infrastruktur des Wohlstands, das Netz und die Kommunikation bis in die entlegensten Winkel der Welt zu bringen. Jetzt haben fast alle Menschen Zugang zu Wertschöpfung, Information und Kapital. Faszinierend. Sie merken, ich kann gar nicht genug schwärmen! Übrigens der Anzug, den ich trage, wurde von Studenten im Kongo entworfen. Ich habe ihn erst heute im Budget-Printshop bei mir um die Ecke drucken lassen.

Mich berührt es ungemein, dass sich dieser einst verlorene Kontinent mit seinen Klimakatastrophen und Hungersnöten, vielen korrupten Regimen, mit Kriegen und Genoziden heute in das Zukunftslabor der Welt verwandelt hat. Wir haben irgendwann angefangen, die innovativsten Technologien nicht mehr nur dort einzusetzen, wo eh Wohlstand und Kaufkraft vorherrschten, sondern dort, wo die Not am größten war. Alle Afrikaner verfügen über eine ID, die durch die Blockchain gesichert ist, und tragen Gesundheitschips der jeweils neuesten Generation, die die Körperfunktionen überwachen. Aber noch wichtiger als die Technologie durchzusetzen, war es, das Grundeinkommen einzuführen. Nachdem so die Bürde, ums tägliche Überleben kämpfen zu müssen, weitgehend verschwunden war, entwickelte sich eine unglaublich innovative Energie. Es sind noch so viele Probleme zu bewältigen, aber jeden Tag kommt eine Lösung hinzu. Wir wurden belächelt, als wir vor vierzig Jahren darüber sprachen, dass der Kontinent mehrere Stufen der industriellen Revolution mit digitaler Technologie einfach überspringen könnte – aber: here we are.

Ich freue mich übrigens sehr darüber, dass die Hälfte von Ihnen aus Afrika und Asien stammt; genauso, wie es mich begeistert, wie viele Frauen unter Ihnen sind. Der durch die Digitalisierung in Gang gekommene Diskurs über gesellschaftliche und religiöse Werte, der Protest und Aufschrei vieler Frauen über die sozialen Netzwerke hat letztlich in den meisten Kulturen und Gegenden dazu geführt, ihre gesellschaftliche Stellung deutlich aufzuwerten.

Meine Damen und Herren, die Segnungen der Technologie sind für Sie eine Selbstverständlichkeit, für mich und meine Generation waren sie eine Herausforderung. Letztlich haben sie unser Leben auf eine Art und Weise verbessert, die wir uns nur in Momenten größten Optimismus vorstellen konnten.

Noch eines: Damals fürchteten wir – also ich spreche hierbei selbstverständlich von den Menschen der nördlichen Hemisphäre – dass sich Facebook, Google, Apple und Amazon unserer Privatsphäre, unserer Identität und unseres Geldes bemächtigen würden. Wir hätten die Transformation wegen zu großer Ressentiments, zu großer Angst fast verpasst. Aber auch hier hat sich gezeigt, dass Technologie die Probleme der Technologie löst. Unsere „Personal KI" wacht über unsere Daten und sorgt dafür, dass sie nur nach unseren Wünschen und in unserem Sinne eingesetzt werden. Sie lernt blitzschnell und schützt die Integrität und Souveränität der Bürger gegenüber Unternehmen, aber auch gegen allzu dreiste Zugriffe staatlicher Organisationen. Wer hätte gedacht, dass Datenrechte tatsächlich in Sekundenschnelle immer neu ausgehandelt werden können! Aber es funktioniert. Für Sie ist das Alltag; die Menschen meiner Generation wundern sich immer noch darüber.

Ich erzähle Ihnen das aus einem guten Grund: Wir haben lange aushandeln müssen, wie das Miteinander von Mensch und Maschine funktioniert. Jetzt ist es an Ihnen, Ihre Vision für die Menschheit zu träumen. Aber vergessen Sie eines nicht: Die Möglichkeiten der Technologie sind immer etwas verlockender, als sie für die Menschen gut sein könnten. Also, wenn Sie von der nächsten und übernächsten Stufe der Transformation träumen, lassen Sie dieses ewige erste Grundrecht nie außer Acht: Die Würde des Menschen ist unantastbar. In diesem Sinne, viel Glück für Ihr erstes Semester! Lassen Sie die nächste Zukunft fantastisch werden.

Vielen Dank fürs Zuhören.

Digitally yours!

▶▶ Das Wichtigste im Leben einer Eintagsfliege.

▶▶ Früh aufstehen.

Abbildungsverzeichnis

Abb. 1:	Earthrise	26
Abb. 2:	Die Top 10 der Weltbevölkerung	30
Abb. 3:	Wir brauchen drei Erden	33
Abb. 4:	Systemische Zusammenhänge in einer komplexen Welt	36
Abb. 5:	Die fünf industriellen Revolutionen	38
Abb. 6:	So verläuft das exponentielle Wachstum der IT	44
Abb. 7:	Von analog zu digital: So hat sich die Welt verändert.	47
Abb. 8:	Ausgewählte Disruptionen in den nächsten zehn Jahren	52
Abb. 9:	Die Integration von Mensch und Maschine	59
Abb. 10:	Wahrscheinlichkeit der Computerisierung von Berufen	98
Abb. 11:	Arbeitseinsatz und Wertschöpfung	103
Abb. 12:	Übersicht der acht essentiellen neuen Technologien	106
Abb. 13:	Nicht alles ist schlecht: was sich auf der Welt verbessert hat.	109
Abb. 14:	Die wahren Effekte der Digitalisierung	120
Abb. 15:	Erde 5.0 – Künstliche Intelligenz verändert die Spielregeln	148
Abb. 16:	Pepper mit Autor	159
Abb. 17:	Das Digital Latency Modell	174
Abb. 18:	Deutschland verschläft die Digitalisierung	177
Abb. 19:	Alte Welt – Neue Welt	193

Quellenverzeichnis

1. https://www.tagesanzeiger.ch/sonntagszeitung/Zeit-der-Monster/story/27357848
2. https://de.wikipedia.org/wiki/Citizenship_in_a_Republic, abgerufen am 1.4.2018
3. Donella H. Meadows, Dennis L. Meadows, Erich O. K. Zahn, Peter Milling, Die Grenzen des Wachstums, 1972 S.17
4. vgl. Christian Siedenbiedel, Dennis Meadows im Gespräch: „Wir haben die Welt nicht gerettet", FAZ online am 3.3.2012, http://www.faz.net/aktuell/wirtschaft/dennis-meadows-im-gespraech-wir-haben-die-welt-nicht-gerettet-11671491-p3.html
5. vgl. Trading Economics online, https://de.tradingeconomics.com/china/gdp-growth-annual
6. o. V., Hunger: Verbreitung, Ursachen und Folgen, Welthungerhilfe online, abgerufen am 8.2.2018, https://www.welthungerhilfe.de/hunger/
7. vgl. o. V., Neue UN-Projektionen: Weltbevölkerung wächst bis 2050 auf 9,8 Milliarden Menschen, Pressemeldung der Stiftung Weltbevölkerung vom 21.7.2017, https://www.dsw.org/neue-un-bevoelkerungsprojektionen-2017-entwicklung-weltbevoelkerung-bis-2100/
8. vgl. Wikipedia, Bevölkerungsentwicklung, abgerufen am 7.2.2018, https://de.wikipedia.org/wiki/Bevölkerungsentwicklung
9. UN-Department of Economic and Social Affairs, World Urbanization Prospects – The 2014 Revision, New York 2015, S. 38
10. Credit Suisse, Global Wealth Report 2017: Wo stehen wir zehn Jahre nach der Krise? Credit Suisse online, 14.11.2017, https://www.credit-suisse.com/corporate/de/articles/news-and-expertise/global-wealth-report-2017-201711.html
11. Thomas Straubhaar, Jetzt fordert der IWF eine neue Umverteilungspolitik, Die Welt online am 20.10.2017, https://www.welt.de/wirtschaft/article169840320/Jetzt-fordert-der-IWF-eine-neue-Umverteilungspolitik.html

[12] Christoph Seidler, CO$_2$-Ausstoß legt 2017 wieder zu, Spiegel online am 13.11.2017, http://www.spiegel.de/wissenschaft/mensch/globaler-co2-ausstoss-die-emissionen-steigen-weiter-a-1177404.html

[13] Volker Mrasek, Wehe, wenn der Permafrost taut!, Deutschlandfunk online am 7.12.2015, http://www.deutschlandfunk.de/19-millionen-quadratkilometer-wehe-wenn-der-permafrost-taut.676.de.html?dram:article_id=339101

[14] vgl. afp, Menschheit braucht bald einen neuen Planeten, Die Welt online am 15.5.2012, https://www.welt.de/dieweltbewegen/article106311784/Menschheit-braucht-bald-einen-neuen-Planeten.html

[15] vgl. WWF International (Hrsg.), Living Planet Report 2016, Risk and Resilience in a New Era, Gland 2017, S. 6f

[16] vgl. o. V., Die globalen Nachhaltigkeitsziele, World Food Programme online, abgerufen am 8.2.2018, http://de.wfp.org/artikel/die-globalen-nachhaltigkeitsziele

[17] vgl. o. V., Die Millenniumsziele, World Food Programme online, abgerufen am 8.2.2018, http://de.wfp.org/hunger/die-millenniumsentwicklungsziele

[18] vgl. o. V., Hunger weltweit – Zahlen und Fakten, World Food Programme online, abgerufen am 8.2.2018, http://de.wfp.org/hunger/hunger-statistik

[19] vgl. World Food Programme, Hunger weltweit – Zahlen und Fakten, WFP online o. D., http://de.wfp.org/hunger/hunger-statistik

[20] vgl. Umweltbundesamt (Hrsg.), Globale Landflächen und Biomasse nachhaltig und ressourcenschonend nutzen, Dessau o. J., S. 12

[21] vgl. o. V., Was steckt in 1 kg Rindfleisch, Albert Schweitzer Stiftung für unsere Mitwelt online am 10.2.2017, https://albert-schweitzer-stiftung.de/aktuell/1-kg-rindfleisch

[22] vgl. Umweltbundesamt (Hrsg.), Globale Landflächen und Biomasse nachhaltig und ressourcenschonend nutzen, Dessau o. J., S. 34

[23] Alexandra Stahl, Weltbevölkerung braucht Ressourcen von drei Erden, Die Welt online am 11.1.2012, https://www.welt.de/wissenschaft/article13809375/Weltbevoelkerung-braucht-Ressourcen-von-drei-Erden.html

[24] o. V., Bis 2030 um 40 Prozent: Wasserverbrauch steigt dramatisch. N-tv online am 22. März 2014, https://www.n-tv.de/wissen/Wasserverbrauch-steigt-dramatisch-article12506051.html

[25] o. V., Schmutziges Wasser kostet täglich fast 1000 Kindern das Leben. UNICEF online am 20.3.2015, https://www.unicef.de/informieren/aktuelles/presse/2015/weltwassertag-2015/73998

[26] vgl. o. V., Bis 2030 um 40 Prozent: Wasserverbrauch steigt dramatisch. N-tv online am 22.3.2014, https://www.n-tv.de/wissen/Wasserverbrauch-steigt-dramatisch-article12506051.html

[27] vgl. Dana Heide, Wem Nestlé das Wasser abgräbt, Handelsblatt online am 14.2.2013, https://www.handelsblatt.com/unternehmen/handel-konsumgueter/lebensmittelkonzern-wem-nestle-das-wasser-abgraebt/7782074.html

[28] Bolz, Norbert, Niklas Luhmann: Das Genie der Gesellschaftstheorie, Neue Zürcher Zeitung online am 6.12.2017, https://www.nzz.ch/feuilleton/das-genie-der-gesellschaftstheorie-ld.1335385

[29] o. V., Nomophobie oder warum Sie ohne Ihr Smartphone nicht leben können, norton.com o. D., https://de.norton.com/norton-blog/2016/06/nomophobie_oder_waru.html

[30] Jürgen Berke et al, Amazon: Im Hauptquartier des Shoppings, Wirtschaftswoche 29, 14.7.2017, S. 18f

[31] vgl. im Folgenden Wikipedia, Sissa Ibn Dahir, abgerufen am 8.2.2018, https://de.wikipedia.org/wiki/Sissa_ibn_Dahir,

[32] Berechnungen der Strategie- und Transformationsberatung neuland.

[33] z. n. Website der Singularity University, abgerufen am 8.2.2018, https://su.org/solutions/corporations/leap/

[34] Ashish Advani, How Prepared Are We For The Predicted Burst Of Technological Progress in 2021? Forbes online am 31.7.2017, https://www.forbes.com/sites/theyec/2017/07/31/how-prepared-are-we-for-the-predicted-burst-of-technological-progress-in-2021/#ab4665d37589

[35] Andreas Weck, 8 Zukunftsthesen von Ray Kurzweil: Ewige Jugend, selbstfahrende Autos und 100 Prozent Solarenergie, t3n online am 24.1.2014, https://t3n.de/news/zukunftsaussichten-2040-ray-kurzweil-524488/

[36] Heike Buchter und Burkhard Straßmann, Die Unsterblichen, Zeit online am 27.3.2013, http://www.zeit.de/2013/14/utopien-ray-kurzweil-singularity-bewegung

[37] vgl. im Folgenden Klaus Schwab, Die vierte industrielle Revolution, München 2016, S. 171ff

[38] o. V., Nächstes Musk-Weltraumprojekt ist die „Big Fucking Rocket", futurezone.at am 7.2.2018, https://futurezone.at/science/naechstes-musk-weltraum-projekt-ist-die-big-fucking-rocket/400003010

[39] Alex Heath, Elon Musk ist seinem Traum von einer Superwaffe gegen Künstliche Intelligenz ein Stück nähergekommen, businessinsider.de am 30.8.2017,

http://www.businessinsider.de/elon-musks-neuralink-sammelt-investitionen-in-hoehe-von-27-millionen-2017-8

40 o. V., Googles Quantencomputer kommt wahrscheinlich schon 2017, Wired online am 2.8.2016, https://www.wired.de/collection/science/googles-quantencomputer-kommt-vermutlich-schon-2017

41 Rob Matheson, MIT $100K Winner´s Optical Chips Perform AI Computations at Light Speed, MIT News am 18.5.2017, http://news.mit.edu/2017/mit-100k-optical-chips-ai-computations-light-speed-0518

42 o. V., Gartner Says 8.4 Billion Connected „Things" Will Be in Use in 2017, Up 31 Percent From 2016, Pressemeldung vom 7.2.2017, https://www.gartner.com/newsroom/id/3598917

43 McKinsey & Company, Internet der Dinge kann 2025 weltweit bis zu 11 Billionen Dollar Mehrwert schaffen, Pressemeldung vom 25. Juni 2015

44 ebd.

45 o. V., So viele Handys wie Menschen, Die Welt online am 17.11.2015, https://www.welt.de/print/die_welt/article148925293/So-viele-Handys-wie-Menschen.html

46 o. V., Anzahl der in Gebrauch befindlichen Smartphones weltweit nach Betriebssystem im Dezember 2017, Tomi Ahonen Consulting zitiert nach Statista, https://de.statista.com/statistik/daten/studie/246004/umfrage/weltweiter-bestand-an-smartphones-nach-betriebssystem/

47 vgl. o. A.: Masdar: The Interactive Information Plattform for Refugees. https://ttcmobile.com/interactive-information-platform-refugees-athens/

48 vgl. Wikipedia, M-Pesa, abgerufen am 10.10.2017, https://de.wikipedia.org/wiki/M-Pesa

49 Nikolas Buckstegen, Blockchain-Revolution: Nur wenige Deutsche kennen den Begriff. Yougov.de am 31.8.2017, https://yougov.de/news/2017/08/31/blockchain-revolution-nur-wenige-deutsche-kennen-d/

50 Eva Müller, „Blockchain ist die Zukunft – da muss die ganze deutsche Industrie hin." Manager Magazin online am 29.5.2017, http://www.manager-magazin.de/unternehmen/artikel/blockchain-monopole-wie-booking-oder-airbnb-brechen-a-1140811.html

51 o. V., Bündnis zur Nutzung der Blockchain: Trusted IoT Alliance, Scope online am 28.9.2017, https://www.scope-online.de/news/buendnis-zur-nutzung-von-blockchain.htm

52 IBM, IBM kündigt Zusammenarbeit mit Nestlé, Unilever, Walmart und sieben weiteren Unternehmen an, Pressemeldung, 22. August 2017, https://www-03.ibm.com/press/de/de/pressrelease/53029.wss

53 vgl. grundlegend Don Tapscott und Alex Tapscott, Die Blockhain Revolution. Wie die Technologie hinter Bitcoin nicht nur das Finanzsystem, sondern die ganze Welt verändert, Kulmbach 2016

54 ebd. S. 48

55 o. V., The Future of Blockchain, Deloitte online, o. D., https://www2.deloitte.com/de/de/pages/strategy/articles/future-of-blockchain.html

56 United Nations, Secrety-General´s Closing Remarks at High-Level Panel on Accountability, Transparency and Sustainable Development, UN-Website am 9.7.2012, https://www.un.org/sg/en/content/sg/statement/2012-07-09/secretary-generals-closing-remarks-high-level-panel-accountability

57 vgl. im Folgenden Scott Simonsen, 5 Reasons the UN Is Jumping on the Blockchain Bandwagon, Singularity Hub online, 3.9.2017, https://singularityhub.com/2017/09/03/the-united-nations-and-the-ethereum-blockchain/#sm.0000rf5g7ua77cudur41kw0uuwy78

58 KfW Entwicklungsbank, KfW entwickelt Software mit Blockchain-Technologie, Pressemeldung vom 7.9.2017, https://www.kfw-entwicklungsbank.de/Internationale-Finanzierung/KfW-Entwicklungsbank/News/News-Details_431872.html

59 z. n. Colm Gorey, 5 Predictions from Marvin Minsky as Father of IA dies aged 88, Siliconrepublic.com am 26.1.2016, https://www.siliconrepublic.com/machines/marvin-minsky-ai-predictions

60 vgl. Wikipedia, Deep Blue, abgerufen am 8.2.2018, https://de.wikipedia.org/wiki/Deep_Blue

61 o. V., „Watson weiß die Antwort", Zeit online am 17.2.2011, http://www.zeit.de/digital/internet/supercomputer-watson-jeopardy

62 https://www.thenorthface.com/xps

63 vgl. im Folgenden PwC Deutschland, Umfrage: Deutsche halten Künstliche Intelligenz für nützlich, sehen aber auch Risiken, PwC online am 4.8.2017, https://www.pwc.de/de/managementberatung/pwc-umfrage-deutsche-halten-kuenstliche-intelligenz-fuer-nuetzlich-sehen-aber-auch-risiken.html

64 vgl. Samuel Gibbs, Elon Musk: Artifical Intelligence is our Biggest Existential Threat, The Guardian online am 27.10.2014,

[64] https://www.theguardian.com/technology/2014/oct/27/elon-musk-artificial-intelligence-ai-biggest-existential-threat

[65] z. n. Alexander Armbruster, Mark Zuckerberg schimpft mit Elon Musk, faz.net, am 25.7.2017, http://www.faz.net/aktuell/wirtschaft/unternehmen/kuenstliche-intelligenz-mark-zuckerberg-schimpft-mit-elon-musk-15121291.html

[66] vgl. Philipp Nagels, Facebook muss AI abschalten, die „Geheimsprache" entwickelt hat, Die Welt online am 28.7.2017, http://www.faz.net/aktuell/wirtschaft/unternehmen/kuenstliche-intelligenz-mark-zuckerberg-schimpft-mit-elon-musk-15121291.html

[67] Daniel Mützel, Google-KI entwickelt Verschlüsselung, die selbst Google nicht versteht, Motherboard online am 31.10.2016, https://motherboard.vice.com/de/article/8q8wkv/google-ki-entwickelt-verschluesselung-die-selbst-google-nicht-versteht

[68] vgl. Lucas Joppa, How Artificial Intelligence Could Save the Planet, Paulallen.com am 19. Januar 2018, https://www.paulallen.com/how-artificial-intelligence-could-save-the-planet/

[69] z. n. Joseph Bennington-Castro, AI Is a Game-Changer in the Fight Against Hunger and Poverty. Here´s why. NBCNews online am 21.6.2017, https://www.nbcnews.com/mach/tech/ai-game-changer-fight-against-hunger-poverty-here-s-why-ncna774696

[70] vgl. o. V., Deutschlands Top 500 – Digitale Geschäftsmodelle – Modelle ohne Geschäft, Studie von Accenture 2017, zum Download https://www.accenture.com/t00010101T000000Z__w__/de-de/_acnmedia/Accenture/de-de/Transcripts/PDF/Accenture-Welt-Top500-Studie-2018-Digitale-Geschaefts-Modelle.pdf#view=50

[71] https://www.youtube.com/watch?v=wGoM_wVrwng

[72] vgl. Wikipedia, Dematerialisierung, https://de.wikipedia.org/wiki/Dematerialisierung, abgerufen am 12.2.2018

[73] vgl. o. V., Faktor 10 Manifesto, Januar 2000, Download von der Website des Faktor 10 Instituts, http://www.factor10-institute.org/files/F10_Manifesto_d.pdf

[74] Marc Andreessen, Why Software is Eating the World, Wall Street Journal online am 20. August 2011, https://www.wsj.com/articles/SB10001424053111903480904576512250915629460

[75] vgl. grundsätzlich Ralf T. Kreutzer und Karl-Heinz Land, Dematerialisierung – die Neuverteilung der Welt in Zeiten des Digitalen Darwinismus, Köln 2015

[76] Michael Schwartz et al, Deutschlands Banken schalten bei Filialschließungen einen Gang höher – Herkulesaufgabe Digitalisierung, KfW Research Fokus Volkswirtschaft, Oktober 2017, Nr. 181, S. 1f

[77] Matthias Drost, 150 statt 1900 – Studie sagt Bankensterben voraus, Handelsblatt online am 1.2.2018, https://www.handelsblatt.com/finanzen/banken-versicherungen/prognose-von-oliver-wyman-150-statt-1900-studie-sagt-bankensterben-voraus/20915232.html

[78] Sebastian Balzter, Schweden: Land ohne Bargeld, FAZ online am 14.2.2016, http://www.faz.net/aktuell/finanzen/digital-bezahlen/schweden-setzt-immer-mehr-auf-bargeldloses-zahlen-14068659.html

[79] o. V., Softbank: Entscheidung über Uber-Beteiligung noch nicht gefallen. Finanzen.net am 14.11.2017, https://www.finanzen.net/nachricht/aktien/milliarden-deal-softbank-entscheidung-ueber-uber-beteiligung-noch-nicht-gefallen-5813255

[80] vgl. Wikipedia, Didi Chuxing, abgerufen am 27.10.2017, https://en.wikipedia.org/wiki/Didi_Chuxing

[81] o. V., This Uber Rival is Driving Into Paris Despite Regulatory Hurdles, Forbes.com am 5. Oktober 2017, http://fortune.com/2017/10/05/taxify-uber-didi-paris/

[82] vgl. im Folgenden PwC-Studie Share Economy, PwC online am 11.8.2015, https://www.pwc.de/de/digitale-transformation/pwc-studie-share-economy.html

[83] vgl. o. V., Sharing Economy, Die Sicht der Verbraucherinnen und Verbraucher in Deutschland, Studie von TNS Infratest und Verbraucherzentrale, Mai 2015, Download von https://www.tns-emnid.com/studien/pdf/sharing_economy-umfrage-bericht-emnid-2015-06-29.pdf

[84] Jeremy Rifkin, Access – Das Verschwinden des Eigentums, 3. Aufl., NewYork/Frankfurt a.M., 2007, S. 10

[85] o. V., DHL, 3D-Druck kann bestimmte Herstellungsmethoden revolutionieren, Pressemeldung vom 29.11.2016, https://www.dpdhl.com/de/presse/pressemitteilungen/2016/3d_druck_kann_bestimmte_herstellungsmethoden_revolutionieren.html

[86] ebd.

[87] z. n. Wikipedia, britische Ausgabe, Didi Chuxing, mit einem Bezug auf einen Beitrag von „Fortune", der online nicht mehr verfügbar ist. Abgerufen am 17.2.2018

[88] vgl. Wikipedia, Wirtschaftszahlen zum Automobil, abgerufen am 12.2.2018, https://de.wikipedia.org/wiki/Wirtschaftszahlen_zum_Automobil#Gesamt_2

[89] vgl. Adam Ozimek, The Sharing Economy And Developing Countries, Forbes online am 4.8.2014, https://www.forbes.com/sites/modeledbehavior/2014/08/04/the-sharing-economy-and-developing-countries/#29b59e717e0b

[90] Joachim Becker, Wie VW seinen Rückstand beim autonomen Fahren aufholen will, Süddeutsche Zeitung online am 21.1.2018, http://www.sueddeutsche.de/auto/autonomes-fahren-wie-vw-seinen-rueckstand-beim-autonomen-fahren-aufholen-will-1.3827617

[91] o. V., Bosch will Robotertaxis schon 2018 auf die Straße schicken, Heise online am 8.7.2017, https://www.heise.de/newsticker/meldung/Bosch-will-Robotertaxis-bereits-2018-auf-die-Strasse-schicken-3767472.html

[92] vgl. Kraftfahrtbundesamt, Fahrzeugzulassungen im Dezember 2017, Pressemitteilung vom 4.1.2018, https://www.kba.de/DE/Presse/Pressemitteilungen/2018/Fahrzeugzulassungen/pm01_2018_n_12_17_pm_komplett.html?nn=1837832

[93] o. V., The Five Conditions Essential to Successfully Operate Autonomous Carsharing Fleets in the Future, Whitepaper von Car2go, November 2017, Download https://www.car2go.com/media/data/italy/microsite-press/files/car2go_white-paper_autonomous-driving_2017_en.pdf

[94] vgl. Martin Seiwert und Stefan Reccius, So abhängig ist Deutschland von der Autoindustrie, Wirtschaftswoche online am 27.7.2017, http://www.wiwo.de/unternehmen/auto/diesel-skandal-und-kartellverdacht-so-abhaengig-ist-deutschland-von-der-autoindustrie/20114646.html

[95] Carl Benedikt Frey und Michael A. Osborne, The Future of Employment: How Susceptible are Jobs to Computerisation? Oxford Martin School, 2013

[96] o. V., Wie werden wir morgen leben? Deutschland 2064 – die Welt unserer Kinder, Studie von A.T. Kearney, o. D., S. 23

[97] o. V., Zunehmende Digitalisierung gefährdet mehr als 18 Mio. Arbeitsplätze in Deutschland, INGDiBa online am 5.5.2015, https://www.ing-diba.de/ueber-uns/presse/pressemitteilungen/zunehmende-automatisierung-gefaehrdet-mehr-als-18-mio-arbeitsplaetze-in-deutschland/

[98] Holger Bonin et al, Übertragung der Studie von Frey/Osborne (2013) auf Deutschland, Mannheim 2015, PDF-Download ftp://ftp.zew.de/pub/zew-docs/gutachten/Kurzexpertise_BMAS_ZEW2015.pdf

[99] z. n. Caspar Tobias Schlenk, Warum die Arbeitsministerin das bedingungslose Grundeinkommen ablehnt, Gründerszene online am 9.5.2017, https://www.gruenderszene.de/allgemein/warum-die-arbeitsministerin-das-bedingungslose-grundeinkommen-ablehnt

[100] vgl. McKinsey Global Institute, Jobs Lost, Jobs Gained: Workforce Transitions in a Time of Automation, 2017, Download https://www.mckinsey.com/~/media/McKinsey/Global%20Themes/Future%20of%20Organizations/What%20the%20future%20of%20work%20will%20mean%20for%20jobs%20skills%20and%20wages/MGI-Jobs-Lost-Jobs-Gained-Report-December-6-2017.ashx

[101] Max Rauner, Die Pi-mal-Daumen-Studie, Die Zeit online am 23.3.2017, http://www.zeit.de/2017/11/kuenstliche-intelligenz-arbeitsmarkt-jobs-roboter-arbeitsplaetze

[102] vgl. o. V., Versicherer ersetzt Mitarbeiter durch IBMs Watson, Spiegel online am 5.1.2017, http://www.spiegel.de/wirtschaft/unternehmen/fukoku-mutual-life-versicherer-ersetzt-mitarbeiter-durch-ibms-ki-watson-a-1128670.html

[103] Cornelia Dlugos, Googles KI schreibt bessere KI-Software als ihre Entwickler, t3n online am 17.10.2017, https://t3n.de/news/googles-ki-automl-867473/

[104] Andrew Dugan and Bailey Nelson, 3 Trends That will Disrupt your Workplace Forever, Gallup Business Journal am 8. Juni 2017, http://news.gallup.com/businessjournal/211799/trends-disrupt-workplace-forever.aspx

[105] vgl. Robert Kunzig, Energiewende – Vorbild Deutschland, National Geographic online, o. D., http://www.nationalgeographic.de/umwelt/energiewende-vorbild-deutschland

[106] vgl. im Folgenden die Website der UN für die Sustainable Development Goals, https://sustainabledevelopment.un.org/?menu=1300

[107] vgl. Christiane Grefe, Hunger – Erfolge sind auf kosmetische Mathematik zurückzuführen, Zeit online am 3.6.2015, http://www.zeit.de/wirtschaft/2015-06/thomas-pogge-armut-bekaempfung-nachhaltige-entwicklung

[108] vgl. United Nations, Informal Summary vom 11.10.2017, pdf-Download unter: http://www.zeit.de/wirtschaft/2015-06/thomas-pogge-armut-bekaempfung-nachhaltige-entwicklung

[109] ebd.

[110] https://public.tableau.com/views/AidAtAGlance/DACmembers?:embed=y&:display_count=no?&:showVizHome=no#1, abgerufen am 3.2.2018

[111] vgl. Projektwebsite https://x.company/loon/

[112] vgl. Projektwebsite https://info.internet.org/en/

[113] Christoph Hein, Will Facebook uns alle versklaven, FAZ online am 8.2.2016, http://www.faz.net/aktuell/wirtschaft/macht-im-internet/indien-widerstand-gegen-facebooks-kostenloses-internet-14056296.html

[114] Mahesh Murthy, Poor Internet for Poor People, Why Facebook's Internet.org Amounts to Economic Racism, Quartz India online am 17. April 2015, https://qz.com/385821/poor-internet-for-poor-people-why-facebooks-internet-org-amounts-to-economic-racism/

[115] Markus Diem Meier, Wie Roboter die Textilproduktion aus Asien zurückholen, Tagesanzeiger online am 5.5.2017, https://www.tagesanzeiger.ch//www.tagesanzeiger.ch/wirtschaft/konjunktur/wie-roboter-die-textilproduktion-aus-asien-zurueckholen/story/14129170

[116] vgl. grundsätzlich https://www.givedirectly.org

[117] vgl. http://mitsloan.mit.edu/newsroom/articles/12-year-study-looks-at-effects-of-universal-basic-income/

[118] Johannes Haushofer und Jeremy Shapiro, The Short-Term Impact of Unconditional Cash Transfers to the poor. Experimental Evidence from Kenya. Princeton University 2016 https://www.princeton.edu/~joha/publications/Haushofer_Shapiro_UCT_2016.04.25.pdf

[119] vgl. Peter Dörrie, Können wir Armut nicht einfach abschaffen? in: Perspective Daily am 28. August 2017, https://perspective-daily.de/article/330/LC4YEzpz

[120] vgl. Projektwebsite http://wid.world/country/germany/ und im Folgenden o. V., Ungleichheit wächst weltweit, auch in Deutschland, Spiegel online am 14.12.2017, http://www.spiegel.de/wirtschaft/soziales/thomas-piketty-einkommen-in-deutschland-so-ungleich-wie-zuletzt-1918-a-1183241.html

[121] Deutsche Gesellschaft für Internationale Zusammenarbeit und Betterplace Lab, Internet der Dinge – Using Sensors for Good, 2015, pdf-Download unter http://www.betterplace-lab.org/wp-content/uploads/giz2016-bmz-digital-IKT-studie.pdf

[122] ebd. und World Bank Group, Partner Profile Kilimo Salama, pdf-Download unter http://documents.worldbank.org/curated/en/858031490693709582/pdf/113740-BRI-PartnerProfiles-ACRE-PUBLIC.pdf

[123] vgl. https://ttcmobile.com/portfolio/kenyan-farmers/
Die Website ist mittlerweile nicht mehr verfügbar.

[124] vgl. im Folgenden Digital Green, Fact Sheet About us, pdf-Download http://www.digitalgreen.org/wp-content/uploads/2017/08/Organization-Brochure.pdf

[125] vgl. Luke Dormehl, To Feed a Growing Population, Scientist want to unleash A.I. on Agriculture, Digitaltrends.com, 24.04.2017, https://www.digitaltrends.com/cool-tech/future-of-food-carnegie-mellon-farming-project/

[126] Fabian Kretschmer, Wie Indiens Bauern in den Suizid getrieben werden, Der Standard online am 9.11.2016, https://derstandard.at/2000047182616/Wenn-Indiens-Bauern-in-den-Suizid-getrieben-werden

[127] GIZ, BMWZ, und Betterplace Lab, Internet der Dinge – Using Sensors for Good, 2015, PDF-Download unter http://www.betterplace-lab.org/wp-content/uploads/giz2016-bmz-digital-IKT-studie.pdf

[128] vgl. Josephina Maier, Dr. DaVinci, bitte in den OP, Zeit online am 12.1.2017, http://www.zeit.de/2017/01/chirurgieroboter-davinci-operation-arzt, und Susanne Brandl und Wolfgang Brauer, Patienten vertrauen Roboter mehr als Chirurg, SWR online am 18.9.2017, https://www.swr.de/marktcheck/op-roboter-auf-dem-vormarsch-patienten-vertrauen-roboter-mehr-als-chirurg/-/id=100834/did=20291446/nid=100834/ci4v4l/index.html

[129] Furtkamp, Julian, Mit Künstlicher Intelligenz die nächste Epidemie voraussagen. Reset.org, 22.06.2017. https://reset.org/blog/kuenstlicher-intelligenz-die-naechste-epidemie-vorhersagen-06222017

[130] vgl. im Folgenden http://www.unwomen.org/en/what-we-do/ending-violence-against-women/facts-and-figures#notes

[131] ebd.

[132] vgl. Shannon Kowalski, UN Women Report on Gender Equality and the SDGs Reveals Troubling Reality, International Women´s Health Coalition online am 15.2.2018, https://iwhc.org/2018/02/un-women-report-gender-equality-troubling-reality/

[133] The Population Council, Building Girl´s Protective Assets, A Collection of Tools for Program Design, New York 2016, S. 4 http://www.popcouncil.org/uploads/pdfs/2016PGY_GirlsProtectiveAssetsTools.pdf

[134] vgl. Jachinta Muteshi-Strachan, Reliable Data Can Aid Fight Against Female Genital Mutilation, Population Council online am 13.2.2018, Erstveröffentlichung in der kenianischen Zeitung „The Daily Nation", http://www.popcouncil.org/news/the-daily-nation-reliable-data-can-aid-fight-against-female-genital-mutilat

[135] vgl. OECD, Empowering Women in The Digital Age, New York 2018, S. 4, http://www.oecd.org/going-digital/empowering-women-in-the-digital-age-brochure.pdf?utm_source=Adestra&utm_medium=email&utm_content=&utm_campaign=OECD%20Science%2C%20Technology%20%26%20Innovation%20News%2003%2F2018&utm_term=demo

[136] vgl. UN, Sustainable Development Goals Knowledge Plattform, o. D., https://sustainabledevelopment.un.org/sdg5

[137] o. V., Anteil von Frauen in Vorständen steigt – homöopathisch, Spiegel online am 9.1.2018 http://www.spiegel.de/wirtschaft/unternehmen/frauen-in-vorstaenden-anteil-steigt-2017-aber-nur-ein-bisschen-a-1186923.html

[138] o. V., Gender Pay Gap – Frauen erhalten ein Fünftel weniger Lohn als Männer, Zeit online am 14.3.2017, http://www.zeit.de/gesellschaft/zeitgeschehen/2017-03/gender-pay-gap-lohnunterschied-frauen-maenner-deutschland-bezahlung-statistisches-bundesamt

[139] Cup & Cino unterstützt die Neven-Subotic-Stiftung, Information unter: https://nevensuboticstiftung.de

[140] Vgl. im Folgenden Moritz Förster, Studie: Internet der Dinge frisst zunehmend Energie. iX online am 7.7.2014, https://www.heise.de/ix/meldung/Studie-Internet-of-Things-frisst-zunehmend-Energie-2250476.html

[141] Luciano Floridi, Die 4. Revolution. Wie die Infosphäre unser Leben verändert, Berlin 2015, S. 275 ff

[142] vgl. Wikipedia, Desertec, abgerufen am 10.1.2018, https://de.wikipedia.org/wiki/Desertec

[143] Michael Kneissler, Sonne marsch!, P.M. 4/2017, S. 38 ff

[144] vgl. grundsätzlich Ralf T. Kreutzer und Karl-Heinz Land, Dematerialisierung – die Neuverteilung der Welt in Zeiten des Digitalen Darwinismus, Köln 2015, S. 50ff

[145] o. V., Wo die schlauen Mülleimer wohnen, Handelsblatt online am 26.5.2016, http://www.handelsblatt.com/unternehmen/it-medien/smart-city-wo-die-schlauen-muelleimer-wohnen/13604200.html

[146] Jonas Lotz, China ließ 12 Monate Maschinen eine Stadt kontrollieren – mit überraschendem Ergebnis, businessinsider online am 27.10.2017, http://www.businessinsider.de/china-liess-12-monate-maschinen-eine-stadt-kontrollieren-2017-10

[147] Roland Lindner, Googles Mutterkonzern baut eine intelligente Stadt, FAZ online am 20.10.2017, http://www.faz.net/aktuell/wirtschaft/kuenstliche-

[148] vgl. http://www.dioscoverneom.com, abgerufen am 5.02.2018

[149] vgl. Christoph Ehrhardt, Eine Megastadt im Wüstensand, faz.net, 2.11.2017, http://www.faz.net/aktuell/wirtschaft/saudi-arabien-plant-megastadt-neom-fuer-500-milliarden-dollar-15271364.html

[150] Vgl. https://www.welt.de/wissenschaft/umwelt/article121373995/Die-Erde-steht-vor-ihrer-voelligen-Vermuellung.html

[151] vgl. Nicolai Kwasniewski, Planet Elektroschrott, Spiegel online am 13.12.2017, http://www.spiegel.de/wirtschaft/elektroschrott-44-700-000-tonnen-laut-uno-bericht-in-einem-jahr-a-1183046.html

[152] Greenpeace, Factsheet Plastik im Meer, 2016, PDF-Download https://www.greenpeace.de/sites/www.greenpeace.de/files/publications/20160405_greenpeace_factsheet_plastik.pdf

[153] Klett-Verlag, Infoblatt Ursachen und Folgen der Zerstörung der tropischen Regenwälder, Stand 21.10.2017, https://www.klett.de/alias/1006006

[154] vgl. Christina Nunez, Your Old Cell Phone Can Help Save the Rain Forest, National Geographic online am 5. Juni 2017 https://news.nationalgeographic.com/2017/06/topher-white-engineer-rainforests-explorer-festival/

[155] vgl. im Folgenden Sofie Czilwik, Dieser Blockchain-Wald forstet sich selbst auf, Wired online am 29.9.2017, https://www.wired.de/collection/tech/forstwirtschaft-blockchain-wald-terra0-0

[156] Jorgen Randers, 2052 – A Global Forecast for the Next Forty Years – a 5000 Word Summery, Version vom 31. Oktober 2012,

[157] vgl. dazu grundsätzlich PwC, Fourth Industrial Revolution for the Earth, 2018, PDF-Download https://www.pwc.com/gx/en/sustainability/assets/ai-for-the-earth-jan-2018.pdf?utm_content=buffer45810&utm_medium=social&utm_source=twitter.com&utm_campaign=buffer

[158] vgl. im Folgenden Luciano Floridi, Die 4. Revolution. Wie die Infosphäre unser Leben verändert, Berlin 2015 S. 45 ff

[159] Mirjam Schöning und Christina Witcomb, This is the One Skill your Child need for the Jobs of the Future, World Economic Forum online, 15.09.2017 https://www.weforum.org/agenda/2017/09/skills-children-need-work-future-play-lego/

[160] vgl. Projektwebsite Lehrplan 21, Überfachliche Kompetenzen, http://v-ef.lehrplan.ch/index.php?code=e|200|3

[161] Urs Hafner, Seele und Soft Skills, Neue Zürcher Zeitung, Sonderbeilage Bildung und Erziehung vom 10. April 2013, S. 11

[162] vgl. Korbian Frenzel, Lehrerverband warnt vor totaler Zwangsdigitalisierung, Deutschlandfunk online am 25.2.2015, http://www.deutschlandfunkkultur.de/schule-lehrerverband-warnt-vor-totaler-zwangsdigitalisierung.1008.de.html?dram:article_id=312601

[163] OECD, Innovating Education and Educating for Innovation, The Power of Digital Technologies and Skills, Paris 2016, S. 88

[164] vgl. im Folgenden Bertelsmann-Stiftung, Monitor Digitale Bildung, Gütersloh 2016, S. 6 f, PDF-Download https://www.bertelsmann-stiftung.de/fileadmin/files/BSt/Publikationen/GrauePublikationen/BSt_MDB3_Schulen_web.pdf

[165] OECD, Innovating Education and Educating for Innovation. The Power of Digital Technologies and Skills, Paris 2016, S. 98 f pdf-Download http://www.oecd.org/education/ceri/GEIS2016-Background-document.pdf

[166] vgl. Leibniz-Institut für Wissensmedien, Inverted Classroom, e-techning.org online am 12.6.2017, https://www.e-teaching.org/lehrszenarien/vorlesung/inverted_classroom

[167] vgl. Jen Crozier, By Teachers for Teachers: Teacher Advisors with Watson, IBM Citizen Blog am 13.9.2017, https://www.ibm.com/blogs/citizen-ibm/2017/09/crozier_teacher_advisor/

[168] Alina Fichter, Ab in die Unendlichkeit, Süddeutsche Zeitung online am 16.5.2017, http://www.sueddeutsche.de/wirtschaft/silicon-valley-ab-in-die-unendlichkeit-1.3507740

[169] Dhawal Shah, Class Central Learner Survey 2017. Class Central online am 27.11.2017, https://www.class-central.com/report/class-central-learner-survey-2017/

[170] vgl. Wikipedia, Kapitalismus, abgerufen am 11.12.2017, https://de.wikipedia.org/wiki/Kapitalismus#cite_note-1

[171] Francis Fukuyama, The End of History and the Last Man, New York, London, Toronto, Sidney 1992

[172] Peter Moore, Younger Americans have a Much Better View of Socialism, and a Worse View on Capitalism, than Their Elders, Yougov online am 11.5.2015 https://today.yougov.com/news/2015/05/11/one-third-millennials-like-socialism/

[173] Sam Coates, Verdict on Capitalism: Unfair and Corrupt, The Times online am 3.11.2015 https://www.thetimes.co.uk/article/verdict-on-capitalism-unfair-and-corrupt-w6t5q7q52kq

[174] Lisa Inhoffen, Mehrheit sieht Kapitalismus kritisch, Yougov online am 24.8.2017, https://yougov.de/news/2017/08/24/mehrheit-sieht-kapitalismus-krimehrheit-sieht-kapi/

[175] Eine gute Übersicht als PDF-Download: https://www.wildcat-www.de/dossiers/empire/maschinenfragment.pdf

[176] vgl. im Folgenden Paul Mason, Postkapitalismus – Grundrisse einer modernen Ökonomie, Berlin 2016, Seite 148

[177] z. n. Imogen Rhia Herrad und Thomas Morawetz, Brot und Spiele. Gladiatoren und andere Vergnügungen im alten Rom, Bayerischer Rundfunk, undatiertes Manuskript.

[178] Thomas Straubhaar, Das Grundeinkommen ist nichts anderes als eine Steuerreform, Zeit online am 12.2.2017, http://www.zeit.de/wirtschaft/2017-02/thomas-straubhaar-buch-bedingungsloses-grundeinkommen-auszug

[179] „Future Talk" zwischen Professor Götz W. Werner und Karl-Heinz Land im C_Room der Galerie Priska Pasquer und der Unternehmensberatung neuland, 5. Juli 2017

[180] z. n. https://www.aphorismen.de/zitat/15170, abgerufen am 26.3.2018

[181] Götz W. Werner, Einkommen für alle, aktualisierte Neuausgabe Köln 2018, S. 55ff

[182] Norbert Bolz, Niklas Luhmann: Das Genie der Gesellschaftstheorie, Neue Zürcher Zeitung online am 6.12.2017, https://www.nzz.ch/feuilleton/das-genie-der-gesellschaftstheorie-ld.1335385

[183] vgl. Ralf T. Kreutzer und Karl-Heinz Land, Digitaler Darwinismus. Der stille Angriff auf Ihr Geschäftsmodell und Ihre Marke. Springer Gabler, Wiesbaden 2013

[184] vgl. Deloitte, The 2017 Deloitte Millennial Survey, PDF-Download unter https://www2.deloitte.com/content/dam/Deloitte/global/Documents/About-Deloitte/gx-deloitte-millennial-survey-2017-executive-summary.pdf

[185] z. n. Andrew Ross Sorkin, BlackRock´s Message. Contribute to Society, or Risk Losing Support, New York Times online, 15. Januar 2018, https://www.nytimes.com/2018/01/15/business/dealbook/blackrock-laurence-fink-letter.html#story-continues-2

[186] Boston Consulting Group, Total Societal Impact. A New Lense for Strategy, 2017, pdf-Download https://www.bcg.com/Images/BCG-Total-Societal-Impact-Oct-2017-R_tcm108-174019.pdf

[187] http://moralmachine.mit.edu

[188] vgl. Christoph Stockburger, Autonomes Fahren – Was soll Ihr Auto jetzt tun? Spiegel online am 29.8.2016, http://www.spiegel.de/auto/aktuell/autonomes-fahren-moral-machine-gewissensfragen-zu-leben-und-tod-a-1108401.html

[189] Bundesministerium für Verkehr und Digitale Infrastruktur, Pressemeldung vom 23.8.2017, https://www.bmvi.de/SharedDocs/DE/Pressemitteilungen/2017/128-dobrindt-massnahmenplan-ethikregeln-fahrcomputer.html

[190] Ben Harder, Scientists „Drive" Rats By Remote Control, National Geographics online am 1. Mai 2002, https://news.nationalgeographic.com/news/2002/05/0501_020501_roborats.html

[191] Carsten Volkery, Big Brother sieht sich satt, Spiegel online am 20.7.2010, http://www.spiegel.de/panorama/gesellschaft/kameraueberwachung-in-london-big-brother-sieht-sich-satt-a-704269-2.html

[192] Stephanie Pieper, Millionen Kameras und Zweifel am Nutzen, Deutschlandfunk online am 23.12.2016, http://www.deutschlandfunk.de/videoueberwachung-in-grossbritannien-millionen-kameras-und.795.de.html?dram:article_id=374702

[193] Eike Kühl, My Friend Cayla – Vernichten Sie diese Puppe, Zeit online am 17.2.2017, http://www.zeit.de/digital/datenschutz/2017-02/my-friend-cayla-puppe-spion-bundesnetzagentur

[194] Martin Holland, Ermittlungen zu mutmaßlichem Mord: Amazon händigt Alexa-Aufnahmen aus, Heise online am 7.3.2017, http://www.zeit.de/digital/datenschutz/2017-02/my-friend-cayla-puppe-spion-bundesnetzagentur

[195] Johnny Erling, Die guten Menschen von Rongcheng, Welt am Sonntag, Nr. 50/2017, S.9

[196] Sachverständigenrat zur Begutachtung der gesamtwirtschaftlichen Entwicklung und Conseil d´Analyse Economique, Wirtschaftsleistung, Lebensqualität und Nachhaltigkeit: ein umfassendes Indikatorensystem, 2010, PDF-Download unter https://www.sachverstaendigenrat-wirtschaft.de/fileadmin/dateiablage/Expertisen/2010/ex10_de.pdf

[197] vgl. im Folgenden o. V., Focus on GDP Fuelling Inequality and Short-Termism, Pressemeldung des World Economic Forum vom 22.1.2018, https://www.weforum.org/press/2018/01/focus-on-gdp-fuelling-inequality-and-short-termism/

[198] ebd.